Fazer

CB054191

Dados Internacionais de Catalogação na Publicação (CIP)
(Câmara Brasileira do Livro, SP, Brasil)

Ingold, Tim

Fazer : antropologia, arqueologia, arte e arquitetura / Tim Ingold ; tradução de Luiz Paulo Rouanet. – Petrópolis, RJ : Vozes, 2022. – (Coleção Antropologia ; 1)

Título original: Making: Anthropology, archaeology, art and architecture
ISBN 978-65-5713-351-4

1. Antropologia 2. Arqueologia 3. Arquitetura 4. Arte 5. Cognição e cultura 6. Mente e corpo 7. Sociedade 8. Teoria do conhecimento I. Título. II. Série.

21-82034 CDD-306.42

Índices para catálogo sistemático:
1. Conhecimento : Sociologia 306.42

Maria Alice Ferreira – Bibliotecária – CRB-8/7964

Tim Ingold

Fazer

Antropologia, arqueologia, arte e arquitetura

Tradução por Luiz Paulo Rouanet

© 2013 Tim Ingold.

Tradução realizada a partir do original em inglês intitulado
Making – Anthropology, archaeology, art and architecture,
publicada por Routledge, membro do Grupo Taylor & Francis.

Direitos de publicação em língua portuguesa – Brasil:
2022, Editora Vozes Ltda.
Rua Frei Luís, 100
25689-900 Petrópolis, RJ
www.vozes.com.br
Brasil

Todos os direitos reservados. Nenhuma parte desta obra poderá ser reproduzida ou transmitida por qualquer forma e/ou quaisquer meios (eletrônico ou mecânico, incluindo fotocópia e gravação) ou arquivada em qualquer sistema ou banco de dados sem permissão escrita da editora.

CONSELHO EDITORIAL

Diretor
Gilberto Gonçalves Garcia

Editores
Aline dos Santos Carneiro
Edrian Josué Pasini
Marilac Loraine Oleniki
Welder Lancieri Marchini

Conselheiros
Francisco Morás
Ludovico Garmus
Teobaldo Heidemann
Volney J. Berkenbrock

Secretário executivo
Leonardo A.R.T. dos Santos

Editoração: Maria da Conceição B. de Sousa
Diagramação: Daniela Alessandra Eid
Revisão gráfica: Alessandra Karl
Capa: Felipe Souza | Aspectos

ISBN 978-65-5713-351-4 (Brasil)
ISBN 978-0-415-56722-0 (Reino Unido)

Este livro foi composto e impresso pela Editora Vozes Ltda.

Para Anna

Tim Ingold

Fazer

Antropologia, arqueologia, arte e arquitetura

Tradução por Luiz Paulo Rouanet

Petrópolis

© 2013 Tim Ingold.

Tradução realizada a partir do original em inglês intitulado
Making – Anthropology, archaeology, art and architecture,
publicada por Routledge, membro do Grupo Taylor & Francis.

Direitos de publicação em língua portuguesa – Brasil:
2022, Editora Vozes Ltda.
Rua Frei Luís, 100
25689-900 Petrópolis, RJ
www.vozes.com.br
Brasil

Todos os direitos reservados. Nenhuma parte desta obra poderá ser reproduzida ou transmitida por qualquer forma e/ou quaisquer meios (eletrônico ou mecânico, incluindo fotocópia e gravação) ou arquivada em qualquer sistema ou banco de dados sem permissão escrita da editora.

CONSELHO EDITORIAL

Diretor
Gilberto Gonçalves Garcia

Editores
Aline dos Santos Carneiro
Edrian Josué Pasini
Marilac Loraine Oleniki
Welder Lancieri Marchini

Conselheiros
Francisco Morás
Ludovico Garmus
Teobaldo Heidemann
Volney J. Berkenbrock

Secretário executivo
Leonardo A.R.T. dos Santos

Editoração: Maria da Conceição B. de Sousa
Diagramação: Daniela Alessandra Eid
Revisão gráfica: Alessandra Karl
Capa: Felipe Souza | Aspectos

ISBN 978-65-5713-351-4 (Brasil)
ISBN 978-0-415-56722-0 (Reino Unido)

Este livro foi composto e impresso pela Editora Vozes Ltda.

Sumário

Lista de ilustrações

Prefácio e agradecimentos

Para mim e para todos aqueles com quem falei dele, este livro sempre foi conhecido como *O livro dos 4 As*. Os *As* em questão são: Antropologia, Arqueologia, Arte e Arquitetura. Eu estivera dando um curso com esse nome para grupos misturados de estudantes avançados, em graduação ou pós-graduação, durante vários anos. Por volta de 2007 eu estava convencido de que era uma coisa *simples*. "Eu tenho minhas notas de leitura e já li bastante sobre isso – é só uma questão de escrever". No final do verão de 2008 comecei a escrever para valer, no período de dois meses que me sobravam de uma licença para pesquisa. Fiz um esboço do que agora são os capítulos 3 e 4 do presente trabalho, e então meu tempo livre se dissolveu. Durante os três anos seguintes, fiquei sobrecarregado com a tarefa de ser Diretor de Escola. "Agora você é um gestor, Tim" – disse-me um dos meus superiores, um dia. Ninguém menos do que o vice-diretor, e com um sorriso malvado. "Você é um de nós". Eu senti um calafrio, pensando do *Livro dos 4 As*. Será que algum dia eu voltaria aos meus *4 As*? – pensei, ou será que eu já tinha irrevogavelmente passado para "o outro lado"? Eu pretendia terminar o livro primeiro e depois passar para minha coleção de ensaios *Estar vivo*. Mas o que acontecera era que, com muitos dos ensaios já escritos ou em fase de finalização, as perspectivas de pelo menos terminar o outro livro pareciam ser mais realistas. Mais uma vez os *4 As* foi colocado na prateleira, enquanto nos intervalos de tempo livre que eu podia encontrar, principalmente durante o verão longo e escaldante de 2010, eu me concentrei em *Estar vivo*. O que me deixou com um problema, no entanto, porque descobri que em minha pressa de completar a coleção de ensaios eu tinha "roubado" muitas das ideias que deveriam ter ido para os *4 As*. De nada me servira confiar nas notas antigas. Eu teria de trabalhar muito mais.

Lembrando disso, posso somente me sentir feliz por ter sido forçado pelas circunstâncias a fazer o que fiz. Embora o livro tenha levado tanto tempo para ser finalizado, eu não poderia tê-lo escrito antes, pelo menos por ter criado ideias que levaram tempo para amadurecer e que se desenvolveram por meio de conversas que tive, e pelo material, que só pude ler nos últimos dois anos, aproximadamente. Por exemplo, a ideia da correspondência, que desempenha um papel fundamental neste livro, ocorreu-me somente no período final da revisão de *Estar vivo*. O resultado foi que o presente trabalho não é mais o "livro do curso" que eu poderia ter escrito, baseado em minhas palestras, mas se tornou algo muito diferente. Suponho que se transformou em uma espécie de declaração da minha filosofia pessoal, e, ao mesmo tempo, em um protesto contra o palavreado rebuscado, balofo das construções frasais de tudo o que hoje em dia passa por trabalho acadêmico. As palavras são coisas preciosas; elas merecem o nosso respeito. A inspiração para o livro ainda vem do curso sobre *Os 4 As,* que foi sem dúvida alguma o mais recompensador que já dei, e meus agradecimentos devem ir para todos os estudantes que dele participaram durante o período de 2003 e 2004, quando introduzi o tema pela primeira vez. Foi muito divertido, como todos os cursos devem ser, e eu aprendi muito com ele. O que eventualmente tornou possível para mim escrever este livro, no entanto, foi a licença que me deram quando terminei o período de três anos como Diretor da Escola, licença que começou em outubro de 2011, financiada durante dois anos pelo *Leverhulme Trust*, ao qual sou imensamente grato, e sem o qual esta obra não teria sido escrita. E agora que o trabalho terminou, prometi escrever o livro que eu prometera fazer, quando me inscrevi. Será o próximo.

Comecei minha licença, no entanto, com um atraso muito considerável, e não foi senão lá pelo fim de abril de 2012, durante uma visita de duas semanas à Universidade de Viena, que consegui retomar adequadamente o trabalho no livro, que então já assumira oficialmente o título *Fazer.* Embora eu ainda conservasse uma espécie de afeição pelo de *Os 4 As,* advertiram-me de que, à semelhança das criaturas da ficção-científica, que podem fazer qualquer coisa que queiram no universo, menos subir escadas, um livro que trate da distribuição oficial dos sistemas eletrônicos de arte não pode ter títulos que contenham números. Além disso, *Os 4 As* seria um título enigmático para qualquer pessoa não que não estivesse familiarizada com o tema do livro, enquanto que *Fazer* [*Making*] diz claramente do que se trata, porque todas as quatro disciplinas – antropologia, arqueologia, arte e arquitetura – são, ou pelo menos deveriam ser, meios de se pensar por meio do *fazer*; isto é, o contrário de fazer por meio do pensamento que, em instituições educacionais avançadas, tendem a colocar teóricos e práticos em lados opostos da cerca acadêmica. No entanto, penso também que fazer coisas seja equivalente a um processo de crescimento. O que também se aplica à produção de livros. A chuva é boa para o crescimento, e assim, enquanto o verão escocês mais úmido que jamais houve continuava seu curso, o meu manuscrito gradualmente inchava. Mas necessitava também de um pouco de sol para amadurecer e, uma vez mais – assim como acontecera com *Estar vivo*, no verão de 2010 – a pequena cabana na praia do Lago Pielinen, no leste da Finlândia, foi minha salvação. Três semanas de sol em julho, em paisagem idílica, ajudaram-me nos dois últimos capítulos. Nesse estágio, o livro já estava me dizendo o que devia ser escrito, ao contrário do que em geral acontece. É uma coisa interessante perceber que os livros pensam por conta própria. Tudo o que os autores podem fazer é descobrir os caminhos que eles querem tomar, e segui-los. Realmente, acho que isto é uma verdade geral para tudo o que se constrói, e um de meus temas principais, neste livro, é o da correspondência entre o ato de *fazer* e o material usado, e que é isto o que acontece tanto na antropologia e na arqueologia como na arte e na arquitetura.

Como sempre, há mais pessoas às quais devo agradecer do que as que posso enumerar, no que se refere à inspiração e à assistência na escrita deste livro. A todas as que seguem, no entanto, devo especialmente minha gratidão: Mike Anusas, Stephanie Bunn, Jen Clarke, Anne Douglas, Caroline Gatt, Cesar Giraldo Herrera, Wendy Gunn, Rachel Harkness, Elizabeth Hodson, Raymond Lucas, Christel Mattheeuws, Elizabeth Ogilvie, Amanda Ravetz, Christian Simonetti e Jo Vergunst. Agradeço também a Lesley Riddle, editora assistente da Routledge, pelo seu infalível apoio e por sua paciência diante de um autor que com tanta frequência prometeu entregar em tempo o texto e descumpriu sua promessa, e a Katherine Ong por me aguentar durante todo o processo da produção. Em alguns capítulos tive de procurar materiais que eu havia apresentado ou publicado em outros lugares, mas não sem ter de fazer uma revisão substancial. Por exemplo, um fragmento do capítulo 1 vem do meu capítulo "*Os 4 As* (Antropologia, Arqueologia, Arte e Arquitetura): reflexões sobre uma experiência de ensino e aprendizado", em *Ways of Knowing: New Approaches in the Anthropology of Knowledge and Learning* (org. de M. Harris. Oxford: Berghahn, 2007, p. 287-305). Algumas seções do capítulo 2 aparecem, sob uma forma preliminar, no meu artigo "Toward an ecology of materials", *Annual Review of Anthropology* 41, 2012, p. 427-442, 2012, e partes do capítulo 5 aparecem em dois textos introdutórios ("Introduction: the perception of the user-producer". In: GUNN, W. & DONOVAN, J. (orgs.). *Design and Anthropology*. Farham: Ashgate, 2012, p. 19-33. • "Introduction". In: JANOWSKI, M. & INGOLD, T. (orgs.). *Imagining Landscapes*: Past, Present and Future. Farham: Ashgate, 2012, p. 1-18). Parte do capítulo 6 foi retirada de meu capítulo "The round mound is not a monument". In: LEARY, J.; DARVILL, T. & FIELD, D. (orgs.). *Round Mounds and Monumentality in the British Neolithic and Beyond*. Oxford: Osbos Books, 2010, p. 253-260. O capítulo 7 incorpora um par de parágrafos tirados do artigo do *Annual Review* acima citado, e alguns parágrafos do capítulo 9 vêm de minha "Introduction". In: INGOLD, T. (org.). *Redrawing Anthropology*: materials, Movements, Lines. Farham: Ashgate, 2012, p. 1-20. O restante é novo.

Dedico este livro ao meu apoiador mais constante e crítico mais severo em todas as coisas, o qual – na época em que este livro será publicado – terá suportado durante mais de quarenta anos um marido incorrigivelmente acadêmico cujos pensamentos pairam sempre em um lugar diverso daquele em que deveriam estar.

Tim Ingold

Aberdeen, agosto de 2012.

1
Conhecendo de dentro

Aprendendo a aprender

Conheça por si próprio! Era esse frequentemente o único conselho que meus companheiros me davam quando, há quarenta anos, eu era um pesquisador de campo novato em meio ao povo Saami, no nordeste da Finlândia, e estava desorientado no processamento de alguma tarefa prática. No início, eu pensava que eles apenas não queriam ajudar ou divulgar o que sabiam perfeitamente bem. Mas depois de um tempo compreendi que, muito pelo contrário, eles queriam que eu entendesse que a única maneira de se aprender alguma coisa – isto é, conhecer a partir do próprio interior de um ser –, é por meio de um processo de autodescoberta. Para conhecer as coisas temos de penetrá-las e depois deixar que elas cresçam dentro de nós, que se tornem uma parte do que somos. Se meus colegas tivessem dado apenas instruções formais para explicar o que eu devia fazer, eu teria adquirido somente uma ideia errada do conhecimento, como acabaria por descobrir assim que tentasse praticar o que me haviam dito. O mero fornecimento de informações não garante o conhecimento, e nem mesmo o entendimento. Como diz a sabedoria proverbial, é mais fácil falar sobre as coisas do que fazê-las.

Em resumo, é observando, ouvindo e sentindo – prestando atenção ao que o mundo quer nos dizer – que aprendemos. Meus colegas não me informaram sobre *o que* existe, para me pouparem de ter de pesquisar por minha conta. Foi mais como se tivessem me contado *como eu deveria descobrir* as coisas. Ensinaram o que eu deveria procurar, como rastrear as coisas, e que o conhecimento é um processo de seguimento ativo, de *continuar.* Eram pessoas que sempre tinham vivido pescando, caçando e reunindo rebanhos de renas, e assim para eles a ideia de que conhecemos as coisas à medida que as fazemos era uma segunda natureza – o que não quer dizer que conhecemos por meio do movimento, mas que conhecer *é* movimento. Para mim não era uma segunda natureza, mas de alguma maneira essa lição penetrou em mim sem que eu estivesse consciente disso, na época, pois me lembro bem como essa ideia foi guiando meu pensamento e a minha preferência por algumas filosofias, dentre outras. Será que eu agora pensaria da mesma forma se não tivesse tido essa experiência de formação no trabalho de campo logo no início da minha carreira? É impossível saber isso. Eu teria de voltar para as últimas quatro décadas sem essa experiência, para ver se os resultados teriam sido os mesmos ou diferentes. De minha parte, não posso encontrar outra explicação.

Nossa tarefa, em uma situação como a em que hoje me encontro, é a de aprender a aprender. Gregory Bateson – antropólogo, cibernético e intelectual dissidente na área de etnografia em geral – chamou-a de "aprendizado de segunda" (BATTTESON, 1973: 141). Esta espécie de aprendizado não visa tanto nos prover de fatos *sobre* o mundo, mas antes permitir que sejamos ensinados *por* ele. O mundo em si torna-se um lugar de estudo, uma universidade que inclui não apenas professores formados e estudantes matriculados, encastelados em seus departamentos acadêmicos, mas pessoas vindas de todos os lugares, juntamente com todas as outras criaturas com as quais (ou com quem) partilhamos nossas vidas e as terras em que estamos, e nas quais elas vivem. Nessa universidade, seja qual for nossa disciplina, aprendemos *a partir* daqueles *com* os quais estudamos. O geólogo estuda tanto com as pedras quanto com os professores; ele aprende com elas, e elas lhe contam coisas. A mesma coisa acontece com o botânico, com as plantas, e com o ornitólogo, com os pássaros. E os antropólogos? Eles também estudam com aqueles entre os quais permanecem, nem que seja por pouco tempo. Aprender a aprender, para eles, assim como para os praticantes de qualquer outra disciplina, significa libertar-se dos preconceitos que, de outra forma, poderiam formatar prematuramente suas observações. É para transformar cada certeza em uma questão, cuja resposta deve ser encontrada reparando no que se apresenta diante de nós, no mundo, e não olhando no final do livro. É assim olhando para a frente, e não mantendo nossos olhos no passado, em antecipação, em vez de retrospecção, que reside o caminho da descoberta.

Este livro é baseado na disciplina da Antropologia. Que certamente é a mais antiacadêmica das disciplinas acadêmicas, pois não poderia se sustentar se não fosse pelas instituições educacionais e acadêmicas em que a maioria de seus praticantes passa a maior parte de suas vidas. Ao mesmo tempo, ela se dedica amplamente a desafiar o principal propósito epistemológico que fundamenta a legitimidade dessas instituições, e que continua a subscrever suas operações. O que a academia se propõe é elaborar um relato confiável sobre a maneira pela qual o mundo funciona, ou revelar a realidade por trás da ilusão das aparências. No panteão acadêmico, a razão é predestinada a suplantar a intuição, a expertise a suplantar o senso comum, e as conclusões baseadas nos fatos a suplantarem o que as pessoas conhecem pela experiência comum, ou o que vem da sabedoria de seus antepassados. Há muito a missão da antropologia tem sido virar esse panteão de cabeça para baixo. Deve-se partir do pressuposto de que, se alguém sabe algo sobre os caminhos do mundo, serão os que dedicaram suas vidas – como fizeram seus ancestrais – a segui-los. Portanto, dizem os antropólogos, é tentando entender quais são os caminhos da vida, e adquirindo por nós próprios parte do conhecimento e das habilidades requeridas para praticá-los, que podemos aprender mais. Armados com este aprendizado, e com as perspectivas críticas que ele abre para nós, podemos voltar a dar as costas para o ensino acadêmico e, por assim dizer, colocá-lo em seu lugar ao revelar as limitações inerentes às suas próprias práticas de conhecimento.

Antropologia e etnografia

Assim, na antropologia vamos estudar *com* pessoas. E esperamos aprender *a partir* delas. O que poderíamos chamar de "pesquisa", ou mesmo "trabalho de campo", na realidade é uma espécie de aula-magna prolongada, na qual o novato gradualmente aprende a ver as coisas, e a ouvir e senti-las também, como fazem os seus mentores. Em resumo, é submeter-se ao que o psicólogo ecologista James Gibson chama de *educação da atenção* (GIBSON, 1979: 254; cf. INGOLD, 2001). Mas, além de se submeterem a esta espécie de educação, muitos pesquisadores se dedicam a documentar as vidas e as épocas das comunidades que os abrigam. Este trabalho de documentação é chamado de *etnografia*. Muito frequentemente, antropólogo e etnógrafo combinam-se em uma única pessoa, e as tarefas da antropologia e da etnografia são realizadas em conjunto. Contudo, não são as mesmas, e a sua persistente confusão costuma causar problemas sem fim. Temos de resolver esses problemas.

Um exemplo pode nos ajudar a pensar nisso e eu inventei um, com esse propósito. Como violoncelista amador eu costumava sonhar, de forma inteiramente irrealista, naturalmente, que um dia iria estudar com o grande mestre russo do instrumento, Mstislav Rostropovich. Eu me sentaria aos seus pés, observaria e ouviria, praticaria e seria corrigido, Depois de um ano ou dois, eu voltaria com uma compreensão muito maior das possibilidades e dos potenciais do instrumento, das profundezas e sutilezas da música, e de mim mesmo como pessoa. E isto, por sua vez, abriria caminhos de descoberta musical que eu continuaria a trilhar, nos anos seguintes. Agora, suponhamos que em vez disso, tendo talvez me encaminhado para uma formação em musicologia, eu decidisse fazer um estudo sobre proeminentes violoncelistas russos. Meu alvo seria descobrir quais os fatores que os haviam determinado a seguir especialmente esse caminho, como as suas carreiras subsequentes se haviam desenvolvido, quais as maiores influências nas suas vidas e na sua execução, e como viam a si próprios em seu trabalho nos contextos da sociedade contemporânea. Eu planejaria passar algum tempo com Rostropovich, usando meu violoncelo como uma espécie de bilhete para ter acesso a ele e ao seu círculo, e com a esperança de reunir informações relevantes para o meu estudo, fosse por meio de uma conversação casual, fosse com entrevistas mais formais. Faria o mesmo com vários outros violoncelistas escolhidos, embora não fossem tão famosos. E voltaria para casa com um monte de material para trabalhar na minha tese projetada: *Bears on Strings: Cellists and Cello-Playing in Contemporary Russia*[1].

Não pretendo negar que um estudo desse tipo poderia ser uma contribuição valiosa para a literatura musicológica. Poderia aumentar nosso conhecimento de um tópico que tem sido pouco estudado. Poderia até me ter garantido um doutorado! Não afirmo que o primeiro projeto seja melhor do que o segundo, mas simplesmente que são fundamentalmente diferentes. Ressalto três diferenças cruciais sobre o que pretendo dizer, por analogia, sobre etnografia e antropologia. Primeira diferença: no primeiro projeto eu estudo *com* Rostropovich e aprendo *baseado* na sua maneira de tocar, enquanto o segundo projeto é um estudo *de* Rostropovich, no qual aprendo *sobre* ele. Segunda diferença: no primeiro projeto tomo o que aprendi e caminho *para frente,* sempre refletindo sobre minha experiência anterior. No segundo projeto, ao contrário, eu olho para trás, refletindo sobre as informações que obtive, para poder avaliar tendências e padrões. Terceira diferença: o ímpeto dado ao primeiro projeto é primariamente *transformacional,* enquanto os imperativos do segundo projeto são essencialmente *documentais.* Para simplificar as coisas, há também diferenças entre a antropologia e a etnografia. A antropologia estuda *com* e aprende *a partir de*; avança em um processo de vida e efetua transformações dentro desse processo. A etnografia é um estudo *de* e um aprendizado *sobre,* e seus produtos duradouros são avaliações baseadas em coleta de dados, que servem a um propósito documental.

Agora, ao propor essa distinção, não tenho intenção de desvalorizar a etnografia. Muitos colegas, sei disso, protestarão, dizendo que ver a etnografia como mera documentação é ter uma visão demasiado limitada. Insistirão que ela é um empreendimento muito mais amplo e rico do que propus, e que até mesmo deveria ser tomada como capaz de incluir tudo o que eu já disse sob a rubrica de antropologia. Dirão que não somente a antropologia, como também a etnografia, é transformacional: o etnógrafo muda com a experiência, e essa mudança se processa avançando para o seu futuro trabalho. Portanto, na sua opinião, a etnografia e a antropologia são praticamente indistinguíveis. Mas a isso eu respondo que não há nada "simples" sobre a documentação descritiva. O trabalho etnográfico é complexo e exigente. Pode ser transformacional em seus efeitos sobre o etnógrafo. Há efeitos colaterais, porém, e são incidentais ao seu propósito documental. Realmente, se há algo que desvalorize a etnografia, ou a faça parecer menos do

---

1. Suportando a tensão: violoncelos e violoncelistas na Rússia contemporânea [N.T.].

que realmente é, é a usurpação de seu nome, com objetivos diferentes. Afinal, etnografia (de *ethnos* = povo; *graphia* = descrição) literalmente *significa descrição de povos*. Se, na prática, ela se torna diferente de "descrição", então qual o nome que deveria ser assumido pela conhecida tarefa de descrever? Não pode ser mais enfaticamente desvalorizada do que se for deixada sem nome e não reconhecida. Isso não é tudo, pois, como mostrarei em breve, confundir os objetivos da documentação com os da transformação significa deixar a antropologia impotente na realização de sua vocação crítica.

Por ora, desejo somente insistir que a distinção – em termos de objetivos – entre o trabalho documental e o transformacional é absolutamente incongruente com a que se estabelece entre o trabalho empírico e o teórico. É quase um truísmo afirmar que não há descrição ou documentação que seja inocente no que se refere à teoria. Mas, seguindo o mesmo raciocínio, nenhuma transformação genuína nas maneiras de pensar e sentir é possível se não se fundamentar em uma observação atenta e próxima. Este livro ilustra isso. Não é um estudo etnográfico, e realmente se refere muito pouco à etnografia. O que, todavia, não faz dele um trabalho teórico. Ou antes, toda a minha argumentação se coloca contra o conceito de que as coisas podem ser "teorizadas" isoladamente do que está acontecendo no mundo ao nosso redor, e que os resultados dessa teorização fornecem hipóteses que sejam aplicadas à tentativa de se tirar algum sentido disso. Este conceito estabelece o que o sociólogo C. Wright Mills, em famoso ensaio de elaboração intelectual, denunciou como uma falsa separação entre meios e significados do conhecimento. Como diz Mills, não pode haver distinção entre a teoria de uma disciplina e o seu método; pelo contrário, ambos "fazem parte da prática de um ofício" (1959: 216). Para mim, a antropologia é essa prática. Se o seu método é o do praticante, trabalhar com materiais, a sua disciplina consiste no engajamento observacional e na acuidade perceptual que permite seguir o que está acontecendo e ao mesmo responder a isso. Esse é o método, e a disciplina, conhecidos no meio como *observação participante*. Da qual os antropólogos têm justificado orgulho. A observação participante, porém, é uma prática da antropologia e não da etnografia (HOCKEY & FORSEY, 2012) e, como mostrarei a seguir, os antropólogos prestam um desserviço a si mesmos quando confundem as duas coisas.

Observação participante

Não é propósito da antropologia descrever a especificidade das coisas como são: essa, como eu já disse, é uma tarefa para a etnografia. Mas não se deve generalizar, a partir dessas descrições: ou, como diria um antropólogo, Dan Sperber (1985: 10-11), "avaliar a variabilidade das culturas humanas" recorrendo a "dados etnográficos". Seria antes abrir um espaço para uma pesquisa generosa, aberta, comparativa, mas crítica, sobre as condições e os potenciais da vida humana. Seria unir-se com as pessoas em suas especulações sobre o que a vida *poderia* ou *deveria* ser, com formas, porém, fundamentadas em uma profunda compreensão do que a vida *é*, em determinadas épocas e lugares. No entanto, a ambição especulativa da antropologia tem sido persistentemente comprometida pela sua submissão a um modelo acadêmico de produção do conhecimento, segundo o qual as lições aprendidas através da observação e da participação prática são reformuladas como material empírico para subsequente interpretação. Neste movimento único e fatal, não somente a antropologia recai na etnografia, como toda a relação entre conhecimento e ser vira no avesso. As lições da vida tornam-se *dados qualitativos*, para serem analisados em termos de um corpo teórico exógeno.

Sempre que cientistas sociais de mentalidade positivista falam de "métodos qualitativos e quantitativos" – ou, mais obscenamente, de "quanto/qual" – e apontam para sua complementaridade essencial como se uma mistura de ambos fosse vantajosa, esta inversão está agindo. Para piorar as coisas, recomendam então uma observação participante como instrumento apropriado para se coletar os componentes qualitativos dos dados estabelecidos. O que é piorar ainda mais as coisas. Pois a observação participante *não é absolutamente* uma técnica de coleta de dados. Muito pelo contrário, ela está preservada em um engajamento ontológico que torna impensável a própria ideia da coleta de dados. Esse engajamento, que de maneira alguma está confinado à antropologia, consiste no reconhecimento de que devemos nosso próprio ser ao mundo que procuramos conhecer. Em síntese, a observação participante é um meio de se conhecer *a partir do interior*. Como diz muito eloquentemente a especialista em estudos de ciências Karen Barad (2007: 185): "Nós não atingimos o conhecimento ficando parados fora do mundo; sabemos por que 'nós' fazemos parte do mundo. Somos parte do mundo em sua transformação diferencial"[2]. Somente podemos observar como companheiros de viagem os seres e as coisas que chamam a nossa atenção por sermos já *do* mundo. Não há contradição, então, entre participação e observação; ou seja, uma coisa depende da outra.

Mas, para transformar aquilo que devemos ao mundo em *dados* que tenhamos extraído dele, é separar o *conhecimento* do *ser*. É preciso estipular que o conhecimento deve ser reconstruído em seu *exterior*, como um edifício construído *pós-fato*, mais do que como inerente em habilidades de percepção e capacidades de julgamento desenvolvidas durante engajamentos diretos, práticos e sensoriais com as coisas que nos cercam. É este movimento que – situando o observador no

---

2. Ênfase no original. Em todas as citações diretas ao longo do livro, as ênfases serão do original, a menos que haja indicação em contrário.

exterior do mundo do qual ele ou ela procura obter conhecimento –, estabelece o que frequentemente é tido como *paradoxo* da observação participante; isto é, que requer do pesquisador estar ao mesmo tempo dentro e *fora* do campo de pesquisa. Esse paradoxo, contudo, não faz senão reafirmar o dilema existencial que subsiste no íntimo da própria definição de humanidade que fundamenta a ciência normal. *Seres humanos,* de acordo com a ciência, constituem espécimes da natureza, mas *ser humano* é transcender essa natureza. Essa transcendência tanto provê a ciência com a plataforma para suas observações como subscreve a sua pretensão de autoridade. O dilema é que as condições que permitem aos cientistas *conhecerem,* pelo menos segundo os protocolos oficiais, são tais que tornam impossível para eles *estarem* no próprio mundo do qual procuram extrair o conhecimento. Parece que podemos somente aspirar à verdade sobre este mundo por meio de uma emancipação que nos tire dele e nos torne estranhos a nós próprios.

Em qualquer apelo aos dados, sejam quantitativos, sejam qualificativos, é pressuposta esta divisão entre os domínios do conhecimento e do ser. Pois deve-se assumir que o mundo é dado à ciência não como parte de qualquer oferta ou compromisso, mas como reserva ou resíduo que existe para ser tomado. Disfarçados como cientistas sociais, entramos neste mundo seja secretamente, fingindo invisibilidade, seja sob falsas pretensões, dizendo que viemos para aprender com professores cujas palavras são escolhidas não como uma guia que possam oferecer, mas como provas de como pensam, de suas crenças ou atitudes. Então, assim que enchemos nossas mochilas, cortamos nossos laços e corremos. O que, no meu modo de pensar, é fundamentalmente não ético. É virar as costas ao mundo em que vivemos e ao qual devemos nossa formação. Com todos os dados nas pontas dos dedos, achamos que já sabemos tudo o que há para saber; no entanto, sabendo tudo, deixamos de ver ou de aprender com o próprio mundo. Com este livro, meu objetivo é restaurar o conhecimento, colocando-o no lugar em que deve estar, no centro do ser. O que significa voltar uma vez mais *para* o mundo, devido ao que ele pode nos ensinar, e recusar a divisão entre a coleta de dados e a construção da teoria que fundamenta a ciência normal.

Como antropólogos, nós nos encontramos hoje em um dilema. Como poderemos fazer justiça à riqueza e complexidade da etnografia de outras culturas, se estamos simultaneamente nos abrindo para a pesquisa radical, especulativa dos potenciais da vida humana? As alternativas parecem estar entre abdicar de nossa responsabilidade de engajamento em um diálogo crítico sobre as grandes questões de como preparar nossa humanidade coletiva em um mundo que está balançando à beira da catástrofe, ou transformar os povos com os quais estivemos trabalhando em involuntários porta-vozes de filosofias de salvação que não foram elaboradas por eles próprios. Nenhuma dessas alternativas pôde ser usada pela antropologia. A primeira deixa a disciplina à margem, condenada à documentação retrospectiva de mundos indígenas que parecem sempre estar à beira do desaparecimento; a segunda, somente alimenta a crença popular de que a sabedoria tradicional dos povos nativos pode de alguma forma salvar o planeta.

Uma antropologia que tenha se libertado da etnografia, no entanto, não estaria mais ligada a um compromisso retrospectivo à fidelidade descritiva. Pelo contrário, ela estaria livre para trazer meios de conhecimento e de sentimento modelados através de engajamentos transformacionais com povos de todo o mundo, tanto dentro como além do campo de trabalho, para a tarefa essencialmente prospectiva de ajudar a encontrar um caminho para um futuro comum a todos nós. Quando vamos estudar com grandes especialistas durante nossa educação, não o fazemos com o propósito de descrever ou representar as suas ideias mais tarde, na vida, mas sim de aguçar nossas qualidades perceptuais, morais e intelectuais para as tarefas críticas que teremos de enfrentar. Eu me pergunto por que deveria ser diferente em relação aos antropólogos, quando vão trabalhar com outros povos? A verdade é que ao descobrir meios de *continuar*, necessitamos de toda a ajuda possível. Mas ninguém – nenhum grupo indígena, nenhum cientista especializado, nenhuma doutrina ou filosofia – possui a chave para o futuro, se é que poderemos um dia encontrá-la. Temos de construir o futuro por nós próprios.

A arte da pesquisa

No entanto, não podemos construir o futuro sem também pensar sobre ele. Qual é então a relação entre pensar e construir? O teórico e o praticante dariam respostas diferentes a essa questão. Mas não é que o primeiro unicamente pense e que o segundo somente faça. Mas sim que um *faz através do pensamento* e o outro *pensa através do que faz.* O teórico elabora o pensamento na sua cabeça e somente então aplica as formas de pensamento à substância do mundo material. O caminho seguido pelo artesão, pelo contrário, é o de permitir que o conhecimento cresça a partir do cruzamento de nossos engajamentos práticos e observacionais sobre os seres e as coisas que nos rodeiam (DORMER, 1994; ADAMSON, 2007). Eu gostaria de denominar esta prática como uma *arte da pesquisa.*

Nela, o canal do pensamento segue e continuamente responde aos fluxos e escoamentos dos materiais com os quais trabalhamos. Esses materiais pensam em nós, assim como nós pensamos através deles. Daí cada trabalho ser um experimento, não no sentido científico natural de testar uma hipótese pré-elaborada, ou de engendrar um confronto entre ideias "na cabeça" e entre fatos "no campo", mas no sentido de valorizar uma ideia e segui-la para ver onde vai dar. Experimentamos as coisas e vemos o que acontece. Assim, a arte da pesquisa avança em tempo real, juntamente com as vidas dos que são tocados por ela, e com o mundo ao qual tanto ele próprio como as vidas das pessoas pertencem. Em vez de responder a seus planos e predições, une-se com eles em suas esperanças e sonhos. O que é adotar o que o antropólogo Hirokazu Miyazaki (2004) chama de *método da esperança*. Praticar esse método não é descrever o mundo, ou representá-lo, mas abrir a nossa percepção para o que está se passando nele, para que nós, por nossa vez, possamos responder a ele. O que significa que é para estabelecer uma relação com o mundo que eu de agora em diante chamarei de *correspondência*. Creio que a antropologia pode ser uma arte da pesquisa, neste sentido. Precisamos dela não para acumular mais e mais informações *sobre* o mundo, mas para nos correspondermos mais com ele.

Em sua grande maioria, contudo, os praticantes da arte da investigação são encontrados não entre os antropólogos, mas entre as fileiras dos artistas praticantes. Fato que favorece um novo enfoque do relacionamento entre a arte e a antropologia. Há, é claro, uma longa e distinta tradição de estudo, na antropologia da arte. Dificilmente subsiste alguma região do mundo cujas produções nativas não tenham sido sujeitas a análise e a interpretação exaustivas. Boa parte da literatura resultante se sobrepõe aos escritos nos campos da cultura material e visual. Ela também sofre dos mesmos preconceitos. No estudo da cultura material, o foco privilegiado foi para objetos prontos e sobre o que acontece quando eles são colhidos nas histórias de vida e nas interações sociais das pessoas que os usam, consomem ou colecionam. No estudo da cultura visual, o foco tem sido sobre as relações entre objetos, imagens e suas interpretações. O que se perde, em ambos os campos de estudo, é a criatividade dos processos produtivos que trazem à existência os próprios artefatos: de um lado, nas correntes generativas dos materiais dos quais eles são feitos; de outro lado, na conscientização sensorial dos praticantes. Assim, processos de construção parecem ter sido engolidos nos objetos feitos; processos de visão em imagens vistas.

Da mesma forma, no estudo da arte os antropólogos mostraram tendência a tratar a obra de arte como um *objeto* de análise etnográfica. "A antropologia da arte não seria uma antropologia da *arte*" – escreveu Alfred Gell – "a não ser que estivesse confinada a um subconjunto de relações sociais nas quais alguns 'objetos' fossem relacionados a um agente social, de uma forma distinta, 'à maneira da arte'" (GELL, 1998: 13). Ele quer dizer que deveria ser possível traçar uma cadeia de conexões causais, ao contrário, desde o objeto final até a intenção inicial, a qual teria aparentemente motivado a sua produção, ou aos significados que pudessem ser atribuídos a ele. Em resumo, seria colocar o objeto em um contexto social e cultural. Fazendo com isso que a obra de arte servisse de índice do meio social e dos valores culturais de seus fabricantes, a antropologia da arte assumiu somente uma aparência de história da arte. É verdade que os antropólogos se desviaram do caminho para distanciar seus procedimentos da propensão de muitos historiadores da arte em fazer julgamentos baseados nos critérios que aparentam ser carregados de valores e etnocêntricos. No entanto, enquanto continuarem a tratar a arte como um compêndio de obras que devem ser analisadas, não haverá possibilidade de correspondência direta com os processos criativos que as geram.

Digo que esse enfoque analítico e realizado ao contrário representa um beco sem saída intelectual, no que concerne à relação entre antropologia e arte. A fonte desse bloqueio reside no que poderia ser chamado de "antropologia *de* fórmula". O problema é que sempre que a antropologia encontra algo fora dela própria, pretende, por sua vez, transformar seja lá o que for – digamos, semelhança, lei ou ritual – em um objeto que possa ser analisado. Assim, quando ela encontra a arte, quer tratá-la como uma coleção de obras que são de alguma maneira colhidas em uma textura de relações sociais e culturais que podemos estudar. Contudo, enquanto podemos aprender muito *sobre* arte pela análise de seus objetos, não podemos aprender nada *a partir* dela. O meu objetivo, pelo contrário, é substituir a antropologia *de* por uma antropologia *com*. É olhar para a arte, em primeiro lugar, como uma *disciplina,* que partilha com a antropologia uma preocupação de voltar a despertar nossos sentidos e permitir que o conhecimento brote de dentro do ser, na vida que se desenvolve. Realizar uma antropologia *com* arte, é corresponder ao seu próprio movimento de crescimento ou de devir, em uma leitura que avança ao invés de recuar, e seguir os caminhos aos quais nos conduz. E consiste em ligar arte e antropologia através da correspondência de suas *práticas,* e não em termos de seus objetos, respectivamente históricos e etnográficos.

Atualmente, com poucas e notáveis exceções (p. ex., SCHNEIDER & WRIGHT, 2006; 2010), as colaborações entre arqueólogos e artistas têm sido poucas, e as que foram realizadas não tiveram um sucesso muito significativo. Mais uma vez, a fonte das dificuldades consiste na identificação da antropologia com a etnografia. Pois as razões que tornam a prática das artes altamente compatível com a prática da antropologia são precisamente as mesmas que a tornam incompatível com a etnografia. De um lado, o caráter especulativo, experimental e aberto da prática das artes está destinado a comprometer o compromisso da etnografia com a acuidade descritiva. Por outro lado, a orientação retrospectiva temporal da etnografia vai diretamente contra a prospectiva dinâmica do compromisso observacional da arte. No entanto, assim como a prática das artes difere em seus objetivos da história da arte, também a antropologia difere da etnografia. É nisso, creio, que consiste o potencial real de uma colaboração produtiva entre arte e antropologia. Será que algumas práticas de arte, por exemplo, poderiam sugerir novas formas de se *fazer* antropologia? Se há semelhanças entre as maneiras pelas quais artistas e antropólogos estudam o mundo, seria então possível não ver a obra de arte como o *resultado* de algo parecido com um estudo antropológico, mais de que como *objeto* desse mesmo estudo? Já estamos acostumados com a ideia de que os resultados da pesquisa antropológica não devem se limitar a textos escritos. Eles podem também incluir fotografias e filmes. Mas será que poderiam também incluir desenhos, pinturas ou esculturas? Ou obras de artesãos? Ou composições musicais? Ou até mesmo edifícios? Em senso contrário, não poderiam as obras de arte ser vistas como formas de antropologia, ou seja, "escritas" em mídia não verbal?

Fazendo as coisas por nós mesmos

Essas são as questões que propusemos em um seminário iniciado há mais de quinze anos, quando as sementes deste livro foram plantadas. Naquela época, em meados dos anos de 1990, eu ainda trabalhava no Departamento de Antropologia Social, na Universidade de Manchester. Mais por uma casualidade do que por um projeto, o Departamento incluía uma série de estudantes pesquisadores com formação em arte ou em arquitetura, ou ambas[3]. Achei que seria interessante nos encontrarmos regularmente, para discutir sobre questões da interface entre arte, arquitetura e antropologia. Foi o que fizemos, com bastante sucesso – realmente, o seminário durou, de maneira intermitente, por três anos, até 1999, quando deixei Manchester para assumir minha posição atual em Aberdeen. Foi um seminário notável, pelo menos para mim, e nunca eu havia experimentado nada parecido. Começamos da maneira habitual, em uma sala adequada, ouvindo cada qual falar, mas após um tempo disso sentimos que havíamos chegado a uma espécie de impasse. Pois tornou-se evidente que as questões que se referiam a nós não podiam ser formuladas em um vazio. Tínhamos de *fazer coisas por nós próprios*.

Obviamente, sem nos beneficiarmos por algum treino anterior (que alguns de nós tinham), nós, antropólogos, não poderíamos estalar os dedos e como por um passe de mágica nos transformarmos instantaneamente em artistas ou arquitetos. Mas pelo menos podíamos tentar basear nossas discussões em algo prático, de modo a dar a impressão de que tínhamos alguma base de experiência. E fizemos toda a espécie de coisas! Amarramos fios e tecemos cestos, fizemos potes e os cozinhamos em fornos feitos em casa, praticamos a técnica de Alexandre e descobrimos como uma cabeça ou um membro podem ficar pesados quando estão completamente relaxados. Ajudamos um fazendeiro na reconstrução de um muro de *drystone* [sem argamassa], mantivemos um laboratório de canto polifônico, tentamos fazer desenho arquitetônico, visitamos estudos e exposições de artistas, e assim por diante. Algumas das coisas que fizemos eram um tanto quanto malucas e nem sempre chegaram a algum lugar. Não tivemos nunca uma

---

3. Dos participantes no seminário, gostaria de mencionar três em particular: Stephanie Bunn, Wendy Gunn e Amanda Ravetz. Todos os três, após concluírem o doutorado, prosseguiram fornecendo importantes contribuições profissionais próprias, e sou grato a eles por contínuo estímulo e apoio.

agenda coerente. No entanto, concordamos todos que a qualidade do que discutíamos enquanto fazíamos coisas não se assemelhava a nada que houvéssemos experimentado antes, em seminários comuns, e que essas discussões eram tremendamente capazes de produzir novos *insights*. Mas, mesmo sendo este o caso, não estava muito claro *porque* isso acontecia. A questão era: que diferença faz *fazer coisas*, se a discussão está fundamentada em um contexto de atividade prática?

Quando me transferi para a Universidade de Aberdeen para reformular o programa de antropologia, uma das minhas ambições era realizar algumas das ideias que haviam surgido do seminário de Manchester sobre arte, arquitetura e antropologia. Discussões iniciais com colegas da *School of fine Arts* e do *Visual Research Center* da Universidade de Dundee nos levaram a elaborar uma proposta de pesquisa coletiva que tinha um título meio estranho, "Aprender é entender, na prática: explorando as inter-relações entre percepção, criatividade e habilidade". Para grade espanto nosso, o projeto fora feito para um período de três anos (2002-2005)[4]. Um de seus tópicos era o exame do modo pelo qual as habilidades das belas artes são ensinadas e aprendidas durante um curso baseado na prática de estudo, e envolvia a observação participante dos estudantes de belas artes em Dundee, seguindo suas experiências de aprendizado (GUNN, 2007). Simultaneamente e complementando esse estudo, no entanto, decidimos explorar a aplicabilidade potencial de práticas de ensinar e de aprender, tanto nas belas artes como na arquitetura, dentro da disciplina da antropologia.

Nesse contexto, desenvolvemos um curso para estudantes de graduação avançada e pós-graduação em antropologia na Universidade de Aberdeen, intitulado *Os 4 As: Antropologia, Arqueologia, Arte e Arquitetura*. Curso que foi introduzido e dado pela primeira vez no semestre da primavera de 2004, com uma ou duas interrupções, e que continuou a ser dado, desde essa época. Falarei mais tarde sobre o programa desenvolvido, bem como sobre a filosofia de ensino e aprendizado que o fundamentava. Antes de fazer isso, contudo, vou explicar o que motivou a reunião das quatro disciplinas, além da feliz coincidência de todas elas começarem pela letra A. Já dediquei atenção à diferenciação de uma delas – antropologia – da prática da etnografia. Tive de fazer isso para estabelecer as condições de correspondência da antropologia com a arte. Mas, como veremos, é necessário também ver esse tópico no que se refere à correspondência com a arquitetura e com a arqueologia.

---

4. Somos muito gratos ao generoso financiamento por parte da Diretoria de Pesquisa em Artes e Humanidades (referência da bolsa: B/RG/AN8436/APN14425). Gostaríamos também de reconhecer o apoio de Murdo Macdonald, Professor de História da Arte Escocesa na Universidade de Dundee, que encabeçou o projeto e teve importante papel ao longo de sua realização.

Os quatro As

Enquanto desenvolvemos um grande trabalho na antropologia da arte, a antropologia da arquitetura permaneceu pouco desenvolvida. A literatura da primeira é volumosa; na outra, é quase não existente. Os motivos disso não são nítidos. Certamente não se trata de reflexo da importância relativa da arte e da arquitetura na vida das pessoas. Uma explicação possível é a de que, devido à sua escala e portabilidade, as obras de arte são mais fáceis de serem coletadas do que as de arquitetura, e por isso foi mais fácil encaminhá-las para os museus e galerias do mundo ocidental, onde naturalmente atraem a atenção dos especialistas que não têm muita vontade de realizar viagens às regiões de onde elas provêm. Não tenho provas para sustentar essa hipótese, no entanto, e sem dúvida outros fatores estão envolvidos. De todo modo, dos poucos estudos que existem sobre esse fato, a maioria adota a mesma atitude, em geral, nos estudos sobre artes, cultura visual e material, para comparar "arquitetura" com estruturas construídas que são tratadas como objetos de análise etnográfica[5]. São estudos *de* arquitetura e não realizados *com* a arquitetura. Combinando-a com a arte e a antropologia, proponho pensar a arquitetura como uma *disciplina* que partilha com essas outras um propósito de explorar os processos criativos que dão origem aos ambientes em que habitamos, e as maneiras de percebê-los. Tomada como uma prática dessa disciplina, a arquitetura não é tanto *sobre* a construção de edifícios, mas se dá antes *por meio* deles. Em suma, é uma *arquitetura de pesquisa*. Nela incluídas há questões que se referem à geração da forma, às energéticas da força e do fluxo, às propriedades dos materiais, ao tecido e à textura de superfícies, às atmosferas de volumes, e às dinâmicas da atividade e do repouso, da elaboração de linhas e lugares. Responder a cada uma dessas questões exige uma maneira de conhecer a partir do interior, e nos capítulos que seguem exploraremos algumas delas.

Foi durante a mudança de Manchester a Aberdeen que os *três As*, de Arte, Arquitetura e Antropologia juntaram-se ao quarto, arqueologia. Em parte, esse foi um reflexo de meus próprios interesses, que durante muito tempo haviam ampliado os limites entre a arqueologia e a antropologia. Mas eu também estava convencido de que nenhuma discussão sobre a relação entre arte, arquitetura e antropologia poderia ficar completa se a arqueologia também não fosse incluída. Com os temas unificadores do tempo e da paisagem (INGOLD, 1990), e em seu mútuo relacionamento com as formas materiais e simbólicas da vida huma-

5. Cf., p. ex., Blier (1987), Wilson (1988), Oliver (1990), Coote e Shledon (1992), Carsten e Hugh-Jones (1995) e Waterson (1997). Dois estudos recentes por Trevor Marchand são exceções notáveis, no sentido de que se centra no efetivo processo de construção, juntamente com a organização do trabalho e a aquisição e desenvolvimento das habilidades dos pedreiros (MARCHAND, 2001; 2009).

na, a antropologia e a arqueologia há muito têm sido vistas como disciplinas irmãs, mesmo que nem sempre tenham mantido um bom diálogo. Além disso, há uma afinidade óbvia entre a arqueologia e as histórias tanto da arte como da arquitetura, nos seus interesses comuns pelos artefatos e pelas edificações da Antiguidade. Em certo sentido, suponho, os arquitetos e arqueólogos poderiam ser vistos como similares nos seus processamentos, mas opostos temporalmente: afinal, o próprio instrumento comum – a colher de pedreiro – que o construtor usa para fabricar as formas arquiteturais do futuro é usado pelo arqueólogo na escavação de um sítio, para revelar as formas do passado. Se um deles começa com os projetos do que deve ser construído, o outro termina nos planos do que foi desenterrado. Com todos esses paralelismos e conexões, realmente, parecia ser natural que a arqueologia comparecesse como o quarto *A*.

No entanto, para que a arqueologia se una à antropologia não como ciência positiva, mas como arte da pesquisa, e para que se una igualmente com a arte e a arquitetura concebidas como disciplinas, mais do que como compêndios de objetos destinados à análise histórica, então os termos do compromisso têm de ser renegociados, sob dois aspectos. Em primeiro lugar, assim como nos sentimos obrigados a distinguir a antropologia da etnografia, também deve ser distinguida a arqueologia da espécie de pré ou proto-historiografia, que tem como objetivo chegar a reconstruções descritivamente plausíveis da vida cotidiana no passado. Embora os prós e os contras de se usar analogias etnográficas para preencher os vazios em tais reconstruções já tenham sido extensivamente debatidos, esta questão – crucial para o relacionamento entre etnografia e pré-história – não tem consequência particular para a relação entre a antropologia e a arqueologia. Em segundo lugar, temos de reconhecer que a prática nuclear de escavação da arqueologia, entendida no sentido mais amplo como um engajamento com materiais enterrados que têm indícios de atividade humana passada, não pode mais ser reduzida a uma técnica de coleta de dados, como acontece com a prática correspondente da observação participante, na antropologia. Como esta última, a escavação é uma maneira de se conhecer a partir do interior: uma correspondência entre a atenção criteriosa e os materiais novos, conduzida por mãos hábeis "no manejo da colher de pedreiro". É desta correspondência, e não da análise de dados dentro das molduras da "teoria", que surge o conhecimento arqueológico. Na prática da escavação, como disse recentemente Matt Edgeworth, os arqueólogos são obrigados a *seguir o corte* – "ver" para onde ele vai. E em qual direção nos "leva" – não passivamente, mas ativamente, como caçadores rastreando sua presa, sempre alertas e respondendo às pistas visuais e tácteis em um ambiente intrinsecamente variável (EDGEWORTH, 2012: 78; cf. INGOLD, 2011a: 251, n. 4). Realmente, o corte é uma linha de correspondência.

O curso

Há muitos anos, o antropólogo Heonik Kwon, quando um burocrata da universidade lhe perguntou como descreveria os objetivos de suas aulas, respondeu que tentaria transformar seus estudantes em bons caçadores. Foi uma resposta tipicamente inspirada, e embora deixasse o burocrata inteiramente paralisado, não poderia ter sido melhor como um sumário dos princípios subjacentes à concepção e ao roteiro do curso sobre os *4 As*. Os objetivos do curso eram treinar os estudantes na arte da pesquisa, aguçar seu poder de observação e encorajá-los a pensar *através* da observação e não *após* ela. Como caçadores, eles tiveram de aprender a aprender, seguir os movimentos dos seres e das coisas e, por sua vez, responderem a isso com julgamento e precisão. Teriam de descobrir que o caminho para a sabedoria está nessa correspondência, e não em uma fuga para o domínio autorreferencial dos textos acadêmicos. E como caçadores, também eles foram encorajados a sonhar. Sonhar como um caçador deve se transformar nas criaturas caçadas e ver as coisas como elas as veem. É abrir-se para novas possibilidades de ser, e não procurar se fechar. O mundo dos sonhos, como os caçadores indígenas nos contam, não é diferente do mundo da vida acordada. Mas no sonho percebemos o mundo por meio de sentidos diferentes, à medida que nos movimentamos de modos diversos e talvez em um meio diferente, tais como o ar, ao invés da terra[6]. Ao acordar, vemos as coisas familiares com novos olhos (INGOLD, 2011a: 239).

Na documentação oficial fomos obrigados a fazer prestações de contas burocráticas, e dissemos que o curso sobre os *4 As* tinha como objetivo "explorar as conexões entre a antropologia, a arqueologia, a arte e a arquitetura, concebidas como enfoques para o entendimento e a formulação de como as pessoas percebem e se relacionam com seus arredores, em correntes de espaço, tempo e movimento". Em uma visão mais aproximada, porém, um dos resultados mais notáveis e um tanto inesperados de se apresentar o curso foi que, embora planejado como uma pesquisa explicitamente interdisciplinar, na prática os limites das disciplinas simplesmente haviam desaparecido, se é que existiram jamais. Os estudantes não tinham experiência de ter de se relacionar com quatro campos distintos, mas se viram compelidos a seguir uma série de caminhos nos quais os interesses da antropologia, da arqueologia, da arte e da arquitetura pareciam convergir, de uma forma natural e fácil. O que acontecia, talvez, porque o curso era tão *antidisciplinar* como *interdisciplinar*. Era antidisciplinar por revirar o entendimento normativo da disciplina acadêmica como um domínio delimitado de pesquisa, cujos limites coincidem com os da classe de fenômenos (A) com

6. Cf., p. ex., Hallowell (1955: 178-181) sobre sonhos entre os povos Ojibwa, na parte central do norte do Canadá.

os quais lida. O que é implícito sempre que uma disciplina é descrita como o estudo *de* A (p. ex., arte ou arquitetura). Mas, segundo a nossa perspectiva de se estudar *com*, todo o território do conhecimento é reconfigurado. Ao invés de ter uma superfície territorial segmentada em domínios de *campos de estudo,* temos algo mais parecido com uma corda, amarrada em correspondentes fios, ou *linhas de interesse.* Ao amarrar esses fios, nosso objetivo tem sido desfazer a territorialização do conhecimento implicada na forma como as disciplinas são entendidas normalmente, e celebrar a abertura do conhecimento a partir do seu interior.

O curso foi ministrado através de uma combinação de palestras, práticas, projetos e oficinas de trabalho, que se estendeu por um período de mais de dez semanas. Seguindo uma introdução geral, os tópicos de palestras incluíram (nesta ordem): *design* e construção; materiais; objetos e coisas; gestos e realizações; artesania e habilidades; os sentidos na percepção; linhas; desenho; elaboração de notas. Normalmente, os cursos oferecidos nesse nível avançado compreendiam uma palestra e uma monitoria por semana, cada uma delas com duração de uma hora. Enquanto as palestras sobre os *4 As* seguiam um formato bastante tradicional, as monitorias foram substituídas por sessões práticas semanais. Em cada uma delas os estudantes discutiam as questões em um contexto experimental. Alguns desses exercícios são descritos nos capítulos que seguem: incluem colecionamento de objetos, contatos com materiais, soltar pipas, fabrico e amarração de cordéis, um passeio pela praia, falsificação de assinaturas, e elaboração de notas sobre os movimentos observados.

Além de assistir a palestras e participar de aulas práticas, os estudantes também eram obrigados a executar um projeto. O trabalho nesse projeto devia ser feito durante o curso. Cada qual devia selecionar uma "coisa"[7], tal como um edifício, uma ponte, um banco, um monumento antigo, uma peça de escultura pública, ou um ponto de referência (p. ex., uma torre, uma fonte ou uma árvore espetacular). Era então advertido de que teria de passar cerca de uma hora por semana com a coisa escolhida, focalizando um aspecto específico, e fazendo anotações sobre o que observara ou descobrira. Por exemplo, eram solicitados a conhecer a história da "coisa" escolhida, se ela estava acabada ou ainda em processo de construção, os materiais de que era feita e suas respectivas histórias, ou se havia plantas crescendo nela, ou animais vivendo lá, ou como as pessoas ou os animais se movimentavam dentro, sobre, através ou em torno dela, e quais os seus sons e os sentimentos que provocava em momentos diferentes do dia, depois do escurecer ou em mudanças climáticas. Tinham de desenhar ou esboçar os objetos escolhidos, fazer planos para eles, e refletir sobre a influência que os

---

7. A razão para chamar o foco do projeto de "coisa", e não, p. ex., "objeto", ficará mais claro adiante (capítulo 6, p. 117).

desenhos teriam em suas observações. E tinham de fazer um modelo a partir dos materiais brutos que estavam disponíveis imediatamente, e considerar o que a fabricação desse modelo poderia ensinar sobre o objeto, levando em consideração as diferenças de escalas e dos materiais entre a coisa em si e o modelo. No final do curso, essas notas, juntamente com os desenhos, a documentação e a fundamentação do modelo, tudo devia ser reunido em um dossiê que seria submetido para análise. Os componentes finais do curso compreendiam uma série de três ateliês de meio-dia, incluindo uma sessão exterior de tessitura de cestos, uma visita ao estúdio de um artista, e um passeio ao campo para aguçar a percepção da paisagem.

Em seu projeto e realização, o curso sobre os *4 As* fazia parte de um esforço para se introduzir meios de ensino e de aprendizado em antropologia que combinassem com o que sabemos dessa ciência sobre esses processos. Durante muitos anos dei cursos de graduação, tanto em níveis introdutórios como em avançados, nos quais explicava que era errado pensar no aprendizado como uma *transmissão* de um corpo pré-fabricado de informações, antes de sua *aplicação* em particulares contextos da prática. Pelo contrário, nós *aprendemos fazendo,* enquanto continuamos a executar as tarefas da vida[8]. Nisto, a contribuição de nossos professores não é literalmente passar o seu conhecimento, na forma de um pré-fabricado sistema de conceitos e categorias, com as quais damos formas ao supostamente incompleto material das experiências sensoriais, mas estabelecer os contextos ou situações nas quais possamos descobrir por conta própria muito do que eles já sabem, e muito do que eles não sabem. Resumindo, nós crescemos *dentro* do conhecimento, mais do que esperando que ele nos seja passado. É o que quer dizer Jean Lave (1990) quando fala que aprender é uma questão de *entender na prática*, mais do que *adquirir cultura.*

Agora, se é esta a maneira pela qual as pessoas aprendem, em qualquer sociedade, ela também vale para que os nossos estudantes aprendam, na nossa. Por conseguinte, o papel do estudante não é o de assumir um corpo de conhecimentos autorizados e proposicionais, saídos de uma fonte superior na academia, mas o de colaborar na procura partilhada do entendimento humano. No entanto, como a própria Lave salientou, nossas instituições de educação, pelo menos no mundo ocidental, estão amplamente fundamentadas na teoria de que a sala de aula é um espaço dedicado ao aprendizado, no qual os estudantes supostamente teriam de adquirir o conhecimento aprovado de uma sociedade, para poderem levá-lo para o mundo exterior e o colocar em prática, assim que a sua educação esteja completa. Como muitos de meus estudantes mais espertos me disseram,

8. Em minhas aulas, referi-me ao trabalho de estudiosos como Jerome Bruner (1986), Barbara Rogoff (1990, 2003), Jean Lave e Etienne Wenger (1994) e Gisli Palsson (1994), assim como ao meu próprio (INGOLD, 2001; 2008b).

assistindo meus cursos, há uma inconsistência enorme entre *como* eles foram ensinados e *o que* de fato aprenderam sobre o aprendizado que realmente ocorre no mundo social. Educadores como eu próprio pareciam ser os últimos a praticar o que pregam.

Este livro

Então, meu desafio era encontrar um meio de ensinar como eu próprio fora ensinado. Pois se, como tenho explicado, o objetivo último da antropologia não é documental, mas transformacional, temos certamente a obrigação de dar ao futuro o que recebemos do passado. Que valores permanecem nas transformações do self se elas terminam aí, se as pessoas não continuam a transformar reciprocamente os outros, no mundo? Se eu tivesse ido estudar com Rostropovich, eu teria procurado transformar o mundo por meio da composição musical. Profissionalmente, porém, não sou musicista, mas antropólogo. Eu dou palestras e não concertos. Contudo, o meu magistério – todo magistério – não teria valor se não tivesse intenção de transformar. E, em sentido contrário, meus estudos – todos os estudos – não teriam valor se não nos levassem a ensinar com esta intenção. Ensinar é honrar nossos compromissos, retribuindo o que devemos ao mundo na nossa formação. Em poucas palavras, o ensino (e não a escrita etnográfica) é o outro lado da observação participante: um não pode existir sem o outro, e ambos são indispensáveis à prática da antropologia como arte de pesquisa. *Ensinar antropologia é praticar antropologia; praticar antropologia é ensiná-la.* Foi este o princípio pedagógico que fundamentou o curso sobre os *4 As* e que também é a base deste livro. Para mim tanto como para os estudantes, o curso foi uma viagem em que embarcamos juntos, sem saber o que poderíamos descobrir, e nos capítulos que seguem ofereço algo do que eu encontrei ao longo dos caminhos abertos por essa viagem: o que significa construir coisas, sobre materiais e formas, artefatos e edifícios, a natureza do *design*, paisagens e percepções, vida animada, conhecimento pessoal e trabalho manual. Mas não é um livro didático e nem um livro-texto. Portanto, que espécie de livro é este?

Imaginem que uma noite, enquanto vocês dormem, um elfo traquinas desliza para a sua cozinha. Dirigindo-se à prateleira em que você guarda suas receitas, ele retira a sua cópia do *Katie Stewart's Cookbook* (STEWART, 1983). Em seguida ele vai até o escritório todo forrado de livros, descobre *Outline of a Theory of Practice* (1977)[9], de Pierre Bourdieu. Com um olhar brincalhão, o elfo silenciosamente remove o *Outline* da estante e coloca o *Cookbook* em seu lugar. Então, vol-

9. BOURDIEU, P. *Esboço de uma teoria da prática* – Precedido de três estudos de etnologia. Trad. Migue Serras Pereira. São Paulo: Celta, 2002 [N.T.].

tando para a cozinha, introduz o *Outline* no lugar onde estava o *Cookbook*. O seu plano para o dia seguinte era cozinhar um prato tradicional escocês – arenques em mingau de aveia – para o jantar. Você lembrava que o livro de Katie Stewart tinha essa receita, na p. 78. E, precisando de algumas dicas para refrescar sua memória, você retira o livro da prateleira em que habitualmente estava. Abrindo-o na página indicada, é isto o que você lê: "O hábito, o princípio gerador de improvisos regulados, instalado de maneira durável, produz práticas que tendem a reproduzir regularidades imanentes nas condições objetivas da produção de seu princípio gerador, enquanto se ajusta às demandas inscritas como potencialidades objetivas na situação, tal como é definido pelas estruturas cognitivas e motivadoras que formam o hábito". E... o quê? Quem escreveu estas bobagens? Como isto pode me ajudar a cozinhar? Frustrado, você volta para seu escritório, para continuar aquele artigo acadêmico para o jornal *Anthropologica Theoretica* que você está tentando concluir, durante algumas semanas. Você precisa de uma citação de Bourdieu – longa demais para lembrar de memória. Melhor dar uma olhada nela, p. 78. Abrindo o livro que pensava ser aquele de que necessitava, você encontra: "Limpe os arenques e corte as cabeças. Coloque em uma superfície plana e os estenda com a pele para cima. Faça pressão na parte de trás para soltar o osso, depois vire cada arenque e tire o osso com leveza. Coloque o mingau de aveia em um prato e tempere com sal e pimenta. Envolva os arenques pressionando cada um firmemente, de cada lado, sobre o mingau de aveia". O que é que isso tudo tem a ver com teoria?

A travessura do elfo, naturalmente, foi misturar coisas que normalmente pertencem a contextos que são mantidos rigidamente separados. Há um lugar para livros de receitas de cozinha e manuais entre os ingredientes e utensílios de um ofício, seja culinária ou qualquer outro. Na cozinha ou no ateliê eles podem ser a fonte não somente de sólidos conselhos, mas também de inspiração e *insight*. Mas no escritório, tais livros aparecem como compêndios de trivialidades, sem um átimo de substância intelectual. Em seu prefácio, Stewart escreve: "Reuni minhas melhores receitas, bem como dicas úteis de culinária e coisinhas que vim descobrindo durante o meu trabalho (STEWART, 1983: 7). No seu estudo, no entanto, a experiência de toda uma vida destilada no livro não vale nada. Não quer dizer que Bourdieu se dê melhor na cozinha. O livro, que é considerado como uma das mais inspiradas obras de teoria antropológica social escritas na segunda metade do século XX, é reduzido a uma macarronada escolástica. Na verdade, a brecha entre a prática e a teoria – ou, como diríamos, *entre arenques e habitus* – parece maior do que nunca. Sempre desejei escrever um livro que fechasse essa brecha, e de alguma maneira resolvesse a oposição entre o teórico e o prático. Um livro que servisse de referência para o mundo, e não somente para outros livros; suas linhas se misturariam com a escrita do mundo, e suas páginas com as suas superfícies. Onde, então, deveria ser colocado esse livro? Onde você está colocado? Embora normalmente Bourdieu fique no escritório e Stewart na cozinha, você está em sua casa em ambos esses cômodos e em um bom número de outros lugares também. Assim, talvez o lugar do livro seja com você, com a sua pessoa, onde estiver. Não tente lê-lo como se ele não pudesse informá-lo sobre o que precisa saber. É uma coisa que você deve descobrir por si próprio. Mas leia *com ele*. Espero, então, que ele o guie em seu próprio caminho.

2

Os materiais da vida

Tocando objetos, sentindo materiais

Gostaria de começar pela descrição de uma experiência que fiz com os estudantes na primeira semana do curso dos *4 As*. Pedi a eles que selecionassem objetos que haviam encontrado espalhados em torno das "coisas" que haviam escolhido como focos de seus projetos. Eles apareceram com um sortimento de coisas disparatadas: havia moedas, clipes de papel, latas de bebidas, tocos de cigarros, uma bola de borracha, a pena de uma gaivota e muitas outras coisas parecidas. Primeiro, depositamos todo esse material em uma pilha, no chão. Estávamos olhando para a pilha quando uma aranha saiu dela e correu pelo tapete. Chegara como se fosse um passageiro carregando alguma coisa, mas ninguém sabia o que era. Ou era realmente uma *parte* da coisa? Pegando os objetos um a um, nós os examinamos, investigamos suas formas, interrogamos o descobridor sobre o lugar onde o objeto fora encontrado e por que havia chamado a sua atenção, e tentávamos reconstruir a estória de como chegara àquele lugar em particular. As moedas, por exemplo, falavam de bolsos e bolsas e de inúmeras mudanças de mão, em idas e vindas. Os clipes de papel haviam servido para prender os documentos de algum funcionário ocupado, enquanto as latinhas – anteriormente cheias de líquidos – teriam pressionado lábios sedentos que, apenas há alguns momentos, haviam inalado fumaça de tabaco. Pelas marcas de dentes na sua superfície, parecia que a bola de borracha recuperada de uma praia arenosa fora o brinquedo de um cachorro, enquanto a pena da gaivota havia enfeitado um pássaro em voo, alto no ar. Todos esses objetos, em resumo, evidenciavam outras vidas – humanas, caninas, aviárias. No entanto, tornando-se objetos, haviam rompido com essas vidas – como se fossem gravetos vindos de uma árvore – e haviam sido deixados sem vida, apenas como bricabraque abandonado na margem de um rio. Somente a aranha havia escapado.

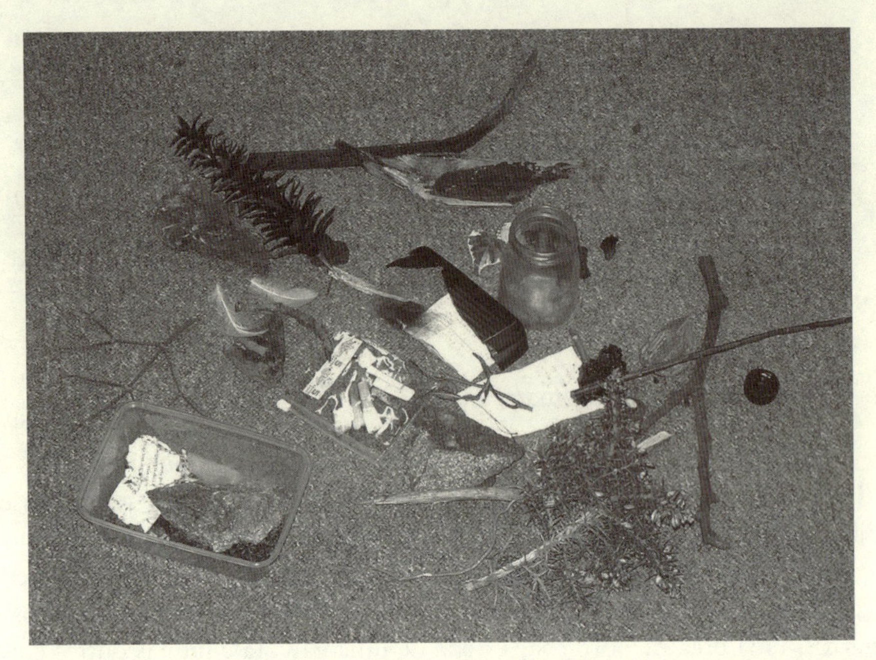

Figura 2.1 Um sortimento de objetos no chão: da classe de *4 As*.

Na semana seguinte, pedi aos estudantes que voltassem aos locais do seu projeto e que trouxessem, desta vez, uma seleção de *materiais* reunidos do entorno de cada local. Desta vez, muitos deles vieram com recipientes cheios de coisas tipo areia, pedregulho, lama e lixo vegetal. Por que recipientes? Porque, como descobrimos logo que esvaziamos seus conteúdos, os materiais não ficam por si próprios em um lugar, ou contidos nos limites de cada forma, e têm uma tendência inerente para se amontoarem ao acaso. Todos nós conhecemos a célebre definição de lixo como material fora de lugar, de Mary Douglas (1966: 44) e, claro, rapidamente nossas mãos ficaram muito sujas. O que nos proporcionou uma experiência de tato que não seria muito diferente do distanciamento clínico com o qual havíamos examinado os objetos, na semana anterior. Então, foi como se houvéssemos usado luvas de proteção, para assegurar que absolutamente não haveria troca de substâncias entre o objeto e as mãos que o continham. E nem deveria ele ser dobrado, quebrado ou amassado. Nossa única preocupação era manter a imobilidade da forma, e, como detetives, tínhamos cuidado para manusear cada objeto delicadamente, para não prejudicar seu valor de prova ou comprometer seu valor como data. Por outro lado, com os materiais a experiência de tato concentrava-se na granulação e na textura, no sentimento de contato entre substância maleável e pele sensitiva, na areia seca contida na palma da mão e escorrendo através dos dedos, na lama úmida grudando e endurecendo à medida que secava, na abrasão áspera do cascalho, e assim por diante.

Quanto a mim, eu trouxera alguns materiais, principalmente folhas de papelão e um balde feito de papel prensado. Cada estudante, depois de ter coberto o papelão com pasta, tinha começado a trabalhar misturando os materiais que havia trazido, espalhando depois essa mistura segundo sua vontade, nos papelões. O resultado foi a produção bastante surpreendente de uma série de obras de arte. O mais espantoso era a maneira como haviam registrado as marcas de movimento e fluxo: de um lado, nossos gestos manuais e corporais, como praticantes; de outro, o fluxo particular de padrões das misturas que havíamos feito. Suponho, retrospectivamente, que não deveríamos ficar tão espantados com isto; afinal, isso correspondia à nossa experiência mais banal na cozinha. Na próxima vez que você estiver fazendo sopa, preste atenção na maneira como cada um dos gestos que faz com a colher ao mesmo tempo induz e responde às viscosidades e ao fluxo dos ingredientes misturados que estão na panela. É estranho que os estudos da cultura material das cozinhas geralmente se concentrem em potes, panelas e colheres, com virtual exclusão da sopa. Resumindo, o foco tem sido em objetos, mais do que em materiais. Mas, pensando bem, esta não é uma divisão entre o que descobrimos nos objetos de cozinha, aqui, e nos materiais, lá. É mais uma diferença de perspectiva. As donas de casa poderiam pensar nos potes e panelas como objetos pelo menos até começarem a cozinhar, mas para os negociantes de ferro velho, eles são pedaços de material.

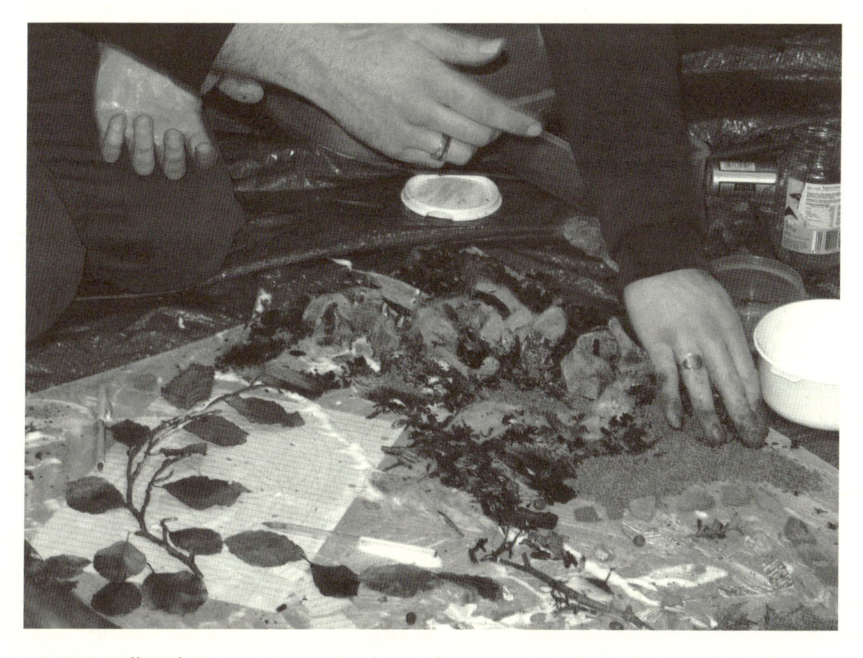

Figura 2.2 Espalhando materiais em quadros cobertos com pasta: da classe de *4 As*.

Da mesma forma, poderíamos nos voltar para os objetos que os estudantes haviam trazido em nossa primeira sessão, e perguntar: o que teria acontecido se tivéssemos considerado todas essas "coisas" como materiais? Uma moeda: é cobre, e poderíamos ter tentado explorar as suas propriedades martelando-a, ou vendo o que aconteceria se fosse aquecida ou colocada sobre uma chama (a chama ficaria verde). O clipe de papel: é um pedaço de arame, poderíamos desenrolá-lo e enrolá-lo de novo, para servir a outros propósitos. A lata de bebida: é alumínio, veja como é leve! O toco de cigarro: bom, ainda tem um bocado de tabaco lá dentro. Se for aceso dará fumaça. E a fumaça paira no ar, que se movimenta para cá e para lá em resposta aos fluxos e ritmos de nossa respiração. A bola: é feita de borracha, e se fizermos pressão sobre ela com as duas mãos poderemos sentir a sua maciez e elasticidade. Poderíamos até colocá-la entre os dentes e ficar imaginando como é ser um cão. E, naturalmente, pensar na pena como um material é reconhecer que ela cresceu juntamente com o corpo do pássaro, que foi outrora parte integrante dele, lidando com o ar, durante o voo. Em cada caso, tratando esses objetos primitivos como materiais, nós os resgatamos do beco sem saída em que haviam sido inseridos e os restauramos para as correntes da vida.

Fazendo e crescendo

Este capítulo é sobre trazer coisas de volta à vida. Seu argumento básico pode ser expresso por meio de um simples diagrama. Desenhe duas linhas: elas não precisam ser retas; na realidade, você pode permitir que sejam um tanto quanto tortas. Porém, devem se manter uma ao lado da outra, como os rastros deixados por duas pessoas que caminham juntas. Cada linha é um caminho de movimentação. Que uma dessas linhas represente o fluxo da consciência, saturada como está de luz, som e sentimento. E que a outra represente o fluxo de materiais que circulam e se misturam. Imagine agora que cada um desses fluxos é momentaneamente interrompido por nós. No lado da consciência, essa paralização ficará parecida com uma *imagem,* como a de um fugitivo subitamente atingido pelo clarão de uma lanterna. E, no lado dos materiais, ela tomará a forma sólida de um *objeto,* como se fosse uma enorme pedra colocada no caminho de um fugitivo, bloqueando sua passagem. No nosso diagrama poderíamos representar as duas paralizações por meio de um ponto ou traço na respectiva linha. Desenhe agora uma flexa de duas pontas ligando as duas marcas. Ao contrário do que acontece com o par original de linhas, essa seta não é a marca de um movimento; é antes conceitual do que fenomenal, e representa uma conexão de alguma espécie entre imagem e objeto. Agora que o nosso diagrama está completo, podemos fazer um resumo do argumento deste capítulo e, realmente, do livro inteiro. Ele foi escrito para mudar a nossa perspectiva do infindável movimento de ir e vir da imagem para o objeto e do objeto para a imagem, um aspecto tão característico da escrita acadêmica nos campos da antropologia, da arqueologia, da arte e da arquitetura, para os fluxos e correntes materiais da conscientização sensorial, na qual imagens e objetos reciprocamente assumem uma forma. Nos termos do nosso diagrama, isto acarreta uma rotação de 90 graus, do lateral para o longitudinal.

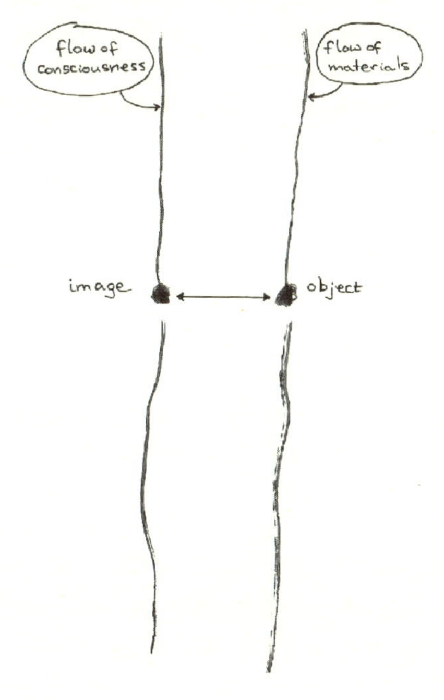

Figura 2.3 Conscientização, materiais, imagem, objeto: o diagrama.

Descobriremos essa rotação funcionando cada vez mais, em várias conexões. Realmente, já a encontramos no último capítulo, na distinção que fizemos entre documentação etnográfica (lateral) e transformação antropológica (longitudinal). No que se refere à percepção, ela fundamenta a distinção entre uma relação ótica e uma relação táctil com o mundo – distinção que explica as experiências táteis bem diferenciadas descritas acima, mostrando que a relação óptica não é absolutamente limitada a uma percepção mediada pelo olho (e nem a relação táctil é limitada às mãos). No que diz respeito à criatividade, ela distingue a criatividade improvisadora de trabalho que produz obras enquanto se processa, da atribuição de criatividade à novidade de determinados fins previamente concebidos. Ela fundamenta as distinções explicadas no capítulo 7 entre interação e correspondência e, no capítulo 8, entre conhecimento articulado e conhecimento pessoal. No entanto, de uma maneira mais fundamental, ela funciona em conexão com a questão do que significa fazer coisas.

Estamos acostumados a pensar no fazer como um *projeto.* Isto é, começar com uma ideia em mente do que queremos conseguir, e com um suprimento do material bruto necessário para fazê-lo. E terminar quando o material assume a forma intencionada. Neste ponto, dizemos, que produzimos um *artefato.* Um nódulo de pedra tornou-se um machado, um torrão de argila um pote, metal derretido uma espada. Machado, pote e espada são exemplos do que os especialistas chamam de *cultura material,* uma expressão que captura perfeitamente esta teoria de fazer como a unificação de coisas supridas pela natureza com as representações conceituais de uma tradição cultural recebida. "Cultura material", como diz Julian Thomas (2007: 15), "representa imediatamente ideias que se materializaram, e substância natural que se tornou cultural". Na literatura, a teoria é conhecida como *hilomorfismo,* do grego *hyle* (matéria) e *morphe* (forma). Sempre que lemos que na fabricação de artefatos os fabricantes impõem formas internas da mente sobre o mundo material "exterior", o hilomorfismo age.

Eu, porém, quero pensar na fabricação como um processo de *crescimento.* Isto é, colocar o fabricante desde o início como um participante entre materiais ativos do mundo. Materiais com os quais ele tem de trabalhar, e no processo da fabricação ele "junta suas forças" com eles, unindo-os ou separando-os, sintetizando e destilando, em antecipação do que possa emergir. As ambições do fabricante, assim entendidas, são muito mais humildes do que as que implicam o modelo hilomórfico. Ao invés de se manter distanciado, impondo seus projetos a um mundo que esteja pronto e esperando recebê-los, o que ele pode fazer é intervir em processos mundiais já existentes e que tenham feito aparecer formas do mundo vivo que vemos ao nosso redor – em plantas e animais, em ondas de água, neve e areia, em pedras e nuvens – acrescentando seu próprio ímpeto às forças e energias em jogo. A diferença entre uma estátua de mármore e uma formação rochosa como uma estalagmite, por exemplo, não consiste no fato de uma ter sido feita e a outra não. A diferença é somente esta: a certo ponto da história formadora desse pedaço de mármore, primeiro apareceu na cena um cortador de pedras que, com muita força e com a assistência de martelos e cunhas, lutou para extraí-lo da rocha original; depois, um escultor começou a trabalhar com um cinzel para, como se diz, libertar a forma da pedra. Mas, assim como cada lasca tirada pelo cinzel contribui para a forma emergente da estátua, cada gota de solução supersaturada que cai do teto da caverna contribui para a formação da estalagmite. Quando, depois disso, a estátua vai se desgastando com a chuva, o processo gerador da forma prossegue, mas sem mais nenhuma intervenção humana.

Considerar a construção feita longitudinalmente como uma confluência de forças e materiais, mais do que lateralmente, como uma transposição de imagem a objeto, é tomá-la como um processo gerador de forma – ou *morfogenético.* O que se faz para diminuir qualquer distinção que poderia ser traçada entre organismo e artefato. Pois, se os organismos crescem, o mesmo acontece com os artefatos. E, se os artefatos são fabricados, o mesmo acontece com os organismos. O que varia, entre inumeráveis outras coisas, é a extensão do envolvimento humano na geração da forma: mas esta variação é de grau, e não de espécie. Não negamos, é claro, que o fabricante deva ter em mente uma ideia sobre o que quer fazer. Ele pode até mesmo estar procurando copiar uma obra que já esteja diante dele. Será que isso não distingue a estátua da estalagmite, de uma vez por todas? Será que não podemos falar, em um sentido único relativo aos artefatos, de seu *design*? Tratarei mais adiante desta questão (cf. capítulo 5). Basta dizer, neste ponto, que, mesmo que o fabricante tenha uma ideia em mente, não é a partir dessa forma que ele cria a sua obra. É do seu envolvimento com os materiais. Por conseguinte, devemos prestar atenção nesse envolvimento se quisermos entender como as coisas são feitas. Em algumas ocasiões já temos assim a própria coisa – os especialistas têm escrito sobre a necessidade de se ter um *design* para cada coisa. Algumas versões conceituais de arte e de arquitetura levaram esse raciocínio a tal extremo que a coisa em si se tornou supérflua. Ela é apenas uma representação – uma cópia derivativa – do projeto que a precedeu (FRASCARO, 1991: 93). Se tudo o que é relativo à forma está prefigurado em um projeto, por que executá-lo, então? Mas os fabricantes não pensam assim, e um dos propósitos deste livro é o de tirá-los das sombras em que têm sido envoltos por uma aplicação não crítica do modelo hilomórfico, e celebrar a criatividade de suas realizações.

Cestos na areia

Em um dia de fevereiro frio e ventoso, os estudantes do grupo dos *4 As* e eu estávamos em uma península arenosa situada entre a praia e o estuário do Rio Don, que corre para o mar no flanco norte da cidade de Aberdeen. No chão, permaneciam flocos de neve. Estávamos aprendendo a fazer cestos de material tirado de salgueiros, sob a direção da antropóloga e artesã Stephanie Bunn (cf. BUNN, 2010: 49-50). Para fazer uma moldura, extensões de galhos, em número ímpar, eram colocadas verticalmente no solo, para a formação de círculo, e amarradas no topo. Peças horizontais eram então enfiadas alternadamente para dentro ou para fora da moldura vertical, para gradualmente irem formando uma superfície em forma de um cone invertido. Os estudantes trabalhavam sozinhos ou em duplas. Acho que desde o início do trabalho muitos deles ficaram surpresos pela natureza recalcitrante do material. Em um cesto acabado, o galho do salgueiro parece tão natural como se tivesse sido feito para se encaixar naquela forma, e estivesse simplesmente desempenhando o papel para o qual havia sido predestinado. Mas o salgueiro não queria ser dobrado daquela forma. Tínhamos de ser muito cuidadosos e convencê-lo disso. Compreendemos então que na realidade era essa sua resistência, a fricção causada pelos galhos dobrados forçosamente um contra o outro, que mantinha toda a estrutura unida. A forma não era imposta no material a partir do exterior, mas sim gerada neste campo de força compreendido pelas relações entre o cesteiro e o salgueiro. Realmente, como noviços, tínhamos pouco controle sobre a forma precisa e as proporções dos nossos cestos. Ajoelhando no solo, nosso trabalho de tessitura incluía movimentos muito musculares de todo nosso corpo, ou pelo menos feitos dos joelhos para cima, de maneira que as dimensões do cesto se relacionassem diretamente com dimensões, tais como alcance do braço e altura do ombro. Os estudantes descobriam assim que tinham músculos em lugares nunca imaginados, em parte devido às dores que passaram a ter dentro de pouco tempo. Mas outras forças, também, entravam no processo de formação. Uma delas era o vento. Um vento persistente, cada vez mais forte, estava dobrando todos os elementos verticais da moldura em uma única direção, com uma inclinação que aumentava a sua altura. Não era de se admirar, então, que muitos cestos, especialmente os que eram tecidos mais próximos à orla, balançassem um pouco, fazendo uma curva elegante, mas inteiramente não planejada.

Figura 2.4 Fazendo cestos na areia, perto da praia de Aberdeen, nordeste da Escócia (cortesia de Raymond Lucas).

Figura 2.5 Um cesto quase pronto (cortesia de Raymond Lucas).

Trabalhamos por aproximadamente três horas, desenvolvendo gradualmente um ritmo e um sentimento em relação ao material. No entanto, à medida que o trabalho avançava começamos a ter de enfrentar outro problema. Como saber quando deveríamos parar? Não há um ponto óbvio para se definir um cesto como terminado. O fim não se definia para nós, não podia ser quando a forma atingisse as expectativas iniciais, pois nós não as havíamos definido. Devia ser mais relacionado com a diminuição da luz e com a perspectiva iminente de uma pesada chuva, e com o aumento do frio e da rigidez de nossos membros, e a sensação de que cada galho adicional se estava tornando de alguma forma supérfluo. Naquele ponto, chegara o momento de inserir uma base tecida separadamente e de cortar as tiras verticais na altura que tivéssemos atingido. Por fim, podíamos levantar a coisa construída do solo e virá-la de ponta-cabeça, revelando então que o que havíamos construído era realmente um cesto. Cada cesto era diferente, refletindo unicamente o modo de ser, o temperamento, bem como a estatura física, do seu fabricante. No final, os estudantes se espalharam pelo crepúsculo, orgulhosamente levando para suas casas os cestos que haviam fabricado. Mais tarde, me contariam que naquela tarde haviam aprendido mais do que durante qualquer período de palestras e leituras sobre o que significa construir coisas, sobre como a forma surge através do movimento, e sobre as propriedades dinâmicas dos materiais.

Sobre matéria e forma

Talvez não seja justo usar a tessitura de cestos como meio de criticar o modelo hilomórfico. A conclusão de que o modelo não funciona para essa tessitura não exclui a possibilidade de que possa funcionar perfeitamente para ramos de manufatura nos quais a forma é mais ostensivamente imposta sobre o material. Por exemplo, o que acontece com a fabricação de tijolos? Quando se fabrica um tijolo, antes dele ir para o forno, a argila mole é prensada em um molde retangular, pré-preparado. Parece que o molde impõe a forma, enquanto o material – argila – inicialmente não tem forma. Certamente, à medida que a argila é prensada dentro do molde, a forma está unida com o material, exatamente como a lógica do hilomorfismo requer. Mas, em uma tese intitulada *L'individuation à la lumière des notions de forme et d'information*, o filósofo Gilbert Simondon mostra que não é assim[10]. De um lado, o molde não é uma abstração geométrica, mas uma construção sólida que antes de mais nada deve ser fabricada a partir de um material específico (tradicionalmente uma madeira dura, como faia). Por outro lado, a argila não é material bruto. Tendo sido extraída da camada superficial do solo, primeiro ela deve ser moída e peneirada para remoção de pedras e outras impurezas, e depois socada, antes de ficar pronta para o uso. Então, para se moldar um tijolo, a forma não é unida com o material. O que acontece é que há uma a reunião ou unificação de duas "meio-cadeias transformacionais" *(demi-chaînes de transformations)* – respectivamente, fabricando o molde e preparando a argila – até um ponto em que elas atinjam uma dada compatibilidade: a argila pode assumir o molde e o molde pode assumir a argila (SIMONDON, 2005: 41-42). No momento do seu encontro, quando o oleiro "atira" um punhado de argila no molde, a força expressiva de seu gesto, transmitida à argila, atinge com força a resistência de compressão da madeira dura das paredes do molde. Então o tijolo, com seu perfil caracteristicamente retangular, é formado, não com a *im*posição da forma na matéria, mas da *contra*posição de forças iguais e opostas, imanentes tanto na argila como no molde. No campo das forças, a forma emerge como um equilíbrio mais ou menos transitório. Talvez os tijolos não sejam muito diferentes dos cestos, afinal.

---

10. Em português, *A individuação à luz dos conceitos de forma e de informação*. A primeira parte da tese foi publicada em 1964, mas a segunda só em 1989, e somente em 2005 o livro foi publicado de maneira integral (SIMONDON, 1964; 1989; 2005). Como uma tradução há muito prometida para o inglês ainda aguarda publicação, permanece pouco conhecida e raramente citada na bibliografia antropológica anglófona. Porém, o trabalho de Simondon tem potencial para revolucionar o campo (KNAPPETT, 2005: 167).

Figura 2.6 Um cesteiro trabalhando sob um abrigo de sapé, ao lado de seu carrinho de mão. A gravura é de artista desconhecido, datando de 1827 (cortesia da Mary Evans Picture Library).

O postulado central da *individuação*, de Simondon, afirma que a geração de coisas deveria ser entendida como um processo de morfogênese em que a forma é sempre emergente, mais do que dada de antemão. Como explica Brian Massumi (2009: 37) em um comentário sobre o texto de Simondon, isso assegura "uma primazia de processos de devir sobre os processos de estado do ser, através dos quais eles passam". Contra a passividade da matéria na recepção da forma, colocada pelo hilomorfismo, Simondon considera que a essência da matéria, ou o material, constitui a *atividade de recepção da forma*. E conclui (SIMONDON, 2005: 46) que o modelo hilomórfico corresponde à perspectiva de um homem que se situa fora das obras e vê o que se passa dentro e fora, mas nada do que acontece entre os processos reais, nos quais materiais de diversas espécies chegam a assumir as formas que produzem. É como se, em forma e matéria, ele pudesse entender somente os fins de duas meias-correntes, mas não o que as une, somente uma relação simples de moldagem, mais do que a modulação contínua que acontece no meio de uma atividade de formatação, no *processo de devir* das coisas.

No *tratado de nomadologia*, o filósofo Gilles Deleuze e o psicanalista Félix Guattari assumiram a cruzada de Simondon contra o hilomorfismo e, graças à sua influência, as questões provocadas por ele estão começando a ser divulgas na arqueologia e na antropologia. O problema com o modelo da formatação, dizem Deleuze e Guattari, é que assumindo "uma forma fixa e uma matéria tida como homogênea" ela falha em reconhecer, de um lado, a variabilidade da matéria – suas tensões e elasticidades, linhas de fluxo e resistências – e, de outro lado, as conformações e deformações produzidas por essas modulações. Na realidade, insistem, sempre encontramos matéria, "é matéria em movimento, em fluxo, em variação", com a consequência "dessa matéria-fluxo poder ser somente *seguida*" (DELEUZE & GUATTARI, 2004: 450-451). Artesãos ou fabricantes que seguem o fluxo são, na realidade, itinerantes, caminhantes cuja tarefa é entrar no núcleo do processo de devir do mundo e fazê-lo assumir um propósito em desenvolvimento. A sua intuição é uma "intuição em ação" (ibid.: 452).

Enquanto Simondon tirava seu exemplo principal da fabricação de tijolos, Deleuze e Guattari valeram-se da metalurgia. Para eles, a metalurgia ressalta uma insuficiência particular do modelo hilomórfico, isto é, que ele pode somente conceber operações técnicas como sequências de degraus discretos, nos quais há um limiar nítido que marca o término de cada degrau e o começo de outro. Mas na metalurgia, esses limiares são precisamente onde as operações-chave se processam. Assim, o ferreiro, mesmo batendo com seu martelo na bigorna para criar uma forma, periodicamente tem de recolocar seu ferro no fogo: a variação material estende-se no processo formativo e realmente continua depois dele, uma vez que é somente após ser forjado que o ferro é finalmente temperado. "Matéria e forma nunca pareceram mais rígidas do que na metalurgia", escrevem Deleuze e Guattari, "no entanto a sucessão de formas tende a ser substituída pela forma de um desenvolvimento contínuo, e a variabilidade dos materiais tende a ser substituída pela matéria de uma contínua variação" (ibid.: 453). Ao invés de uma concatenação de operações discretas, às quais os analistas de técnicas têm dado o nome de *chaîne opératoire* (cadeia operatória)[11], temos aqui algo mais parecido com uma união inquebrável, contrapontístico de uma dança gestual com uma modulação do material. Até mesmo o ferro flui, e o ferreiro tem de segui-lo.

As duas faces da materialidade

Quando os especialistas falam do "mundo material" ou, mais abstratamente, de "materialidade", o que querem dizer? Se a questão for colocada para estudantes de cultura material, podemos obter respostas contraditórias. Vou dar alguns exemplos. O primeiro vem de Christopher Tilley, sobre o tópico "pedra". Con-

---

11. O conceito de *chaîne opératoire* foi introduzido na antropologia e na arqueologia por André Leroi-Gourhan, e permaneceu central para o estudo comparativo das técnicas, especialmente entre estudiosos franceses (NAJI & DOUNY, 2009).

templando uma pedra em sua "materialidade bruta", Tilley percebe um pedaço de matéria sem forma. No entanto, segundo ele pensa, precisamos de um conceito de materialidade para entender como algumas peças de pedra receberam forma e sentido dentro de contextos específicos, sociais e históricos (TILLEY, 2007: 17). Andrew Jones (2004: 330), igualmente, afirma que o conceito de materialidade abrange "o componente físico ou material do ambiente" e ao mesmo tempo "enfatiza como essas propriedades materiais são envolvidas nos projetos de vida dos humanos". Nicole Boivin (2008: 26) diz que usa a palavra materialidade "para enfatizar a fisicalidade do mundo material", mas que essa fisicalidade abrange o fato "de oferecer possibilidades para o agente humano". Introduzindo uma coleção de ensaios sobre o tema da materialidade, Paul Graves-Brown (2000: 1) afirma que o foco comum deles reside na questão de saber "como o próprio caráter material do mundo em torno de nós é apropriado pela humanidade". E, em termos quase idênticos, Joshua Pollard (2004: 48) explica que "por materialidade quero dizer como o caráter material do mundo é compreendido, apropriado e envolvido em projetos humanos".

Em cada caso parece haver dois lados em relação à materialidade. De um lado, está a fisicalidade bruta do "caráter material" do mundo; de outro, está a atividade de seres humanos social e historicamente situados, os quais, apropriando esta fisicalidade para projetos próprios, supostamente projetam sobre ela tanto o *design* como o sentido, na conversão de dado material bruto em formas terminadas de artefatos. Esta duplicidade na compreensão do mundo material reflete precisamente o que é encontrado em debates muito mais antigos sobre o conceito de natureza humana, os quais poderiam se referir imediatamente ao substrato bruto do instinto básico que os humanos supostamente partilhariam com os "brutos", e a uma sequência de caracteres – incluindo linguagem, inteligência e capacidade para o pensamento simbólico – pelos quais eram tidos como elevados a um nível do ser que ultrapassava e era superior ao de todas as outras criaturas. O apelo, nesses debates, à "natureza *humana* da natureza humana" (EISENBERG, 1972), não fez nada para resolver essa duplicidade, mas somente serviu para reproduzi-la. Realmente, a própria noção de humanidade, como vimos no último capítulo, exemplifica o predicamento de uma criatura que pode conhecer a si própria e o mundo do qual é inexplicavelmente uma parte, situando-se fora desse mundo e se reinscrevendo em um outro nível do ser: mental, mais do que material; cultural, mais do que natural (INGOLD, 2010: 362-363). Exatamente da mesma forma, na noção de materialidade o mundo é apresentado tanto como o próprio berço da existência como com uma externalidade aberta para a compreensão e apropriação por uma humanidade transcendente. A materialidade, como a humanidade, tem um rosto de Janus.

Não é minha intenção, como supõe o arqueólogo Bjornar Olsen (2010: 16), eliminar a palavra "materialidade" do nosso vocabulário, ou proibir o seu uso.

Assim como ocorre com "humanidade", provavelmente seria difícil para nós tentar passar sem ela. No entanto, necessitamos ter consciência das hipóteses que ela tende a trazer, mais particularmente – como advertem os geógrafos Ben Anderson e John Wylie (2009: 329) – que o mundo material tem, por natureza, propriedades de endurecimento e de consistência de forma que são definidas pelo estado de *sólido.* O próprio Olsen torna-se presa dessa afirmação quando apela para a "fisicalidade dura" do mundo (OLSEN, 2003: 88). Por que tão dura, tão sólida? Consideremos, por exemplo um pote comum. Na sua época, esse objeto serviu em numerosas campanhas, desde sua fabricação até quando, rachado e descartado, voltou para a terra, somente para ser desenterrado milhares de anos depois, em uma escavação arqueológica. No entanto, durante esse tempo todo, será que não permaneceu persistentemente o que era? Será que um pote, como coisa dura e física que é, não foi sempre um pote? Não, responde o arqueólogo Cornelius Holtorf (2002: 54) em seu *Notes on the life history of a potsherd* [Notas sobre a história de vida de um pote de barro], pois, como diz, a materialidade do pote é apenas dada pelas maneiras como, durante toda a história, foi envolvido de várias formas em projetos da vida humana. No princípio, poderia ser qualquer coisa que uma pessoa quisesse. Mas, mesmo afirmando isso, Holtorf vai de um lado da materialidade ao outro – das formas da fisicalidade da matéria às da apropriação social. Esta movimentação não contribui em nada para amaciar, liquefazer ou vivificar o material. Se o pote tem uma história de vida (e esta poderia ser tanto *curta* como *longa*, dependendo de se contar do momento da manufatura ao do descarte, ou à sua eventual recuperação), não é uma história de vida intrínseca ao material do qual foi feito. Mas sim da vida humana que o rodeou e que lhe deu um sentido.

E se fosse um artefato de pedra lascada? Assim como o pote, a pedra teria também tido seus momentos – pelo menos três, de acordo com o especialista em pré-história Geoff Bailey (2007: 209): quando foi adquirido, quando foi trabalhado para receber a forma de artefato e quando, eventualmente, foi descartado. Um quarto momento poderia ser acrescentado a estes, quando ele foi recuperado pelo arqueólogo, um quinto quando foi desenhado para aparecer em uma publicação, e qualquer outro número de momentos possíveis, dali por diante. Momentos que são conhecidos pela posteridade somente porque deixaram um traço material, e o artefato apresenta a si mesmo, de acordo com Bailey, como um acúmulo de tais traços – para os quais ele reserva o nome de "palimpsesto". Chega a dizer que a materialidade de uma coisa do tipo de um artefato de pedra é, *por definição,* capaz de sobreviver aos momentos ativos de sua formação ou inscrição. É uma espécie de negativo do processo formador. No entanto, isso significa reverter, uma vez mais, à caracterização hilomórfica da materialidade como passividade receptiva de forma, mais do que atividade geradora de forma. Resumindo, quer descubramos a história das coisas, com Holtorf, na vida que as rodeia, quer, com Bailey, nos traços que permanecem nelas depois que a vida mudou de lugar, parece que no apelo à materialidade, o *devir* dos materiais – seu potencial generativo ou regenerativo, realmente sua própria vida – despencou através das rachaduras de um mundo já solidificado.

A volta à alquimia

O que, então, é a matéria? O que queremos dizer quando falamos de materiais? Matéria e materiais são a mesma coisa, ou são diferentes? Para entender o significado dos materiais para os que trabalham *com* eles – sejam artesãos, operários, pintores ou aprendizes de outros ofícios – acho que precisamos, como recomenda o historiador da arte James Elkins, fazer "um pequeno curso de esquecimento da química" (ELKINS, 2000: 9-39). Mais precisamente, temos de lembrar quais os materiais eram conhecidos no tempo da alquimia. Na visão de Elkins, antes da introdução de tintas sintéticas, o conhecimento dos materiais para um pintor era fundamentalmente alquímico. Pintar era reunir, em um único movimento, uma certa mistura material, espalhada em um pincel, com um certo gesto corporal executado pela mão que o segurava. Mas a ciência da química não pode definir a mistura, assim como a ciência da anatomia não pode definir o gesto. O químico pensa sobre a matéria em termos de invariável atômica, ou constituição molecular. Assim, a água é H_2O e o sal é cloreto de sódio. Para o alquimista, pelo contrário, um material é conhecido não pelo que ele *é,* mas pelo que *faz,* especialmente quando misturado com outros materiais, tratado de maneiras especiais, ou colocado em determinadas situações (CONNELLER, 2011: 19). Entre inúmeras outras coisas, a água borbulha em uma bica, transforma-se em vapor quando aquecida e em gelo quando esfriada, e dissolve o sal. E o sal, entre outras coisas, pode ser moído em grãos finos e brancos, passar através dos furos de um saleiro, prevenir o congelamento de água em estradas e calçadas, e dar um sabor especial aos alimentos.

Chantal Conneller introduz sua discussão recente sobre a arqueologia dos materiais comparando duas definições de ouro. Uma vem de um livro-texto de química, a outra de um filósofo e alquimista persa do século VIII d.C. Para o químico, o ouro é um dos elementos da tabela periódica, e como tal tem uma constituição essencial dada como inteiramente independente das múltiplas formas e circunstâncias de sua aparência ou dos encontros humanos com ele. Mas, para o alquimista, o ouro era amarelo e brilhante e qualquer coisa que tivesse reflexos amarelos e brilhasse, e que também brilhasse mais sob a água e pudesse ser martelada e transformada em uma folha fina, seria também tida como ouro (Conneller 2011: 4). Uma maneira de combinar essas definições divergentes do que ostensivamente seria o "mesmo" material, seria argumentar, com o teórico do *design* David Pye, em favor de uma distinção entre as *propriedades* e as *qualidades* dos materiais. Para Pye, as propriedades são objetivas e cientificamente mensuráveis; as qualidades são subjetivas – são ideias da cabeça das pessoas, projetadas no material em questão (PYE, 1968: 47) Mas isso seria apenas reproduzir a duplicidade do nosso entendimento do mundo material, que estamos tentando resolver – entre a sua fisicalidade dada e a sua valorização dentro dos projetos humanos de fabricação (INGOLD, 2011a: 30). O conhecimento das propriedades dos materiais pelo profissional experimentado, como o alquimista, não é simplesmente projetado neles, mas surge de toda uma vida de engajamentos íntimos dos gestos e dos sentidos, em uma habilidade ou em um comércio particular. Como diz Conneller (2011: 5), "diferentes compreensões dos materiais não são simplesmente 'conceitos' separados das propriedades 'reais'; são realizados em termos de práticas diferentes, as quais elas próprias têm efeitos materiais".

Mas, justamente por essas práticas serem tão variáveis e com tantos efeitos diferentes, como nos adverte Conneller, é que devemos evitar a tentação de transformar entendimentos tirados de um particular contexto de interação material-técnica em uma meta-teoria que sirva para tudo o mais. Nossa tarefa deveria antes ser a de descrever e analisar cada caso em sua especificidade etnográfica. Por esse motivo, mostrando-se no geral simpática às tentativas de especialistas como Simondon, Deleuze e Guattari, e até às minhas, de derrubar a lógica do hilomorfismo, Conneller critica também a sua tendência de selecionar um dado campo de prática como lente através da qual podemos ver todas as outras. Assim, onde Simondon baseia sua argumentação sobre as operações da fabricação de tijolos, Deleuze e Guattari (2004: 454) sentem-se igualmente livres para generalizar, a partir da metalurgia: "O metal é coextensivo ao todo da matéria, e o todo da matéria à metalurgia". Se até o metal flui – dizem –, então também fluem a madeira e a argila, para não mencionar a grama, a água e os rebanhos. De minha parte, usei as práticas da tessitura de cestos para avançar um argumento meio similar sobre como as formas das coisas – de todas as espécies –, são geradas nos campos da força e das circulações de materiais, que ultrapassam todos os limites que possamos traçar entre profissionais, materiais e o ambiente mais amplo (INGOLD, 2000: 339-348). De certo modo, podemos dizer que o ferreiro em sua forja, ou o carpinteiro em seu banco, na realidade também estão tecendo. Até mesmo o oleiro pode ser considerado um tecelão quando cobre os tijolos com argamassa, ao erguer uma parede para criar um padrão regular e repetitivo (FRAMPTON, 1995: 6). Isto não é, *pace* Conneller, pretender que não exista diferença entre as propriedades do salgueiro, do ferro, da madeira e da argila, ou que a habilidade do cesteiro não seja diferente da habilidade de um ferreiro, de um carpinteiro e de um pedreiro. Seria melhor focalizar no que significa dizer que a prática é hábil ou que os materiais são dotados de propriedades, seja qual for o campo da prática ou os materiais envolvidos.

O enigma dos materiais

Outro ponto a ser examinado é o entendimento da pedra – um material que tem sido de interesse particular para os arqueólogos, devido à sua pretensa dureza, solidez e durabilidade (TILLEY, 2004). Realmente, essas propriedades têm sido tão frequentemente apontadas que chegam a parecer universais (CONNELLER, 2011: 82). Se quisermos construir um monumento duradouro, a pedra dura será o material apropriado para se escolher. Não podemos assumir, contudo, que justamente devido à durabilidade dada pela pedra ao edifício hoje reconhecido como monumento arqueológico, enquanto todos os demais materiais que poderiam ser usados na construção há muito teriam se desgastado, tenha sido essa a intenção dos construtores originais, ou o motivo pelo qual escolheram incorporar a pedra na construção, em primeiro lugar. Por tudo que sabemos, é possível que a pedra tenha sido escolhida pelas pessoas, no passado, não por sua solidez e permanência, mas pelos motivos opostos – isto é, sua fluidez e mutabilidade. Não há dúvida de que os artesãos de outrora, quando fabricavam seus instrumentos de pedra, valorizavam sua dureza. No entanto, o pintor que foi influenciado pelos alquimistas valoriza a pedra macia, que pode ser moída para dar a cor ocre. Algumas espécies de pedras são pesadas, outras são leves; umas são duras, outras macias ou friáveis; algumas se separam em lâminas planas, outras só podem ser divididas em blocos. Considerando todas essas coisas, Conneller (2011: 82) conclui: "Está claro que não há algo como 'pedra'; há muitos tipos diferentes de pedras, com propriedades diferentes, e essas se tornam diferentes através de modos particulares de engajamento".

Não está claro, no entanto, se esta divisão tipológica de "pedra" genérica em inumeráveis subtipos nos permitirá chegar mais perto de uma resolução de nossa questão inicial: o que *é* um material? Como escreve o arquiteto suíço Peter Zumthor, "o material é infinito":

> Pegue uma pedra: podemos vê-la, moê-la, perfurá-la ou poli-la – de cada vez será uma coisa diferente. Pegue agora pequenas quantidades da mesma pedra, ou grandes quantidades, e ela será, novamente, algo muito diferente. Então, segure-a contra a luz – novamente será diferente. Há mil diferentes possibilidades contidas em um só material (ZUMTHOR, 2006: 25).

Mas, se há tantas diferentes espécies de pedras como possíveis modos de lidar com elas – como até mesmo Conneller é obrigada a admitir – não existem duas pedras que sejam absolutamente idênticas. A conclusão lógica é que o projeto de classificação nos deixaria com tantos subtipos como o número de pedras existentes no mundo, e mesmo assim não poderíamos ainda conhecer o que realmente significa ser uma pedra. Realmente, qualquer tentativa de se produzir uma classificação dos materiais em termos de suas propriedades ou atributos está destinada a fracassar, pela simples razão de que essas propriedades não são fixas, mas sim continuamente emergentes, junto com os próprios materiais. "As propriedades dos materiais", como eu já expliquei em outro lugar com referência específica às pedras, "não são atributos, mas histórias" (INGOLD, 2011a: 32). Os profissionais do ramo conhecem essas propriedades conhecendo suas histórias: sobre o que elas fazem e o que acontece a elas quando tratadas de determinada maneira. Tais histórias são fundamentalmente resistentes a qualquer projeto de classificação (ibid.: 156-164). Os materiais não *existem como* objetos, como entidades estáticas com atributos de diagnóstico; eles não são – nas palavras de Karen Barad – "pedacinhos da natureza" à espera de marca de uma força externa, como a cultura ou a história, para serem dados como terminados. Como substâncias-em-devir, eles *perduram*, assumindo para sempre as destinações formais que, em uma época ou outra, foram assinaladas a eles, e sofrendo uma contínua modulação ao assim fazer. Sejam quais forem as formas objetivas em que são efetivamente inseridos, os materiais são sempre e a partir seus modos de devir, algo mais – sempre, como diz Barad, "já uma historicidade em movimento" (BARAD, 2003: 821).

Os materiais são inefáveis. Não podem ser fixados em termos de categorias ou conceitos estabelecidos. Descrever um material é criar um enigma, cuja solução pode ser descoberta somente através da observação e do engajamento no que está ali[12]. O enigma dá voz ao material e permite que ele conte sua própria história: cabe a nós, então, ouvir, e das pistas que ele dá, descobrir o que é que está falando. Voltando a um exemplo anterior: "Sou amarelo e brilhante, e brilho cada vez mais sob água. O que sou?" A resposta é evidente para o garimpeiro, sem que ele se sinta obrigado a dá-la. Pois o nome está ali, brilhando no leito de um córrego. Assim como no caso da mineração do ouro, para conhecer os materiais devemos ir atrás deles – "seguir o fluxo da matéria como pura produtividade" – como os artesãos sempre fizeram (DELEUZE & GUATTARI, 2004: 454). Cada gesto técnico é uma questão, à qual o material responde segundo sua inclinação. Seguindo o fluxo de seus materiais, os profissionais mais *correspondem* do que *interagem* com eles (cf. capítulo 7, p. 139-143). A produção, portanto, é um processo de correspondência: nenhuma imposição ou imanências potenciais, em um mundo do devir. No mundo fenomenal, cada material é esse devir, um caminho ou uma trajetória, através de uma confusão de trajetórias.

Nesse sentido, podemos concordar com Deleuze e Guattari quando afirmam que os materiais demonstram "uma vida própria da matéria", ou seja, uma vida

---

12. "Substância", segundo o estudioso de literatura Daniel Tiffany (2001: 75), "é a solução para o quebra-cabeças posto pelas coisas, que se expressam na forma de enigmas". Como assinala Tiffany (p. 78), a palavra *enigma* [*riddle*] se vincula etimologicamente ao verbo *ler* [*to read*], ambas derivadas do inglês arcaico *raedan*, significa *assistir* [*attend*], e não *aconselhar* [*to take counsel*].

que está escondida ou é tida como irreconhecível pelos termos do modelo hilomórfico, que reduz a matéria a uma substância inerte. Eles dizem que é nesta vida – no "imanente poder de corporalidade em toda matéria e [...] no *esprit de corps* que o acompanha" – que a relação entre a produção (como na tessitura de cestos, na produção de tijolos ou na metalurgia) e a alquimia, pode ser encontrada (DELEUZE & GUATTARI, 2004: 454). No ato de produzir, o artesão adapta seus próprios movimentos e gestos – na realidade sua própria vida – com o devir dos seus materiais, juntando-se às forças e fluxos que levam seu trabalho à fruição, e seguindo-os. O desejo do artesão é o de ver o que o material pode *fazer*, ao contrário do desejo do cientista que é o de conhecer o que ele *é*, como explica a teórica política Jane Bennett (2010: 60), que permite ao primeiro discernir uma vida no material e assim, em última análise, a "colaborar de maneira mais produtiva" com ele. Voltando ao diagrama que usei no início (figura 2.3), para ver o que o material fará para colaborar com ele ou, em nossos próprios termos, para corresponder com ele, significa fazer uma leitura mais longitudinal do que lateral. Nos próximos dois capítulos, exploraremos o que essa leitura significa, na prática, primeiro no caso das obras de pedra do período pré-histórico, e depois no caso da arquitetura medieval.

3
Fabricando um machado de mão

O machado de dupla-face de Saint-Acheul

Um dos mais estranhos enigmas da pré-história é uma coisa chamada "machado de mão". Tenho diante de mim, enquanto escrevo, uma réplica que foi feita para mim, encomendada por um especialista em pedras, John Lord. É muito bonita, de consumado artesanato e sem nenhum uso prático óbvio. Com tamanho e forma que se encaixam perfeitamente à palma de uma mão adulta com os dedos estendidos, gosto de segurá-la e de sentir seu peso e sua textura. Trabalhada a partir de um nódulo de pedra negra, com alguns traços residuais de córtex branco, tem uma forma que os especialistas em pré-história chamam de *dupla-face*: quer dizer, tem duas faces convexas, uma ligeiramente maior do que a outra, e que se encontram em uma ponta que vai diminuindo ao passar de uma extremidade grossa para uma arredondada. Os dois lados mostram as marcas da técnica usada para sua fabricação, envolvendo a sucessiva remoção de lascas de um núcleo original. Essa técnica explora a propriedade da fratura concoide, ou seja, a tendência que tem a pedra de quebrar em lascas, saindo de um cone em forma de bulbo no ponto de impacto, quando brandida em um ângulo oblíquo próximo a uma ponta proeminente. Como a superfície ventral de cada lâmina é ligeiramente convexa, deixa sua marca no alvo como uma concavidade alongada. Quando o lado é totalmente laminado, essas concavidades intersectam-se para formar um padrão irregular, de lados bem definidos. A extremidade em que os dois lados convergem é surpreendentemente aguda, e foi afiada por meio da adição de mais serrilhados, obtidos por pressão, através de um golpe de material mais macio e menos pedregoso, tal como madeira ou chifre de animais.

Figura 3.1 Uma réplica de um machado de mão de Saint-Acheul virado para cima, feito por John Lord (cortesia de Susanna Ingold).

Figura 3.2 O mesmo machado, com o lado cortante para cima (cortesia de Susanna Ingold).

Essa coisa é chamada de machado de mão devido às circunstâncias presentes nas primeiras descobertas substanciais de espécimes pré-históricos, nos anos de 1830-1840, no sítio de Saint-Acheul, no norte da França. Seu descobridor foi Jacques Boucher De Perthes, um oficial de alfândega da cidade vizinha de Abbeville. Acreditando serem objetos muito antigos, De Perthes chamou-os de "machados antediluvianos" (*haches antediluviennes*). Ridicularizado pelos seus contemporâneos, sua definição só foi aceita mais tarde, em um clima de pensamento que crescia aceleradamente, acostumado à ideia de que a humanidade evoluíra com as várias eras. Foi assim que pelo final do século XIX, o sítio de Saint-Acheul passou a representar uma época inteira da pré-história, associada justamente à fabricação de artefatos da espécie daqueles que De Perthes descobrira. Em 1925, essa indústria foi oficialmente designada como *aqueuleana* e a marca – juntamente com a designação de seus artefatos icônicos como *machados de mão* – foi estabelecida. No entanto, longe de limitarem-se à França, ou mesmo à Europa do norte, esses machados começaram a aparecer em todos os lugares: na Europa, na África, no Oriente Próximo e no sul da Ásia. Não foram somente encontrados nos três continentes do Velho Mundo; foram também descobertos e datados como provenientes de períodos que remontavam a um milhão de anos. Os mais antigos conhecidos, ainda que muito toscos, foram recuperados de sítios arqueológicos no Leste da África, e datados de cerca 1,7-1,6 milhão de anos. E comparando espécimes mais antigos com os mais recentes, embora haja algumas evidências de refinamento progressivo no que se refere a um maior balanço e simetria, durante todo esse tempo a forma geral permaneceu virtualmente imutável (SCHICK & TOTH, 1993; WYNN, 1995; ROCHE, 2005).

Parece haver poucos motivos para se duvidar de que o machado de mão tenha resultado de uma atividade proposital, de que, nesse sentido, fosse uma coisa que foi feita. É verdade que as fraturas concoides podem ocorrer acidentalmente, por exemplo na praia, quando as pedras se chocam umas com as outras em uma onda. Mas nenhum acidente, ou série de acidentes, poderia gerar a laminação sistemática e padronizada do machado de mão. Também é verdade que os chipanzés já foram observados abrindo nozes de casca dura usando uma técnica que pode ser comparada com o modo como as pedras poderiam ser quebradas, colocadas em uma superfície dura e recebendo uma pancada forte, vinda de cima. Os artesãos ainda usam essa técnica para obter os núcleos com os quais trabalham[13]. A rachadura de pedras, no entanto, é muito diferente, tanto em métodos como nos resultados, da fratura concoide (PELEGRIN, 2005: 25). Esta última requer

---

13. A literatura sobre chimpanzés quebrando nozes é bastante ampla. Entre as principais fontes se incluem Sugyama e Koman (1979), Boesch e Boesch (1990), McGrew (1992) e Joulian (1996). Para uma descrição de partição de pedras para obter lâminas entre fabricantes contemporâneos de machados de pedra, cf. Stout (2002: 697).

um grau de destreza de ambas as mãos e um controle de precisão que ultrapasse a força até do macaco mais rigorosamente treinado, e a capacidade dos *hominins* ancestrais[14] de dois ou mais milhões de anos atrás, os quais parecem ter usado amplamente a pedra rachada, sem nunca a terem lascado. Portanto, a indústria aqueuleana permanece genuinamente sem paralelo no reino animal. No registro dos fósseis, essa indústria está geralmente associada com os remanescentes dos hominídeos da espécie que há muito é conhecida como *Homo erectus,* e podemos inferir, razoavelmente, que os fabricantes de machados de mão eram, em geral, indivíduos dessa espécie. Mas, se eles os fizeram com um propósito definido, não temos ideia do que seria esse propósito. As explicações sobre isso vão do plausível ao bizarro: seriam usados para cortar e raspar os esconderijos dos animais ou matérias vegetais ou, segundo uma teoria de que os caçadores usavam as suas propriedades aerodinâmicas peculiares – quando atirados com uma torção corporal –, para assustar ou derrubar as presas desprevenidas (CALVIN, 1993). Tudo o que sabemos com certeza é que o uso para o qual não *serviam* era o do machado, pois se isso fosse feito poderia causar mais dano à mão do usuário do que à coisa que ele poderia estar tentando cortar.

Na falta de uma explicação melhor, a maioria dos especialistas em pré-história optou pela opção segura de descrever o artefato como um "instrumento para uso geral" (WYNN, 1995: 14). O enigma fundamental do objeto, no entanto, não está no propósito com o qual seria usado, mas na estabilidade de sua forma. A que pode essa estabilidade ser atribuída? A respeito dos instrumentos tanto contemporâneos como dos seres humanos do passado, é admitido de maneira natural que são os produtos de um projeto inteligente, como se os fabricantes primeiro "vissem" com os olhos de sua mente a forma do objeto completo, para então começarem a trabalhar para executá-lo materialmente. Quando contemplamos a forma do machado de mão aqueuleano, refletindo em sua regularidade e equilíbrio, é difícil não o ver como a realização de um projeto deliberado e autoconsciente. A forma bifacial parece não ter sido de qualquer maneira prefigurada no material bruto – compreendendo, naturalmente, os pedaços irregulares da pedra – ou no relacionamento do trabalhador com ela. Assim, se a forma foi arbitrária e imposta sobre o material, onde poderia estar senão na mente dos fabricantes, como arte de uma tradição conceitualmente enquadrada e socialmente

14. Recentemente, o termo inclusivo *hominins* foi introduzido em lugar do mais tradicional *hominids*, para denotar tanto seres humanos como espécies ancestrais estreitamente relacionadas, mas hoje extintas, que partilhavam características humanas, como o bipedismo. É uma consequência do reconhecimento de que as conexões genealógicas entre humanos e os grandes macacos (orangotangos, gorilas e chimpanzés) são mais próximos do que se pensava antes, levando a uma pressão para expandir a gama de *hominidae* de modo a incluir esses últimos. Um novo termo tinha então de ser introduzido, para se referir ao grupo mais estreito, antes conhecido como os hominídeos. Trata-se dos *hominins*.

transmitida? Realmente, afirmações deste tipo são clichês dos escritos arqueológicos. John Gowlett, por exemplo, explica aos seus leitores que "o *Homo erectus* de 700.000 anos atrás tinha um senso geometricamente acurado das proporções e poderia o impor à pedra, ao mundo externo" (GOWLETT, 1984: 185). Da mesma forma, tendo tentado dominar as técnicas de fabricação do machado de mão, Jacques Pelegrin argumenta que a regularidade e simetria do *dupla-face* fornece a prova mais nítida de que os seus fabricantes eram guiados por "uma imagem mental pré-existente [...] merecedora de ser denominada um 'conceito'" (PELEGRIN, 1993: 310). Resumindo, supõe-se que, como qualquer artesão moderno, o fabricante do machado de mão aqueleuano deve ter começado a trabalhar com um modelo ou uma representação imaginária de algum tipo, das coisas que deviam ser produzidas. "O fabricante", assevera Brian Fagan, "tinha de imaginar a forma do artefato que deveria ser produzido a partir de um mero pedaço de pedra" (FAGAN, 1989: 138).

Instinto ou inteligência

Mas, se for assim – se a forma é a expressão de um conceito de projeto –, então como poderemos explicar a estabilidade do conceito em três continentes e durante mais de um milhão de anos? No curso da história, os seres humanos inventaram uma quantidade estonteante de projetos, muitos dos quais de grande engenhosidade. Alguns foram alojados dentro de tradições bem-estabelecidas e persistiram durante muitos séculos, e até durante milênios. Mas não há nada nos registros etnográficos, ou nos últimos mil anos de pré-história que sequer se aproxime do alcance e da persistência da forma do dupla-face. Sugerir, como Pelegrin faz (1993: 312), que a forma permaneceu constante porque o progresso "no nível de imagens mentais" foi retardado pela "inércia da tradição", só serve para introduzir a questão de saber por que essa inércia deveria ter exercido tal poder sobre a inovação, de uma forma muito mais forte durante o auge do período do *Homo erectus* do que em qualquer outro período posterior. Se os fabricantes do machado de mão tinham inteligência para imaginar formas anteriores à realização do objeto, então, em princípio, deveriam também ser capazes de inventar formas alternativas, como fizeram muito mais tarde os seus descendentes, sob a espécie do *Homo sapiens* – entre os quais nós próprios nos colocamos. Seria possível, então, que o *Homo sapiens* não estivesse seguindo os ditames de qualquer modelo mental, tradicional ou qualquer outro, na sua laminação da pedra? Na constância de sua forma, o dupla-face parece quase um acréscimo protético do corpo do hominídeo, um adjunto do esqueleto que difere, em dentes e unhas, somente nos que são extrassomáticos e removíveis. Afinal, contanto que tenham oportunidade para desenvolver as habilidades necessárias, os pássaros constroem ninhos e os castores abrigos de formas peculiares e mais ou menos invariáveis em relação às suas espécies particulares, embora respondam às propriedades específicas e às qualidades dos materiais brutos disponíveis e às possibilidades oferecidas pelo seu entorno. Por que teria sido diferente em relação ao *Homo erectus*? Poderíamos chegar a dizer que o fabrico de machados de mão era, sem mais nem menos, a expressão de um instinto?

Esse foi, precisamente, o argumento exposto por uma das maiores e certamente mais originais mentes da arqueologia no século XX, André-Leroi-Gourhan, em seu tratado *Le geste et la parole*[15], em 1964. Em uma terminologia idiossincrática e agora obsoleta, ele chamou os fabricantes de machado de mão de "Arcantropianos". Os seus instrumentos, diz ele, "ainda eram amplamente uma emanação direta do comportamento das espécies", cada qual uma "secreção" do corpo e do cérebro antropoides" (LEROOI-GOUORHAN, 1993: 91, 97) É como se a atividade técnica escoasse do corpo arcantropiano e congelasse nas formas de artefato que ele gerara. Tão estreitamente ligadas ao plano do corpo como a arquitetura do esqueleto, as formas de artefatos não podiam mudar mais rapidamente do que a morfologia do esqueleto das criaturas que o criavam: ambos "obedeciam ao ritmo da evolução biológica" (ibid.: 106). No entanto, se alguém duvidasse desse argumento, ou achasse difícil acreditar nele, essa pessoa seria o próprio Leroi-Gourhan. Rejeitando nitidamente suas próprias asserções contrárias, insistia que a forma do dupla-face "devia ser pré-existente na mente do fabricante", donde determinar a escolha da pedra da qual o objeto seria feito, e as operações sucessivas de sua laminação (ibid.: 97). Dotados de uma inteligência complexa, os arcantropianos eram "excelentes artesãos, capazes de visualizar a forma futura de seus dupla-faces [...] em um bloco de pedra bruta" (ibid.: 141). Por que, então, não poderiam eles visualizar formas alternativas, ou realizá-las com materiais diferentes? Embora Leroi-Gourhan colocasse essa pergunta, não conseguia respondê-la, e se desculpava fracamente de sua falha nessa dificuldade que todos nós temos, com o nosso cérebro de *Homo sapiens,* de entender a vida intelectual de uma criatura cuja mente funcionava em linhas muito diferentes das nossas (ibid.: 141).

Como tantos especialistas antes dele, e os vindos depois, Leroi-Gourhan parece estar preso em um nó duplo. Se, por um lado, a forma do dupla-face está ligada ao plano do corpo, então podemos explicar sua constância, mas não a aparente inteligência do seu projeto. Por outro lado, sem considerarmos o dupla-face como o produto de uma inteligência complexa, podemos explicar o seu projeto, mas não esperar constância na sua forma. É isso o que leva Leroi-Gourhan a enfatizar, em dado momento, os pré-requisitos intelectuais da tecnicalidade

15. Publicado em inglês como *Gesture and Speach*, em 1993, em uma esplêndida tradução por Anna Bostock Berger.

arcantrópica, somente para negar, em outro momento qualquer, que ela tenha qualquer componente intelectual. Não acredito, contudo, que a fonte do problema esteja nas limitações de nosso próprio cérebro de *Homo sapiens*. Está mais em um dilema constitutivo subjacente à nossa própria autodefinição coletiva, como uma espécie da natureza que conhece a si própria como tal somente por ter exclusivamente atravessado um limiar do ser, em direção a um domínio que *ultrapassa* o natural. As raízes desse dilema estão mergulhadas profundamente na tradição da filosofia ocidental, por meio de intermináveis argumentos sobre o relacionamento entre o corpo humano, entendido como uma parte integrante do mundo material, e a alma, que aparece para trazer a este mundo ideias e conceitos próprios. Desde Aristóteles, esta distinção entre corpo e alma tem sido vista como exemplo específico de uma divisão mais geral, entre matéria e forma. Aristóteles argumentara que qualquer coisa substancial é um composto de matéria e forma, que se reúnem no ato de sua criação[16]. Donde resultar, como vimos no último capítulo (p. 38-40), o fundamento do modelo hilomórfico de construção. Na história subsequente do pensamento ocidental, o hilomorfismo tornou-se cada vez mais arraigado. Mas também se tornou gradativamente desequilibrado. A forma veio a ser vista como imposta por um agente que tinha um projeto particular em mente, respondendo a seu propósito, enquanto a matéria – que assim transformava-se em passiva e inerte – tornava-se aquilo que sofria a imposição.

A falácia do artefato terminado

Quando o antropólogo biológico Raph Holloway, seguindo uma longa linha de predecessores, mais uma vez reivindicou para a cultura um lugar de domínio nitidamente *humano*, definido pela "imposição da forma arbitrária sobre o ambiente", pudemos ver claramente esta versão moderna do hilomorfismo ativo (HOLLOWAY, 1969: 395). A cultura fornece as formas, e a natureza os materiais: na superimposição de uma sobre a outra, os seres humanos criam os artefatos com os quais, em uma proporção cada vez maior, eles próprios se rodeiam. O próprio Holloway não tinha dúvida de que o machado de mão aqueuleano era um artefato no senso estrito da palavra e, assim, simultaneamente um exemplo de cultura material e um índice da humanidade essencial do seu fabricante. Na época em que seu trabalho foi publicado, há mais de quarenta anos, a maioria dos arqueólogos e dos antropólogos teria concordado com isso. Fossem quais fossem

16. Como explica Aristóteles, no início do livro II do *De anima* (Da alma): "Há uma classe de coisas a que chamamos de substância, incluindo sob o termo, em primeiro lugar, a matéria, a qual em si não é isto ou aquilo; em segundo lugar, a forma, em virtude da qual o termo isto ou aquilo é aplicado; em terceiro lugar, o todo composto de matéria e forma. A matéria é idêntica à potência, a forma à atualidade" (HICKS, 1907: 49). Traduzido a partir do inglês [N.T.].

as diferenças entre o *Homo erectus* e o *Homo sapiens* – e elas permanecem presas em uma controvérsia que toca na questão da produção da fala –, a habilidade de imaginar formas anteriores à sua realização era amplamente tida como tendo sido comum a ambas.

No entanto, este consenso foi rompido em uma conferência realizada em 1990 para debater as conexões, na evolução humana, entre a fabricação de instrumentos e a cognição, e entre elas e a faculdade da linguagem. Em trabalho feito em coautoria com o psicólogo William Noble, o arqueólogo pré-histórico Iain Davidson apresentou um argumento radicalmente alternativo para explicar a formação do machado de mão. E se nunca tivesse sido intenção do fabricante produzir tal coisa? Vamos supor que o *Homo erectus* necessitasse frequentemente de instrumentos de barbear afiados, que fossem pequenos e descartáveis, e não ficassem rombudos com o uso. O que seria melhor do que uma lâmina recentemente extraída de um núcleo de pedra? Carregando sempre um núcleo desses e talvez um martelo de pedra, seria possível tirar lascas no lugar onde se estava, quando precisassem. Somente uma vez o núcleo da pedra seria reduzido ao ponto em que não poderia ser mais laminado com proveito, e teria de ser descartado. Segundo Davidson e Noble, o que os arqueólogos têm definido como artefatos propositalmente manufaturados, são meramente esses núcleos residuais. São sobras (DAVIDSON & NOBLE, 1993: 372).

Na conferência, esse argumento foi recebido com ceticismo, se não com desagrado, e nem obteve, desde então, grande apoio. Cinco anos depois, outro participante da conferência, Thomas Wynn, publicou extensa refutação (WYNN, 1995). Na sua opinião, a simetria bifacial do machado de mão é muito maior do que poderia resultar de qualquer processo casual de laminação. Além disso, a produção dessa forma simétrica envolvia a remoção de muitas lascas pequenas, aparas insignificantes para serem usadas para qualquer outra coisa. Finalmente, o fato de que tenha sido possível em alguns casos reconstruir totalmente os núcleos, arrumando os eixos nos restos das lascas no entorno, indica que eles eram feitos em uma única vez, mais do que abandonados após uma série de episódios dispersos. É inequívoco o veredito de Wynn:

> O machado de mão era uma ideia que foi imposta no mundo material e partilhada por muitos indivíduos. Era uma verdadeira categoria cultural. Os trabalhadores resolviam produzir machados de mão como produtos finais. É possível que tenham também sido núcleos, mas a própria forma era nitidamente intencional, e, portanto, isso nos dá um vislumbre da mente desses artesãos (WYNN, 1995: 12).

Jacques Pelegrin, combinando suas investigações arqueológicas com muitos anos de experiência prática no trabalho com pedras, aproxima-se das mesmas conclusões. A qualidade do trabalho é evidente em um machado de mão bem-

-feito, juntamente com a regularidade da forma, e nitidamente indica, de parte do fabricante, uma intenção totalmente independente do material bruto. Escreve Pelegrin: "Para paleo-hominídeos como o *Homo erectus,* seus elaborados métodos de trabalho fornecem uma prova de que centenas de milhares de anos atrás eles possuíam não somente habilidades motoras acuradas, mas que *modelos mentais* cercavam todo o processo de fabricação de instrumentos de pedra. As ações técnicas eram subordinadas e estruturadas pelas *intenções geométricas*" (PELEGRIN, 2005: 30; ênfases acrescentadas).

São realmente convincentes as provas contra a hipótese de que os fabricantes de machados de mão estavam interessados principalmente em produzir lascas[17]. Propondo essa hipótese, porém, Davidson e Noble realmente estavam preocupados em exemplificar um princípio mais fundamental. Isto é, que não devemos nos deixar enganar com o confronto da forma final de um artefato, tal como recuperado de um sítio arqueológico, com a que deveria ter sido planejada por um fabricante de outrora. O pedaço de pedra que o arqueólogo recupera hoje e classifica como um dupla-face é o que foi descartado pelo seu fabricante e usuário, há muitos milênios. No entanto, não teria sido descartado quando acabara de ser feito, mas quando não servisse mais para ser usado. Uma analogia moderna poderia ser traçada com o lápis familiar, produzido industrialmente. Eu próprio não jogaria fora um lápis comprado há pouco, em ótima condição. No entanto, enquanto eu o uso, periodicamente deve ser apontado e de cada vez algo dele é retirado e o seu cumprimento é reduzido, até que eventualmente fique curto demais para ser usado. Somente então é que o jogo fora. Um arqueólogo do futuro que, tendo analisado o conteúdo das latas de lixo do início do século XXI, chegasse à conclusão de que as coisas convencionalmente chamadas de *lápis* não poderiam ser realmente feitas para se desenhar, porque seriam curtas demais (e talvez tivessem, em vez disso, alguma função ritual ou simbólica), estaria cometendo o que Davidson e Noble (1993: 365) chamam de *falácia do artefato terminado.*

Realmente, a esse respeito os instrumentos de pedra não são muito diferentes dos lápis. Eles se desgastam com o uso e é possível que tivessem de ser afiados por laminações posteriores, até ficarem reduzidos a um toco, e descartados (figura 3.3). Harold Dibble, por exemplo, demonstrou como aparentemente tipos diferentes de objetos de pedra lascada, pertencentes à denominada indústria mousteriana [*Mousterian industry*], associada com os humanos neandertais (*Homo*

17. Isso não significa que a hipótese foi finalmente descartada. Uma defesa engenhosa foi montada por Tony Baker (2006). Seu argumento é que o *Homo erectus* careceria da destreza manual para segurar um núcleo firme com uma mão, ao mesmo tempo que golpeava com a outra. O fabricante do machado, portanto, tinha que confiar na inércia da massa do núcleo para resistir a cada golpe, que por sua vez tinha que se dirigir para o centro da massa, mais do que para sua tangente – senão o núcleo seria simplesmente deslocado pela força do impacto. Essa técnica favorecia núcleos maiores, com maior massa, em vez de menores, as quais – para caçadores contemporâneos – são mais fáceis de segurar. E a remoção de fragmentos desses grandes núcleos teria fornecido ferramentas úteis.

sapiens neandertalenses) de mais ou menos 40.000 anos atrás, e classificados variavelmente como pontas e raspas, podiam muito bem ser entendidos como representantes de sucessivos estágios de redução das lascas (DIBBLE, 1987a). Quanto aos aqueleuanos, mesmo se concordarmos com Wynn e outros que os fabricantes de machados de mão estavam basicamente interessados em formatar os núcleos e não na produção de lascas, o perigo da falácia permanece. Não podemos dizer que as formas dos núcleos recuperados são as originalmente planejadas pelos fabricantes e o que eles queriam impor sobre o material, ou mesmo que algo equivalente aos "modelos mentais" e às "intenções geométricas", dos quais fala Pelegrin, estivesse jamais presente em suas mentes.

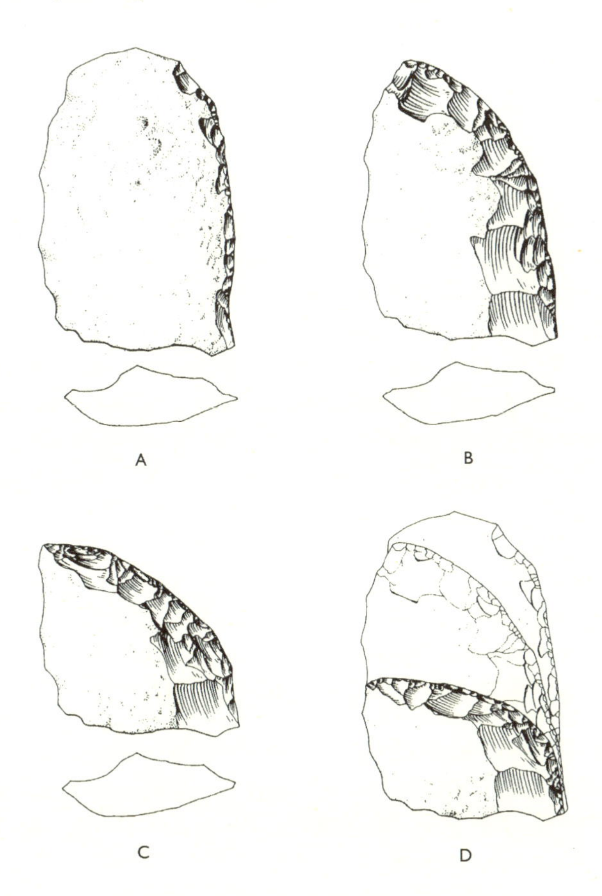

Figura 3.3 Estágios sucessivos (A-D) na redução de uma pequena escavadeira de pedra, reproduzida por Harold L. Dibble. "Enquanto a redução continua [observa Dibble], o retoque tende a ficar mais pesado", a extensão da lasca e sua superfície tendem a diminuir e, tipologicamente, a ferramenta passa de uma escavadeira de um lado só para uma transversal" (DIBBLE, 1987b: 112). Reproduzido de *American Antiquity*, 52 (1), 1987 (cortesia da Society for American Arcaheology).

Modelos e geometria

Lembremos o que diz Wynn, ao qual me referi há pouco, que "os trabalhadores de pedra se determinaram a produzir machados de mão como produtos finais" (WYNN, 1995: 12). Como, então, poderemos saber a que ponto o processo de produção termina? Como poderemos distinguir um machado não inteiramente pronto de um terminado, ou, a esse respeito, de um que – tendo já cruzado a linha do acabamento – já sofreu as marcas e o desgaste do uso? Para uma resposta possível podemos voltar a Holloway, que compara o acabamento de um machado à construção de uma sentença de linguagem. Para fazer uma sentença reunimos palavras em um todo coerente; da mesma forma, segundo Holloway, "o processo de fabricação de um instrumento de pedra como um machado de mão aqueuleano, é uma atividade concatenada, hierarquicamente organizada" (HOLLOWAY, 1969: 402). Assim, um artefato não terminado é como uma sentença incompleta. Tentem ler a sentença anterior omitindo a palavra "sentença". *Um artefato não terminado é como uma incompleta...* O efeito é reduzir as palavras remanescentes à incoerência; elas não expressam nada. O mesmo acontece com um machado não terminado. Para fabricá-lo, o trabalhador teria de dar uma série de golpes em força e em ação diferentes, alternados com outras operações, tais como rotação da pedra nas mãos, ou virá-la para ser trabalhada do outro lado. "Tomando cada evento motor de maneira isolado", continua Holloway,

> [...] nenhuma ação é completada: cada uma delas requer mais uma, e depende, de um jeito diferente, do plano original. Em outras palavras, a cada ponto da ação, excetuada a última, a peça não é "satisfatória" em sua estrutura. Cada unidade de ação não tem sentido em si, no uso do instrumento, mas somente no contexto do todo o conjunto de ações, culminando no produto final. Este é um paralelo exato do que acontece com a linguagem (1969: 402).

Assim, na opinião de Holloway, o processo de fabricação tem um ponto inicial nitidamente definido, bem como um ponto final. O fabricante começa com um plano e um conjunto limitado de operações componentes, requeridas para a sua realização. À medida que a tarefa se desenvolve, esses componentes são reunidos, peça por peça, para constituírem uma totalidade que corresponda precisamente ao projeto original[18]. Mas somente com a última operação – como

18. Dietrich Stout e seus colegas argumentaram recentemente, na mesma linha, que a fabricação de ferramentas aqueleuanas "requer o molde intencional do núcleo para atingir determinada forma", e isso exige "planejamento elaborado, incluindo a subordinação de fins imediatos a objetivos de longo prazo". Segundo ele, atos elementares de percussão são regidos por fins subordinados de lados bifa-

no encaixe da peça final de um quebra-cabeças – é que o artefato se define como um todo coerente.

Resumindo, não pode haver um produto final sem um projeto inicial: e nada se completa sem ter uma origem. Pois a finalidade somente pode ser julgada em relação a um projeto de encaixe que já esteja prefigurado no início, mesmo sob uma forma virtual, na mente do fabricante. É por isso que Wynn pode falar do machado de mão, dentro do espaço da curta passagem citada acima, tanto como um "produto final" quanto como "uma ideia que fora imposta sobre o mundo material" (WYNN, 1995: 12). Como Holloway, Wynn apela para o modelo hilomórfico de fabricação em sua modalidade moderna, acarretando a imposição ativa da forma cultural sobre os materiais supridos pela natureza. No início do processo, o fabricante tem, de um lado, um projeto em mente, e do outro, um pedaço de pedra informe. No final, projeto e pedra estão unidos no artefato lítico completo.

Na ausência de uma conceituação anterior de forma, porém, não somente é impossível responder à questão se uma coisa está terminada ou não – não tem mesmo sentido colocá-la. Para demonstrar esse ponto, eu gostaria de introduzir, juntamente com o machado de mão, uma outra peça de pedra que está diante de mim enquanto escrevo. Essa peça foi recuperada de uma praia de cascalho que não fica longe de minha casa, no nordeste da Escócia. Composta de granito, é extremamente dura, no entanto a sua forma redonda é tão bela que em sua aparência exterior, e certamente se comparada com o machado de mão serrado e marcado, parece quase macia. É perfeitamente macia ao toque. Colocada sobre uma mesa, sua forma é a de uma esfera ligeiramente amassada, que apresenta um perfil quase circular quando vista de cima e quase elíptico quando vista de outro lado. Realmente, em termos de sua geometria, esta pedra não é menos simétrica do que o dupla-face. Na verdade, a simetria não é perfeita, mas então, nem a simetria do machado é perfeita. Contudo, não foi senão quando a peguei, incluindo-a completamente como conclusão de minha projetada coleção (regida por certos padrões formais e estéticos), que a pedra de alguma maneira foi *terminada*. Mas também não fora nunca *iniciada*. Apenas estava *ali*, sujeita para sempre a uma ação contínua de desgaste, sob a força das ondas, que lhe deu a sua forma atual.

---

ciais, os quais são incluídos em objetos intermediários de refinamento, eles próprios abrangidos pelo fim geral da moldagem (STOUT; TOTH; SCHICK & CHAMINADE, 2008).

Figura 3.4 Pedra recuperada de uma praia no nordeste da Escócia, vista do lado mais largo (cortesia de Susanna Ingold).

Figura 3.5 A mesma pedra, vista do outro lado (cortesia de Susanna Ingold).

Evidente que não foram intenções geométricas ou modelos mentais que guiaram a formação desta pedra. E nem estaremos mais autorizados a imputar um projeto ao machado de mão, *baseados unicamente na força de sua simetria*. No entanto, já observei que, ao contrário da minha pedra, a laminação padronizada do dupla-face não pode ser atribuída a qualquer processo ordinário de erosão. Ela somente poderia ter surgido através de uma atividade deliberada e de grande habilidade. Mesmo isto, no entanto, não nos permite invocar intenções anteriores na forma de conceitos de projetos ou em planos de montagem. Pois a intencionalidade da prática hábil é inerente à própria ação, em suas qualidades de atenção e resposta, sejam ou não intenções anteriores fixadas para ela (INGOLD, 2000: 415). É verdade, como veremos no próximo capítulo, que os artesãos humanos fizeram frequentemente grande uso tanto de modelos como de geometria. Esses modelos não eram mentais, porém são artefatos eles próprios, cortados de materiais e usados juntamente com outros instrumentos do comércio[19]. E a geometria é usada em grande escala no sítio, usando o corpo como um padrão de medida e fios para desenhar linhas. Como demonstrou o historiador de arte David Summers, a apreensão do mensurável em termos de geometrias abstratas de razão e proporção, em um espaço virtual de pura forma, destacada da materialidade das coisas, é um feito peculiar à tradição ocidental, com raízes específicas no pensamento aristotélico (SUMMERS, 2003: 317). Mais do que dar créditos ao *Homo erectus* por um estilo cognitivo que nem sequer é universal para os seres humanos, quanto mais para os hominídeos, e na ausência de provas para o uso de modelos de artefatos, parece mais razoável sugerir que quaisquer modelos ou geometrias que guiavam a fabricação de machados de mão eram já construídos na morfologia e nas proporções dos corpos – e acima de tudo nas mãos (MARZKE, 1997) – que os faziam. Realmente, é muito fácil criar um modelo para um machado de mão, simplesmente colocando as duas mãos juntas, palma com palma, e ligeiramente curvas. O espaço fechado entre este espaço corresponde quase perfeitamente ao formato e ao volume do dupla-face. No entanto, posso formatar esse espaço por meio de um simples gesto, sem ter de invocar qualquer imagem mental.

Pedra líquida

Resumindo, talvez Leroi-Gourhan não estivesse muito errado ao ligar a forma do dupla-face à conformação corporal das criaturas que ele chamava de arcantropianos, ou ao pensar que o machado de mão fosse virtualmente uma extensão do esqueleto. Não há motivo de *prima facie* para que o fabricante do machado

---

19. Isso também vale para os moldes dos polidores de pedra, discutidos no último capítulo, p. 43-46.

devesse ter começado com uma representação mental qualquer. Como mostraram Davidson e Noble, dada a musculatura e a morfologia da mão, a dinâmica gestual de laminar e quebrar as propriedades do material, é quase inevitável que um núcleo seguro na mão, ao ser reduzido através da remoção sucessiva de lascas, tenderá a assumir uma forma bifacial (DAVIDSON & NOBLE, 1993: 372). A forma não é imposta sobre o material; é antes um resultado emergente do processo de remoção de lascas. Realmente, não somente pode a simetria da forma ser atribuída à do corpo que a fez, como isso é verdadeiro também no que se refere à sua simetria, causada pela diferença entre as mãos dominantes e subdominantes.

No entanto, se este argumento for aceito, teremos então de reconhecer também que nenhum machado de mão pode jamais ser considerado completo, a não ser, talvez, no sentido em que um lápis pode ser considerado terminado quando chega ao ponto de ser descartado. Assim como minha pedra, achada na praia, poderia somente ser considerada terminada no contexto de meu próprio projeto de coleção, também o machado de mão pode ser dado como artefato completo somente dentro da cultura de coleção dos arqueólogos, na qual pode ser mostrado como correspondendo a um de um número de tipos categóricos, isto é, do "aqueleuano". Mas, ao contrário dos modernos arqueólogos experimentais, que deliberadamente decidem produzir réplicas exemplares do tipo, os fabricantes do machado de mão original não conheciam nada desta taxonomia, e não eram guiados por ela. Em relação ao seu fabricante, cada peça não era um artefato terminado, e nem a expressão ou realização de uma categoria cultural pré-existente (WYNN, 1995: 12), mas sim a cristalização de uma atividade hábil corrente, que era realizada através de uma peça à seguinte. Cada uma delas é testemunha de uma vida de trabalho com o material.

Reconhecer a forma como emergente, mais do que imposta, pelo menos nos dá uma solução elegante para o enigma colocado pela formal estabilidade do dupla-face, através de um extenso período de tempo e da variedade geográfica. Enquanto continuarmos a ver a sua fabricação como a projeção da forma cultural sobre o material bruto suprido pela natureza, tanto o machado de mão como seus fabricantes tendem a parecer anômalos. Como admite Wynn, o instrumento "não se encaixa facilmente no nosso entendimento do que são instrumentos, e os seus fabricantes também não se encaixam facilmente no nosso entendimento do que sejam os humanos" (WYNN, 1995: 21). Como não humanos, e contudo, não como não humanos, eles chegam até nós nos escritos dos modernos arqueólogos e antropólogos, não como construídos poderosamente, ambidestros e criaturas supremamente habilidosas que certamente eram, mas como desajeitados híbridos imobilizados durante mais de um milhão de anos na transição da natureza para a cultura, favorecidos com mentes já equipadas com as capacidades cognitivas que geram inovações de projetos, mas com corpos demasiado conservadores para melhorá-los, ou então, pelo contrário, com corpos muscularmente capazes de implementar projetos alternativos, mas mentes incapazes de planejar ou de conceituar as operações técnicas necessárias. No entanto, como demonstram Tetsushi Nonaka, Blandine Bril e Robert Rein em um recente estudo experimental com modernos trabalhadores de vários níveis de habilitação, a habilidade de controlar a laminação não se reduz às capacidades mentais e nem às biomecânicas corporais. Pois a avaliação de pedras e o planejamento de ações que acarretam movimentos corporais exploratórios, tais como o toque dinâmico, depende de uma perpétua conscientização do que pode ser feito com um martelo de pedra e com o núcleo que continua com a duração do trabalho (NONAKA; BRIL & REIN, 2010: 165).

Quando se fabrica um machado, a separação de cada lasca é o resultado de uma complexa interação de forças, tanto internas como externas ao material. Há forças musculares, transmitidas pela mão que golpeia com o martelo e com a outra que segura o núcleo. E há forças de compressão, inseridas durante a sua deposição geológica, cuja liberação apresenta um padrão característico de fratura. Assim, a forma do machado de mão não é determinada nem pela cognição nem pela biomecânica, mas pelos potenciais de desenvolvimento inerentes no campo das forças estabelecidas por meio do engajamento da vida inteira dos praticantes com seus materiais líticos, e atravessando a interface entre eles (INGOLD, 2000: 345). Entender a forma como emergente é reconhecer que ela é gerada no próprio desenrolar desse campo de força. Como deveria ser agora evidente, o enigma do machado de mão tem sua origem no modelo hilomórfico da sua fabricação, e para resolvê-lo tivemos de desafiar o modelo em seus próprios fundamentos. Muito claramente, as propriedades do material estão diretamente implicadas no processo gerador da forma. A distinção entre forma e matéria, sobre a qual está fundamentada toda a filosofia do hilomorfismo, é, por conseguinte, insustentável.

Nossa investigação sobre o curioso caso do dupla-face aqueuleano nos conduz inexoravelmente à conclusão de que a relação essencial em um mundo em formação (diferente de um mundo para o qual nos voltamos como se estivesse terminado há muito), não está entre forma e matéria, mas entre *forças* e *materiais*. Nisto, mais uma vez me inspiro em Deleuze e Guattari (2004), para os quais – como vimos no último capítulo – a refutação do modelo hilomórfico tem sido peça central de seu projeto intelectual. Um exemplo que apresentam para demonstrar a inadequação do modelo é a operação de rachar madeira com um machado: não um machado aqueleuano, é claro, mas um que possa realmente ser usado para esse fim. O lenhador que tem prática abaixa seu machado de um jeito que sua lâmina entre no grão e siga um caminho já incorporado na madeira através de sua prévia história de crescimento, quando fazia parte de uma árvore vivente. Quando ele encontra seu caminho através da madeira, e a rachadura se faz, o machado é guiado – como dizem Deleuze e Guattari – pelas "ondulações variáveis e torsões de fibras". O que não é uma imposição da forma sobre a matéria, mas o surgimento de formas mais topológicas do que geométricas, que estão latentes nas variações do próprio material, em suas linhas energéticas de tensão e compressão. Levando-se em consideração as propriedades muito diferentes das pedras, na comparação com a madeira, esse ponto poderia também ser muito bem exemplificado pela prática de rachar a pedra com um martelo, comparada à usada na madeira, com um machado. Em ambos os casos, usando-se mais uma vez as palavras de Deleuze e Guattari, a questão é "render-se" ao material e depois "o seguir para onde ele nos conduz" (DELEUZE & GUATTARI, 2004: 450-451).

O que nos deixa com um quadro de fabricação totalmente diferente da visão de um *kit de construção*, proposta por Holloway e outros, segundo os quais o fabricante começa com um plano ou um modelo e uma coleção estabelecida de partes, e finaliza quando a última peça é colocada em seu lugar. Deste ponto de vista, o processo de fabricação é uma concatenação de degraus separados, que seguem um ao outro como se fossem contas em um cordão[20]. Na nossa opinião, pelo contrário, o processo da fabricação não é muito uma *reunião,* mas uma procissão, e nem uma construção *erguida* sobre discretas partes para chegar a uma totalidade hierarquicamente organizada, mas um *desenvolvimento* – uma passagem que segue um caminho no qual cada degrau surge do degrau anterior e vai para o degrau seguinte, em um itinerário que sempre ultrapassa suas destinações. Mais uma vez adotando uma distinção útil, feita por Deleuze e Guattari (2004: 410), esta não é uma *iteração* de degraus, mas uma *itineração*: construir é uma viagem; o construtor é um viajante. E a característica essencial da sua atividade não é ser concatenada, mas *fluir.* Nas mãos do trabalhador habilidoso, a pedra torna-se líquida, e é revelada como um redemoinho de correntes no qual cada bulbo de percussão potencial é um vórtice do qual superfícies de fratura surgem, como ondas. O trabalhador segue essas correntes no movimento ritmicamente percussivo de destacar camadas. Se há regularidade na forma do artefato, vem do ritmo fluente dos movimentos que dão origem a ela: "ritmos", como Leroi-Gourhan observa, "são os criadores de formas" (LEROI-GOURHAN, 1993: 309). Este é um ponto ao qual eu quero voltar (capítulo 8). Nosso próximo passo, contudo, é para voltar do campo da arqueologia ao da arquitetura, e da construção à edificação, onde descobriremos que muitas das mesmas considerações podem ser aplicadas.

---

20. A metáfora do *cordão de contas* para descrever uma sequência operacional foi primeiramente proposta por John Gatewood, em estudo sobre a aquisição de habilidades técnicas a bordo de um barco de pesca de salmão com técnica de arrasto (GATEWOOD, 1985: 206). Foi mais elaborado por Wynn (1993: 392-396).

4
Construindo uma casa

A ideia da arquitetura

Muitas coisas podem ocorrer, em inglês, com o artigo indefinido. Construir é uma atividade: é o que os construtores fazem. Quando se junta na frase o artigo, porém, a atividade chega a um fim. O movimento parou, e onde antes as pessoas tinham trabalhado com instrumentos e materiais, agora está uma estrutura – *um* edifício – que mostra todos os sinais de permanência e solidez. Em vez disso, a atenção muda para o que se passa *no* edifício, nas atividades – tais como cozinhar, comer, dormir e socializar e talvez venerar – que são realizadas debaixo do seu teto. Faz parte da convenção, pelo menos nas sociedades ocidentais, descrever as pessoas que se engajam nessas atividades como residentes no edifício. No entanto, isso é supor que a sua ocupação seja uma questão de apropriar-se para próprio uso de um espaço que já foi construído. Mesmo que a construção tenha sido feita por eles próprios, as atividades residenciais são categoricamente distinguidas das que levaram à sua construção, em primeiro lugar. A residência começa quando o edifício está pronto, assim como o uso de um artefato segue ao seu fabrico. Já vimos, porém, que no caso do artefato traçamos uma linha entre fazer e usar, marcando um ponto na carreira de uma coisa à qual se pode dizer que está terminada, além disso, que este ponto de completude pode somente ser determinado em relação a uma totalidade que já existe, em forma virtual, no início – isto é, em relação a um *projeto.* É exatamente o que acontece também com o edifício. Se as atividades de residência são verdadeiramente diferentes das desenvolvidas na construção, e por conseguinte, sobrepostas a elas, então deve haver algum ponto determinado em que o edifício é considerado terminado – quando construir leva a *um* edifício, o que significa, por sua vez, que sua forma deve ser julgada como a realização de um projeto pré-existente. Este é precisamente o julgamento que é feito, ao se olhar o edifício como um exemplo de *arquitetura*.

É claro que há muito o principal conceito da profissão de arquiteto é o de que a obra criativa envolvida na realização de um edifício está concentrada no processo do projeto, e de que a fase subsequente da construção acrescenta pouco mais a ele além da sua realização do proverbial uso de "tijolos e argamassa" do ambiente construído. O arquiteto gostaria de pensar que o edifício completo se fundamenta como a cristalização de um conceito original de projeto, com todos seus componentes finalmente fixos em seus respectivos lugares. Assim como acontece com um quebra-cabeça, se qualquer de seus componentes devesse ser acrescentado, ou eliminado, toda a estrutura seria reduzida à incoerência. No caso ideal, uma vez terminado, o edifício deveria manter-se eternamente na forma pretendida para ele pelo arquiteto. "Toda a ideia de arquitetura", escreve o inventor e projetista Stewart Brand (1994: 2), "é permanência". No entanto, os edifícios fazem parte do mundo, e o mundo não vai parar, mas se desenvolver incessantemente seguindo seus inúmeros caminhos de crescimento, desgaste e regeneração, apesar das mais harmoniosas tentativas humanas de fixá-lo, ou de enquadrá-lo em formas fixas e finais. Inevitavelmente haverá um *nódulo* [*kink*], como diz Brand, entre o mundo e nossa ideia dele: "a ideia é cristalina, o fato, fluído" (op. cit.). Os construtores, na prática se não for em princípio, habitam este "nódulo", o mesmo acontecendo com os residentes. Para ambos, é mais o processo do que o produto que requer sua energia e atenção. Os construtores sabem muito bem que as operações raramente, ou nunca, saem de acordo como o planejado. Trabalhando em um ambiente inconstante, continuamente eles têm de improvisar soluções para os problemas que não tenham podido ser antecipados, e de lutar com materiais que não estão necessariamente dispostos a cair, sem falar de permanecer, nas formas esperadas. Na melhor das hipóteses, o trabalho completo é uma ficção legal. A realidade, como Brand observa ironicamente (1994: 64), é que "a finalização nunca acaba".

E nem a entrega do nunca-totalmente-terminado edifício aos seus residentes legalmente designados torna esse processo mais próximo a uma conclusão. Somente então, segundo o renomado arquiteto português Álvaro Siza, é que realmente é iniciado o trabalho sério da construção, quando os residentes embarcam em sua luta diária para limitar os prejuízos infligidos pela invasão de insetos e roedores, o apodrecimento causado pela infestação de fungos e os efeitos corrosivos dos elementos. A água da chuva pinga do teto no lugar em que o vento tirou uma telha, alimentando um mofo que ameaça decompor o madeirame, as goteiras estão cheias de folhas podres, e como se isso tudo não fosse suficiente, lamenta Siza, "legiões de formigas invadem os umbrais das portas, e há sempre cadáveres de pássaros, ratos e gatos" (SIZA, 1997: 47). Realmente, não há nada melhor para exemplificar a incompatibilidade entre a percepção do projetista-

-arquiteto e a do residente-construtor do que suas respectivas atitudes diante da chuva. Dentro do mundo formal do projeto arquitetônico, a chuva é simplesmente inimaginável. Pingos de chuva, e os riozinhos de água corrente formados por eles com seu impacto nas superfícies, não podem fazer parte de qualquer projeto. E nem pode a pureza geométrica da concepção do arquiteto moderno ser nublada pela perspectiva de tempo tempestuoso. Mas, com suas linhas nítidas, ângulos agudos e superfícies planas, qualquer edifício construído segundo esta concepção está quase destinado a apresentar vazamentos. Brand observa que nos anos de 1980 cerca de 80% das queixas pós-construção contra os arquitetos eram sobre vazamentos (BRAND 1994: 58). Aos clientes que se queixavam de telhados que vazavam, dizem que o renomado arquiteto americano Frank Lloyd Wright respondia: "É por isso que você pode dizer que é um telhado". O seu edifício mais famoso, Fallingwater, na Pensilvânia, era afetuosamente chamado pelo seu proprietário original de *Rising Mildew* (Criando mofo) e de um *Edifício de sete baldes*. Como uma solução falsa para um problema endêmico, o balde – colocado para conter os pingos de água – exemplifica perfeitamente o nódulo entre o conceito cristalino do arquiteto e uma realidade fluída, que é a singular desgraça do ocupante da casa que tem de lidar com ela.

O arquiteto e o carpinteiro

No entanto, cinco séculos antes de Fallingwater ter sido construída, no primeiro tratado que foi escrito desde a antiguidade greco-romana sobre teoria e prática da arquitetura, Leon Battista Alberti advertia explicitamente contra os perigos da chuva e exortava o arquiteto a ser muito cuidadoso com o projeto dos telhados dos edifícios, de modo a assegurar adequada proteção e evasão da casa. "Pois a chuva", escreveu Alberti, "está sempre preparada para trazer calamidade, e nunca deixa de explorar até mesmo a menor abertura para causar algum mal: por sua sutileza se infiltra, ao amolecê-la a corrompe, e pela sua persistência mina toda a força do edifício, até eventualmente trazer ruína e destruição à obra toda" (ALBERTI, 1988: 27). Terminado por volta de 1450, o seu tratado *Sobre a arte da construção em dez* livros é verdadeiramente notável pela sua combinação de sabedoria prática e ambição de projeto, a primeira baseada em profundo respeito pelo conhecimento tradicional e local, a segunda pela preocupação em elevar o *status* do arquiteto a um lugar de honra e reconhecimento bem superior ao de um humilde artesão. De um lado, por exemplo, Alberti (1988: 63) recomenda que ao escolher o terreno para construir, sempre se procure a opinião dos residentes, cuja experiência diária tanto com os edifícios já construídos como com os novos em construção, revelaria um entendimento confiável sobre a natureza e a qualidade do solo. No entanto, por outro lado, ele pinta um retrato desavergonhado e autoelogioso do arquiteto como um homem de "intelecto culto e imaginação", que é capaz "de projetar formas completas em sua mente, sem recorrer ao material" (ibid.: 7). Como uma das figuras fundadoras do Renascimento europeu, Alberti pode ser visto retrospectivamente, permanecendo como um ponto de inflexão no processo que em última análise levou à profissionalização da arquitetura como uma disciplina devotada exclusivamente ao projeto, e oposta à implementação. Seu tratado se volta ao mesmo tempo para a época dos seus predecessores, os mestres construtores do passado, e para o presente, época em que o arquiteto poderia prescrever somente os lineamentos formais da construção, deixando sua construção real nas mãos capazes e habilidosas dos operários.

No prólogo ao seu tratado, Alberti (1988: 5) explica com dificuldade o que é para ele um arquiteto. Faz isso contando precisamente o que o arquiteto *não é*. Especificamente, ele não é um carpinteiro. "Pois eu não gostaria que vocês comparassem um carpinteiro com os maiores expoentes de outras disciplinas: o carpinteiro é unicamente um instrumento nas mãos do arquiteto". Mas por que, de todas as pessoas, teria Alberti escolhido um carpinteiro como o *alter ego* do arquiteto? Para responder a isso, podemos retornar à importância que esse autor dá ao fato de um edifício precisar ter um telhado bem-feito. Como é tradicionalmente fabricado de vigas de madeira, a sua construção teria de ser responsabilidade do carpinteiro. Mas, por uma curiosa distorção do destino, os carpinteiros da época de Alberti eram geralmente conhecidos como arquitetos. Essa designação tem sua origem em documentos eclesiásticos, desde o ano de 945 d.C. Parece que o autor desse documento errara ao tomar a palavra *architector* como composta pelos latinos *arcus* (arco) e *tectum* (telhado), chegando à conclusão de que arquiteto deveria ser o especialista na construção e no conserto dos telhados abobadados. Nos séculos seguintes, outros autores seguiram esse exemplo, até que, com o passar do tempo, o uso tornou-se objeto de uma convenção (PEVSNER, 1942: 557). Atualmente, se o seu telhado tiver goteiras, você poderá pôr a culpa no arquiteto, pelo projeto defeituoso. Mas na Idade Média, você poderia chamá-lo para dar cabo do problema. Se o telhado fosse de madeira, seria necessário chamar um carpinteiro, mas se fosse suportado por arcos de pedra, talvez fosse preciso chamar um pedreiro. Realmente, nessa época o arquiteto era também, geralmente, pedreiro e carpinteiro: havia muita semelhança nos respectivos métodos de trabalho (PACEY, 2007: 870), e as habilidades de alvenaria e carpintaria com muita frequência se combinavam em uma única pessoa. No século VII, o especialista Isidore de Sevilha, em um depoimento muito influente, identificou o arquiteto com um pedreiro (*masionem*), palavra que fez derivar, por sua vez, do latino *machina*, para definir o guindaste requerido para levantar materiais pesados, na construção de muros altos e telhados.

É significativo, porém, que o arquiteto fosse também considerado como a pessoa que constrói os alicerces do edifício (CARRUTHERS, 1998: 22). Sob este último aspecto, Isidore estava seguindo o precedente do Apóstolo São Paulo, na primeira de suas Cartas aos Coríntios. Descrevendo a si próprio como um "sábio mestre construtor", declara Paulo: "lancei o fundamento; outro constrói por cima" (1Cor 3,10). Esse conceito de que o arquiteto, por mais capacitado que seja, não é mero pedreiro ou carpinteiro, mas antes o que lança os alicerces sobre os quais os outros constroem, está muito mais próximo das convenções da Antiguidade greco-romana do que da Idade Média. Etimologicamente, o termo "arquiteto" tem origem grega, e não latina, e pode ser traduzido literalmente como mestre-construtor de *arkhi* (chefe) e *tekton* (construtor)[21]. Na Grécia, Platão insistia que o arquiteto "não é, ele próprio, um trabalhador, mas um dirigente de trabalhadores", e em seu *Dez livros sobre arquitetura,* o autor romano Vitruvius, escrevendo no século I a.C., enfatizou igualmente a necessidade de o arquiteto ter um conhecimento completo tanto da teoria como da prática, e combinar a habilidade manual com sólidos estudos (VITRUVIUS, 1914: 5). Como observou Nikolaus Pevsner (1942: 549), Vitruvius indubitavelmente pensava não em pedreiros e carpinteiros, mas em homens cultos, letrados, de alta posição social. Não é surpresa alguma, então, que Alberti, procurando recuperar para o arquiteto de sua época um padrão similar, estruturasse seu próprio tratado segundo o precedente de Vitruvius[22]. E nem é de surpreender que ele procurasse distinguir o arquiteto do carpinteiro, pois fazendo isso queria acabar de vez com a ideia medieval de que o arquiteto era um artesão, e colocá-lo novamente no pedestal em que permanecera formalmente, na antiguidade[23]. No entanto, outra coisa que ele extraía da antiguidade era um comprometimento

21. Ironicamente, embora *tekton* se referisse genericamente ao construtor, também se referia, mais especificamente, à carpintaria; teria sido derivada do sânscrito *taksan*, significando *carpinteiro*. Assim, talvez os primeiros *arquitetos* fossem carpinteiros, afinal! Para uma discussão mais extensa da etimologia de *tekton* e da evolução de seu significado da carpintaria em particular para a construção em geral, levando eventualmente ao surgimento da noção de mestre construtor ou *arkhitekton*, cf. Frampton (1995: 3-4).

22. Quando os humanistas Poggio Bracciolini e Cencio Rustici encontraram um manuscrito dos *Dez livros*, de Vitrúvio, no Mosteiro de Saint-Gall, em 1416, pensaram que haviam redescoberto um livro clássico há muito perdido, o qual Alberti contribuiu muito para promulgar como parte do renascimento contemporâneo de interesse por arte e arquitetura romanas. Sabemos hoje, porém, que cópias de Vitrúvio circulavam amplamente ao longo da Idade Média (HARVEY, 1972: 20-21).

23. Isso não visa negar que o arquiteto medieval como mestre maçom já se distinguisse de seus correspondentes mais humildes, na medida em que dirigiam o trabalho sem sujar as próprias mãos, ao mesmo tempo em que eram mais bem recompensados. Em sermão datado de 1261, o frade dominicano Nicolas de Biard chegou ao ponto de se queixar disso (apud ERLANDE-BRANDENBURG, 1995: 61).

inequívoco com o modelo hilomórfico da construção, concebido como a reunião de forma e matéria. "O edifício", diz, "consiste em lineamentos e matéria, o primeiro como produto do pensamento, o outro da natureza, o primeiro requerendo a mente e o poder da razão, o outro dependendo do preparo e da seleção; mas [...] nenhum deles seria suficiente, em si, sem a mão do trabalhador capacitado a modelar o material de acordo com os lineamentos" (ALBERTI, 1988: 5). O que ele chama de *lineamentos* (*lineamenta)* compreende uma especificação precisa e completa da forma e da aparência da construção, tal como concebida pelo intelecto, independentemente e previamente ao trabalho da construção (*structura)*. Justamente, assim como para Vitruvius a teoria *(ratiocinatio)* precede e sublinha a prática *(opus)*, também para Alberti as *lineamenta* precedem e sublinham a *structura* (RYKWERT et al., apud ALBERTI, 1988: 422; cf. tb. VITRUVIUS, 1914: 11).

Geometria prática

No papel, os lineamentos seriam inscritos como linhas desenhadas que poderiam ser retas ou curvas, e que se encontravam, ou se intersectavam em certos ângulos. Era um desenho, porém, entendido não como o traço de um gesto, mas como a projeção geométrica de uma imagem conceitual. Nesse sentido, em algumas línguas europeias a palavra para "desenho" era a mesma usada para "projeto": em francês, *dessin,* em italiano *disegno,* em espanhol, *dibujar.* Em cada caso, como projeto ou como desenho, as conotações eram mais de padrão e intenção do que de movimento ou processo (MAYNARD, 2005: 66-67). Sobre isso já dizia Giorgio Vasari há muito tempo, em 1568, que *disegno* "não é senão uma expressão visual e o esclarecimento desse conceito que se tem no intelecto, e que cada qual imagina mentalmente e constrói idealmente" (apud PANOFSKY, 1968: 62). Realmente, as linhas de Alberti têm sua fonte na geometria formal de Euclides. "A linha reta", explica, "é a linha mais curta possível de ser traçada entre dois pontos", enquanto "a linha curva faz parte de um círculo" (ALBERTI, 1988: 19). O que o historiador da arte Jean-François Billeter escreve sobre a linha da geometria euclidiana aplica-se igualmente ao lineamento de Alberti: "ele não tem nem corpo, nem cor, nem textura, ou qualquer outra qualidade tangível; sua natureza é abstrata, conceitual, racional" (BILLETER, 1990: 47). O espaço assim delineado no papel, como observaram Bruno Latour e Albena Yaneva (2008: 82), é um mundo à parte daquele em que os edifícios reais são construídos e habitados.

Os pedreiros e carpinteiros do período medieval também desenhavam linhas e, ao fazer isso, usavam uma certa geometria (PACEY, 2007: 59-86). Até apelavam a Euclides. Mas a sua geometria era informada por um conhecimento sensorial e táctil da linha e da superfície, mais do que por uma consideração para com a forma abstrata e conceitual. E o seu Euclides era uma figura lendária muito diferente do real Euclides de Alexandria, que é lembrado hoje como o autor do *Elementos*. Uma história de Euclides, recontada por um desconhecido clérigo do final do século XIV e incorporada nas *Constitutions of Masonry* [Constituições da maçonaria] inglesas, oferece uma chave para essa diferença. Segundo essa história, Euclides aprendera a sua geometria do Abraão bíblico, para quem trabalhara como empregado durante a última estada do patriarca no Egito. Naquela época, as águas do Nilo inundavam a terra em uma extensão tão grande que as pessoas não podiam morar nas suas margens, mas Euclides ensinou como construir muros e diques de contenção, e por meio da geometria mediu e repartiu a terra. E assim, continua a história, os egípcios "levaram seus filhos a Euclides para que os governasse como quisesse, e ele lhes ensinou a arte da alvenaria, dando a ela o nome de Geometria por causa da repartição do terreno que ensinara ao povo" (HARVEY, 1972: 197). Prova desta história, como observa o historiador da arquitetura Lon Shelby (1972: 396-397), era que "para os pedreiros medievais, Euclides virtualmente se tornou o herói epônimo de um ofício, e a palavra geometria tornou-se sinônimo de alvenaria [...], ou seja: nem 'Euclides' nem 'geometria' podiam significar para os pedreiros medievais o que hoje queremos dizer por geometria euclidiana". Então, o que significava geometria para os artesãos da Idade Média?

Em primeiro lugar, significava um propósito essencialmente prático, mais do que uma questão de teoria. Já no século XII, o filósofo e teólogo parisiense Hugh de Saint Victor dividira a disciplina da geometria em dois ramos, teórico e prático, embora sua ideia da geometria prática fosse limitada ao que hoje chamaríamos de supervisão (SHELBY, 1972: 401-402). Evidentemente influenciado por Hugh, seu quase contemporâneo, o filósofo e tradutor espanhol Dominicus Gundissalinus, explicava que na geometria o propósito da teoria é ensinar, por meio de demonstração formal e prova, enquanto o propósito da prática é atingir resultados. Para Gundissalinus, contudo, os geômetras práticos eram de duas espécies: além dos superintendentes, havia também os artesãos. Estes, segundo nos diz,

> são os que exercem sua profissão trabalhando nas artes construtivas ou mecânicas – tais como o carpinteiro com a madeira, o ferreiro com o ferro, o pedreiro com argila e pedras [...]. Cada um deles realmente forma linhas, superfícies, quadrados, círculos etc., em corpos materiais,

> da maneira apropriada para a sua arte. Muitas das espécies de artesãos distinguem-se de acordo com os diferentes materiais com que trabalham. Assim, cada um deles tem seus próprios materiais e instrumentos. Os instrumentos dos carpinteiros são o machado, a enxó, o machado com aresta, as cordas e muitos outros. Os do ferreiro são a bigorna, as tenazes, a pá, o fio de prumo, os esticadores, e muitos outros (apud SHELBY, 1972: 403).

É muito pouco provável, porém, que qualquer pedreiro ou carpinteiro medieval tivesse acesso aos ensinamentos da geometria teórica, que eram principalmente confinados nas universidades e que, portanto, tinham muito pouco a lhes oferecer, e aos livros aos quais dificilmente eles teriam acesso (SHELLEY, 1970: 14-15) Se já dispusesse de um corpo de conhecimentos geométricos tradicionais, adequados aos seus propósitos, o artesão não teria necessidade alguma de formação acadêmica livresca (HARVEY, 1972: 114). Esse conhecimento teria sido amplamente adquirido "no trabalho", no aprendizado com um mestre. Era uma questão de aprender fazendo, mais do que adquirindo preceitos teóricos para subsequente aplicação na prática. O artesão não operava com teoremas, mas com regras práticas, valorizadas não pela sua correção matemática ou consistência lógica, mas pelo seu valor de guia na execução de um trabalho. A geometria de pedreiros e carpinteiros, como explica Gundissalinus, era executada no local, com os instrumentos do ofício, incluindo machados e cinzéis de todos os tipos, pás de pedreiro, linha de prumo e cordas, juntamente com três instrumentos cruciais que ele não menciona, isto é, modelos pré-cortados, réguas de obra e esquadros (SHELBY, 1971: 142).

Precisamente por ser este conhecimento ao mesmo tempo aprendido e passado adiante como uma tradição viva, nas palavras ditas e ações manifestas dos praticantes, deixou poucos traços documentais. Uma rara exceção é o livro de desenhos com instruções que nos foi deixado pelo mestre pedreiro francês, Villard de Honnecourt. Escrevendo no século XIII, Villard esperava que folheando seu livro descobrissem "conselhos sensatos sobre as grandes técnicas da alvenaria e sobre os feitos de carpintaria [...] como a disciplina da geometria requer e ensina" (BARNES, 2009: 35). Uma página desse livro dá uma boa ideia do que podia ser transmitido pela arte geométrica.

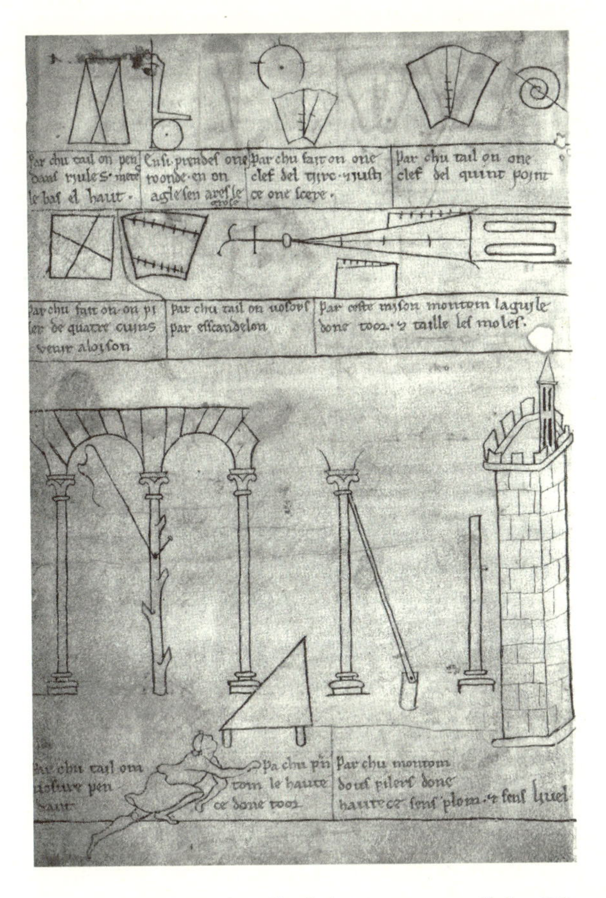

Figura 4.1 Uma página do portfólio de Villard de Honnecourt (folha 20, verso) (cortesia da Biblioteca Nacional da França)[24].

Na parte superior da ilustração, vemos, entre outras coisas, instruções para se medir o diâmetro de uma coluna cilíndrica (a coluna está encostada em uma parede, e um esquadro está encostado com seu lado mais curto apoiado nela, o mais comprido contra a parede), para se cortar as pedras-chave e aduelas que formam o arco, e para se levantar o pináculo de uma torre. Debaixo, há mais três desenhos. O da esquerda nos diz como se deve cortar as aduelas para fazer um arco suspenso. Durante a construção, a outra parte do arco está temporariamente suportada por um tronco de árvore, fixa-se um prego no tronco, a meio caminho da base até a coroa da parede e se amarra uma corda a ele. Estendendo-se a corda

24. Os dois telhados de cima não parecem ter sido desenhados pelo próprio Villard, mas talvez tenham sido acrescentados cinquenta anos depois, por uma mão desconhecida, que primeiro apagou os desenhos originais. As inscrições escritas também foram acréscimos posteriores. O próprio Villard pode ter sido analfabeto, caso em que ele teria que ter ditado a um escriba (BARNES, 2009: 11, 24).

aos pontos ao longo do arco, temos os ângulos do corte. O desenho do meio mostra como obter dois pilares da mesma altura, sem o uso de prumos ou níveis. Coloca-se um poste articulado a meio caminho entre os dois pilares, de modo que toque o topo de um deles. Então, balança-se o poste, para verificar a altura do outro. No lado direito da página está o desenho de uma torre. Para se determinar a sua altura, coloca-se um instrumento que tem a forma de um triângulo isósceles de ângulo-reto no solo, para que, quando se olha ao longo da hipotenusa, a partir do nível do chão, a linha de visão atinja o topo da torre. A distância, ao longo do chão, da ponta do triângulo até a base da torre equivale, então, à altura (BARNES, 2009: 140-145; cf. tb. SHELBY, 1972: 409-410; BUCHER, 1979: 122-124). O que é notável sobre esses procedimentos não é apenas a sua simplicidade, mas sua pura fisicalidade. Na prática de sua geometria, pedreiros e carpinteiros não projetavam na pedra e na madeira as formas que já tinham sido deduzidas através do poder do raciocínio abstrato e do cálculo racional. Eles resolviam os problemas do projeto à medida que trabalhavam, através da manipulação dos instrumentos e dos materiais disponíveis, e desenhando sobre um fundo de "truques do ofício" aprendidos no percurso – como os ilustrados por Villard.

Planos em pedra

Nesse sentido, como mostra Shelby (1972: 409), a sua geometria não era apenas prática, mas, mais precisamente, *construtiva*. Suas linhas retas não eram como os conceituais conectores ponto a ponto de Euclides, mas extensões reais de cordas fixas no lugar e em escala plena (PACEY, 2007: 63). Seus pontos não eram pregos ou estacas, marteladas na madeira ou no chão. E as figuras de sua geometria não eram esboços vazios, mas peças sólidas e pesadas, com superfícies e bordas tangíveis, cortadas e modeladas de madeira ou de pedra. E entre essas formas, as mais importantes sem dúvida eram modelos ou "moldes" que eram usados como guias para o corte das pedras[25]. Geralmente eram feitos de grossas pranchas de madeira, embora às vezes fossem cortados de lonas ou de pergaminho, ou ocasionalmente feitos de folhas de chumbo (SHELBY, 1971: 142-143; PACEY, 2007: 35). O mestre pedreiro desenharia nas pranchas e o carpinteiro as cortaria, e depois as passariam aos trabalhadores que estavam no local, com a tarefa de cortarem realmente a pedra.

25. Fontes medievais se referem exclusivamente a *moldes* [*moulds*], da qual se deriva a palavra *molde* para pedra moldada. Parece que a palavra *template* [amostra, modelo] ou *templet* foi introduzida mais recentemente, como sinônimo para *molde* (PACEY, 2007: 219).

A arte de cortar sólidos em peças que se encaixam firmemente é conhecida tecnicamente como *estereoctomia* – do grego clássico *stereo,* sólido, e *tomia,* cortar (SANABRIA, 1989: 266; FRAMPTON, 1995: 5). É bastante simples construir uma parede de blocos retangulares, mas na construção de edifícios complexos, com arcos, abóbadas e pináculos, os pedreiros medievais enfrentavam desafios estereotômicos formidáveis. Esses desafios não eram resolvidos, contudo, através de uma pré-calculação exata e de um corte de precisão. Eram antes resolvidos através de uma combinação da regra do polegar e da extemporização criativa, deixando amplo espaço, como nota Shelby (1971: 154), "para diferenças individuais e para o jogo da escolha pessoal". Embora a geometria construtiva dos pedreiros estabelecesse cuidadosamente os degraus que eram ensinados aos aprendizes, não havia nada tão constrangedor como realmente estabelecer previamente o curso da ação, e nem eram as regras observadas por eles uma substituição da habilidade e da inventividade, nascidas de longa experiência, das quais dependia, em última análise, o sucesso do empreendimento (SHELBY, 1972: 420). "As regras da arte podem ser úteis", observa o filósofo Michael Polanyi (1958: 50), "mas elas não determinam a prática de uma arte; elas são máximas, que podem servir de guia para uma arte somente se puderem ser integradas no seu conhecimento prático. Elas não podem substituir esse conhecimento". As regras dos pedreiros eram máximas neste sentido: compreendiam recursos para a ação, mas não a determinavam (cf. tb. SUCHMAN, 1987: 52; INGOLD, 2000: 35-36).

Se os pedreiros se sentiam limitados no que podiam fazer, isso não acontecia porque o quebra-cabeça estereotômico de montar um edifício de sólidos elementares admitisse somente uma solução matematicamente correta. Embora isso pareça ser verdadeiro aos nossos olhos modernos, os grandes edifícios medievais não eram montados como quebra-cabeças formados por peças pré-cortadas, e nem eram terminados quando a última peça era encaixada em seu lugar. Uma analogia melhor, sugerida por John Harvey (1974: 33), poderia ser estabelecida com o trabalho feito com retalhos de tecidos. Assim como os retalhos são costurados em uma manta, também as pedras são acrescentadas ao corpo principal do edifício, cada uma delas formatada e, se necessário, refeita até encaixar no espaço preparado para ela por meio das anteriores, e por sua vez preparando espaços para as pedras que virão depois[26]. Eis aqui Hugh de

26. Lambros Malafouris utiliza precisamente o mesmo argumento em referência à muralha dos ciclopes [diz a lenda que as muralhas de Micenas teriam sido construídas por ciclopes (N.T.)] que cerca a antiga fortaleza de Micenas, no Peloponeso. "Ao construir a muralha dos ciclopes, a escolha do bloco apropriado de pedra foi determinada pelo espaço deixado pelo anterior na sequência de ação, em vez de, ou pelo menos tanto quanto, qualquer plano mental preconcebido das quais essas escolhas fossem apenas execuções comportamentais subsequentes" (MALAFOURIS, 2004: 60).

Saint Victor novamente, em seu *Didascalicon*, de 1127, descrevendo o trabalho do pedreiro:

> Dê uma olhada no que o pedreiro faz. Quando o alicerce foi colocado, ele estica sua corda em uma linha reta, deixa-a cair perpendicularmente, e então, uma a uma, coloca diligentemente as pedras polidas, em uma fileira. Depois, pede mais pedras, e outras mais, e se por acaso encontra alguma que não se encaixa com as outras, pega a fileira, ajeita as partes que ficaram de fora, alisa os lugares mais ásperos e aqueles onde não há encaixe, reduz a forma, e assim no final junta-as ao resto das pedras colocadas na fila (HUGH OF ST. VICTOR, 1961: 140).

Parece, do que foi narrado, que os lineamentos da estrutura, longe de terem sido impostos sobre o material, emergem do próprio processo da construção. Mas, se for assim, então qual a necessidade, se é que há alguma, que o pedreiro tem de projetos ou planos? Será que deveria haver necessidade, como Alberti (1988: 7) insistiria em dizer, mais tarde, de um "esboço preciso e correto, concebido mentalmente, feito de linhas e ângulos", antes de que o trabalho da construção sequer começasse?

A questão de haver ou não planos ou desenhos de projetos para os edifícios medievais complexos, como as catedrais, permanece não resolvida, e a opinião dos especialistas também é dividida. O historiador de arquitetura Francis Andrew, em um ensaio escrito em 1925, respondeu definitivamente com uma negação:

> Nenhuma igreja ou outra obra era apenas o produto da mente de qualquer homem que tivesse sentado e desenhado deliberadamente esse plano, e que, quando tivesse desenhado se levantasse e supervisionasse a sua execução [...]. Um homem assim não seria necessário [...], o que se queria e que era fornecido era o homem que trabalhasse energicamente e honrosamente e deixasse, por assim dizer, o projeto tomar conta de si próprio. Portanto, não havia um arquiteto para fazer um projeto (ANDREWS, 1974: 8-9).

Adotando precisamente o ponto de vista oposto, Harvey considera inconcebível que até o edifício mais simples possa ser construído sem antes ter sido projetado, e sem o seu projeto ter sido relacionado, de algum modo, com uma superfície. Na arquitetura medieval, argumenta Harvey (1972: 101), os desenhos eram tão essenciais para a transmissão de ideias do projetista aos trabalhadores quanto a notação musical para a execução de música polifônica complexa[27].

---

27. A analogia entre desenho arquitetônico e notação musical, embora poderosa e produtiva, poderia de fato torpedear o argumento de Harvey. Isso porque, na época medieval, a notação musical não

Shelby, por sua vez, não nega a existência de desenhos feitos para as obras, mas argumenta que os modelos, mais do que os desenhos em si, eram os meios primários usados pelos mestres pedreiros para transmitirem formas arquitetônicas aos trabalhadores que as executavam (SHELBY, 1971: 142). Seguindo na revisão geral das provas disponíveis, o historiador de ciência e tecnologia Arnold Pacey (2007: 161, 228) conclui que, desde o início do século XIII, os pedreiros faziam desenhos detalhados das janelas decoradas, mas, até muito mais tarde, raramente apareciam desenhos de outras partes dos edifícios. E foi somente pelo final do século XVI que os pedreiros começaram a fazer desenhos de estruturas inteiras, em uma escala menor.

Há poucas dúvidas sobre a capacidade dos construtores medievais desenharem. O que é duvidoso é que qualquer dos seus desenhos pudesse ser entendido como um plano, no estrito sentido de uma pré-especificação geométrica completa da obra que se pretendia construir. Para eles, o desenho não era uma projeção visual de uma ideia já elaborada intelectualmente – como está implícito na sinonímia de desenho e projeto, em *disegno* –, mas um trabalho de construção com linhas. Como diz o teórico de projetos arquitetônicos Lars Spuybroek (2011: 18), sob este aspecto o desenho era mais *descritivo* do que *prescritivo*. Os desenhos arquitetônicos de hoje, completos, com vistas frontais e laterais e cortes desenhados em várias escalas, especificam precisamente a forma final de toda a estrutura. Os construtores medievais, pelo contrário, desenhariam, digamos, a decoração de uma janela em escala plena em um chão de pedra, como uma maneira de trabalhar sobre detalhes particulares, preparando o trabalho real que seria feito com a pedra. Não havia divisão radical entre desenho e construção, como se o primeiro fosse exclusivamente um desenho abstrato e o outro, o lado da execução material. Ou antes, ambos eram integrais ao próprio ofício: enquanto o desenhista *desenha enquanto está tecendo*, o entalhador *talha como se estivesse desenhando* (SPUYBROECK, 2011: 40). Em resumo, o projeto nem era colocado diante da obra, como diz Harvey, e nem deixado a si mesmo, como diz Andrews. Pois os edifícios medievais eram projetados durante o próprio curso de "cuidar dele", na compreensão do artesão habilidoso. Sobre os pedreiros que os construíam, podemos dizer que tanto projetavam enquanto desenhavam, como desenhavam à medida que os projetavam. Mas tanto o seu projeto como o seu desenho eram processos de trabalho, e não projetos mentais.

---

servia tanto para especificar uma composição como para fornecer uma série de chaves mnemônicas para ajudar os músicos na execução da música (PARRISH, 1957: 21; cf. INGOLD, 2007: 21-23). É provável que os desenhos, por assim dizer, auxiliassem os construtores do período de maneira bem similar.

A catedral e o laboratório

Recentemente, toda a questão de saber em que sentido os edifícios medievais podem ser tidos como planejados tem sido reexaminada, por uma extraordinariamente original contribuição do sociólogo da ciência David Turnbull (1993; cf. tb. TURNBULL, 2000: 53-87). O seu foco é o edifício da magnífica catedral gótica de Chartres. Reconstruída após um incêndio entre os anos de 1194 e de 1230, ela tem uma torre de 345 pés, e está de pé há quase oito séculos. Mas, se jamais o seu edifício teve um arquiteto que o projetasse, a sua identidade é desconhecida; não há também planos que tenham sobrado. É claro que é impossível provar sem sombra de dúvida que não houve projetos ou planos para a catedral, e Turnbull não fez nenhuma tentativa de encontrá-los. Há todo o tipo de motivos para justificar a não sobrevivência dos planos, caso houvessem existido; como observa Pacey (2007: 59), é claro que um plano de tamanho real "teria ocupado um espaço tão grande no chão como o próprio edifício" e simplesmente teria sido absorvido pela construção. A crítica de Turnbull parece ser dirigida diretamente para os que, como Harvey (1972: 101), baseados na lógica e nos princípios, acreditam que os planos *tinham* de existir, uma vez que sem eles nenhuma estrutura complexa poderia ser construída[28]. "Para a mentalidade moderna", escreve Turnbull (1993: 319-320), "o argumento do projeto parece evidente, na arquitetura". No entanto, atribuir toda forma a uma especificação anterior de projeto, afirma, "explica muito pouco, e demasiado".

De um lado, os projetos não se transformam magicamente nas formas que especificam. A sua realização requer trabalho, e no caso de uma construção como a Catedral de Chartres, teria de ser, definitivamente, trabalho artesanal de grau elevadíssimo. Até Alberti reconhecia que "a mão do trabalhador habilidoso" é necessária para criar uma estrutura segundo os seus lineamentos. O argumento do projeto explica muito pouco, porque não leva em conta esse tipo de trabalho. Mas, para compensar esse déficit, ele pretende que toda prática habilidosa, em última análise, pode ser criada como a resolução sequencial de um sistema codificado de regras e algoritmos. A esse respeito, o argumento explica demasiado, pois como nota Turnbull (1993: 320), "atribui poderes a regras que eles não podem ter". Como vimos, as regras seguidas pelos construtores das catedrais medievais

---

28. Em estudo mais recente sobre construção medieval de catedrais, o historiador da Arquitetura Nigel Hiscokck adota o mesmo pressuposto; a saber, "que essa construção teria de ser pensada e possivelmente desenhada em antemão, para que pudesse ser erguida no local" (HISCOCK, 2000: 172). Que um número tão pequeno dessas plantas inferidas tenha sobrevivido é atribuído ao fato de que teriam de ser desenhadas em caros pergaminhos, os quais teriam sido repetidamente reutilizados. Com isso, o plano inicial teria sido o primeiro a ser apagado, dando lugar a seus sucessores (ibid.: 174).

não podiam e não prescreviam a sua prática em cada detalhe, mas, em vez disso, permitiam ter em vista uma ação que fosse precisamente afinada em relação às exigências da situação dada.

Em um lance audacioso, Turnbull nos convida a comparar o trabalho de construção de uma catedral, na Idade Média ao que acontece em um laboratório de pesquisa em larga escala, nos nossos dias. No laboratório, equipes de pesquisadores esforçam-se ao máximo para obter avanço de conhecimento em algum ramo da ciência. Cada equipe opera mais ou menos autonomamente, sob a direção de líderes de pesquisa que se sucedem, enquanto se mantém, porém, em comunicação com todas as outras, trocando informações sobre protocolos e procedimentos, métodos e equipamento, resultados experimentais e novas ideias e pensamentos que fluem deles. De todas essas atividades, emerge um edifício de alguma espécie, reconhecido como um corpo de conhecimentos. Mas este corpo não é a criação mental de algum gênio solitário, nascido já totalmente formado de seu intelecto superior, e nem é o trabalho do laboratório dedicado unicamente à sua materialização empírica. É, antes, um composto feito de muitas partes, imperfeitamente integradas, cada uma delas condicionada pela maneira de fazer coisas peculiar a cada equipe que contribuiu para o seu desenvolvimento, e reunidas graças às trocas comunicativas entre si.

Da mesma forma, um grande edifício medieval, como John James (1985: 123) escreve sobre a Catedral de Chartres, "era *a* acumulação *ad hoc* do trabalho de muitos homens". Segundo ele, o trabalho de reconstrução da catedral foi executado por equipes de trabalhadores, sob a direção de pelo menos nove mestres pedreiros, em umas trinta pequenas campanhas separadas e durante um período de mais de três décadas (ibid.: 25, 60). E o resultado, apesar de sua magnificência exterior e aparente harmonia, revela-se, em inspeção mais acurada, ser uma colcha de retalhos de elementos arquitetônicos dispostos irregularmente e imperfeitamente combinados. Assim, como não existe um plano mestre para se construir o edifício do conhecimento científico, também o edifício de Chartres não chegou a ser uma gloriosa finalização da visão especulativa de um arquiteto desconhecido. Ninguém poderia prever exatamente, enquanto a obra era realizada, como seria depois de terminada, quais as complicações que surgiriam no seu processamento, ou quais meios seriam empregados para lidar com elas. No entanto, apesar do caráter episódico da construção e das frequentes mudanças de liderança, um grau de continuidade era assegurado através do tráfego de comunicação, não somente entre os mestres pedreiros e os trabalhadores locais, mas também entre o mestre e outros pedreiros, e entre estes e os patronos eclesiásticos que haviam comissionado a obra (TURNBULL, 1993: 20). E nesta comunicação, nenhum item desempenharia papel maior do que o modelo.

Figura 4.2 Vejam a diferença! A fachada oeste da Catedral de Chartres. Redesenhada a partir da lâmina 407 de G. Dehio e G. von Bezold. *Die kirchliche Baukunst des Abendlandes: historisch und systematisch dargestellt.* Da coleção da Biblioteca Digital da Universidade de Pitsburgo (cortesia de Alison Stones).

Chartres permanece inacabada. Como qualquer outra estrutura sobrevivente de sua espécie, o trabalho de construção e reconstrução continua até hoje, embora seja motivado por um desejo caracteristicamente modernista de preservar em perpetuidade o que se imagina ter sido historicamente uma forma completa, a perfeita realização de um projeto original. Esse edifício, então, permanece como uma encarnação da artesania geométrica do século XIII e dos conceitos arquitetônicos do século XX, e nos fornece uma ponte, através da qual podemos retornar das práticas de construção dos tempos medievais à compreensão contemporânea do edifício como a expressão intemporal da visão do arquiteto. O objetivo de Turnbull é possibilitar o abandono da ideia de que qualquer "grande divisão" separa os sítios de atividade tecno-científica do passado, como as obras da catedral, e os do presente, como o laboratório. Diz ele: "A tecnociência, então e agora, resulta da especificidade local, e de práticas contingentes e misturadas" (TURNBULL, 1993: 332). Mas se isto é verdade no laboratório moderno, certamente é verdadeiro em relação aos locais das construções contemporâneas. Porém, assim como a ciência investiu pesadamente na distinção entre a teoria especulativa e a prática experimental, a arquitetura investiu na distinção entre projeto e construção. Assim, em declaração recente, Simon Unwin define a arquitetura como "a determinação pela qual uma mente dá estrutura intelectual a um edifício", enquanto "a construção é o desempenho da realização física", cujo produto é "*um* edifício" (UNWIN, 2007: 102). O arquiteto, então, concebe os delineamentos da estrutura, enquanto a tarefa do construtor é unir a estrutura com o material.

Essas definições, porém, desmentem a criatividade das "práticas desordenadas" que fazem surgir edifícios *reais*. Em outros termos, os esboços, desenhos, modelagem, estaqueamento, escavação, cortes, colocação, ajustes ou reunião, são todos elementos que envolvem cuidado, julgamento e previsão, e que são realizados dentro dos trabalhos de campo de forças e relações. Nenhum deles pode ser colocado inequivocamente de um lado ou de outro, em cada distinção de importância fundamental ontológica, tal como entre conceito intelectual e execução mecânica. Baseada em quê, portanto, se é que é baseada em algo, pode a arquitetura ser distinguida da construção ou, de maneira mais genérica, pode o projeto ser separado da construção? Este é o tema de nosso próximo capítulo.

5
O relojoeiro dotado de visão

Projetos e armadilhas

Vamos começar este capítulo da maneira como vocês provavelmente começam o seu dia, sentando-se para o café da manhã. Você está sentado em uma cadeira, diante de uma mesa coberta por uma toalha. Nela, mais ou menos debaixo do seu nariz, está uma tigela, e do seu lado direito uma colher. Um pouco mais além, uma jarra contendo leite, e uma caixa de papelão com o seu cereal favorito. Você pega a caixa para derramar alguns flocos de cereal na tigela. A ação vai começar.

Mas que espetáculo meio atrapalhado é este! Despejar uma quantidade exata de cereal em uma tigela é coisa bem difícil. Muitos tentam resolver esse problema apertando o forro interior, de papel, da caixa, fazendo uma espécie de funil que ajuda a canalizar o cereal para a tigela. Para consternação dos visitantes, que consideram isso uma coisa meio suja, eu desenvolvi o hábito de meter minha mão diretamente na caixa e dela extrair um punhado do cereal, mais ou menos correspondente à quantia desejada. Mesmo se terminar essa tarefa sem esbarrar na caixa e derramar seu conteúdo no chão, os problemas estarão apenas começando. A próxima coisa é acrescentar o leite. A jarra de leite é mais alta do que a caixa de cereal. Ela tem um cabo que ajuda a segurá-la e um bico que canaliza o fluxo do leite quando se quer vertê-lo. Mas quando, tendo feito isso, uma gota permanece no bico da jarra, nada impede que comece a escorrer pela superfície exterior, de onde eventualmente chega até a toalha limpa da mesa. O pano fica molhado. Mas a verdadeira mudança ocorre quando a gente começa a comer. Para isso, precisamos de uma colher. Pegando uma de suas extremidades entre o polegar e os dedos indicador e médio, mergulhamos a outra extremidade, com sua concavidade oval, na tigela, e depois a levantamos, cheia de leite e de um punhado de flocos de cereal em precário equilíbrio. De alguma maneira essa massa instável tem de ser levantada do nível da tigela até o da boca aberta, sem derramar nada. O que significa ter de manter a concavidade da colher em uma posição perfeitamente horizontal durante toda essa trajetória. Até mesmo o mais jeitoso dos comensais raramente tem sucesso total nisso, e é inevitável que alguma coisa derrame na toalha. Então, finalmente, quando se retira a colher, os lábios devem se fechar sobre ela, para ter a certeza de que nada vai sobrar e para limpar a boca, preparando-a para a próxima colherada.

A mesa da primeira refeição da manhã, em suma, não é mais do que uma pista de corrida de obstáculos. No entanto, tudo nela, em algum momento, foi projetado: a caixa, a jarra, a tigela, a colher, a toalha. Isso vale para a mesa e a cadeira. Mas as mesas, pelo menos as do tipo a que estamos acostumados, são coisas desajeitadas. Sempre são ou demasiado grandes ou demasiado pequenas, ou altas demais ou baixas demais: costumam ficar no caminho quando se tem de circular em torno delas, as suas superfícies são vulneráveis (é por esse motivo que as recobrimos com um pano) e as suas pernas têm o hábito de atingir as canelas ou de esmagar os dedos dos pés dos que estão descuidados, sentados ou circulando por ali. Como observou certa vez, meio desesperado, o teórico projetista e renomado fabricante de móveis David Pye (1978: 14), uma mesa de jantar adequada "deveria ser variável em tamanho e altura, removível, protegida contra arranhões, autolimpante e não ter pernas". Quanto à cadeira, já que sentar não é uma posição assumida com facilidade pelo corpo humano, não existe cadeira que não imponha algum grau de desconforto e que não exija dos que estão sentados ajustarem-se da melhor maneira conseguida. Eu costumo frequentemente ficar me inclinando para a borda da cadeira, para endireitar minhas costas e obter um melhor equilíbrio. O efeito, no entanto, é o de levantar as pernas traseiras da cadeira do chão, deixando-as perfeitamente colocadas para fazer tropeçar quem quer que se aproxime por detrás. Garçons, tenham cuidado!

Tudo isso nos deixa com o seguinte dilema: certamente nós, como indivíduos, temos certas necessidades e desejos que queremos ver satisfeitos. Gostaríamos de ter uma vida confortável e saudável. Queremos que as coisas sejam fáceis, e não difíceis. Não é propósito de um projeto, então, torná-la possível assim? "O principal papel da nova tecnologia", escreve o psicólogo Donald Norman (1988: 191) "deveria ser o de simplificar as tarefas". Seria preciso ter o otimismo do Dr. Pangloss para concordar que ele tenha tido sucesso nesse propósito. Sem dúvida esse mestre da falsa filosofia, alvo da famosa sátira de Voltaire em sua novela *Candide*, teria sido capaz de apresentar um monte de razões pelas quais cadeiras que contorcem corpos, pernas de mesa que esmagam dedões, jarras que derramam leite, caixas que reviram e colheres que derramam, agem para tornar tudo melhor, neste "melhor de todos os mundos possíveis". Mas esses motivos, como queria demonstrar Voltaire, são invariavelmente espúrios. Se o projeto faliu – e faliu tão espetacularmente – em criar tudo o que há de melhor, será que deveríamos concluir que o seu propósito real fosse inteiramente o contrário, ou seja, colocar obstáculos no nosso caminho, para que possamos superar todos os desafios através de nossa própria habilidade e engenhosidade? Talvez, em vez de especificar soluções, seja o projeto que estabelece as regras do jogo.

Em ensaio extremamente original, o filósofo do *design* Vilém Flusser (1995) oferece uma chave para resolver essa confusão toda. Pesquisando a etimologia da palavra *design* (projeto) – juntamente com uma fileira de outras palavras associadas a ela, tais como "máquina", "técnica' e "artifício" –, Flusser conclui que ela é baseada fundamentalmente na ideia de esperteza e engano. "Um *designer* (projetista)", escreve, "é alguém que é astuto, ou, querendo ou não, um conspirador que instala armadilhas" (FLUSSER, 1995: 50). Cada objeto do *design* estabelece uma armadilha ao apresentar um problema sob a forma do que aparenta ser a sua solução. Assim, somos levados a pensar na colher como uma solução para o problema de transportar alimento da tigela para a boca, quando na realidade é a colher que determina que devemos fazer isso, ao invés de, digamos, levar a tigela diretamente aos nossos lábios. Somos enganados ao supor que as cadeiras permitem que nos sentemos nelas, quando é a cadeira que dita que nós devemos nos sentar em vez de, digamos, nos acocorar. E imaginamos que a mesa seja a solução para se providenciar um suporte para a caixa, a jarra, a tigela e a colher, quando é somente por causa da mesa que é esperado de nós que coloquemos coisas em tal altura, e não no nível do chão. Manipular colheres, sentar-se em cadeiras e comer em mesas, são habilidades corporais que levamos anos aprendendo. Elas não tornam as coisas mais fáceis para nós.

Artifícios e imperfeições

Então, como criador ou inventor de coisas, o projetista é um trapaceiro. Longe de lutar para atingir a perfeição, seu campo é o da administração da imperfeição. Seu caminho, como o do mítico Dédalo, é sempre um labirinto, nunca um caminho direto. É difícil imaginar, no entanto, como poderia ser diferente. Como poderia haver projetos em um mundo perfeito? Se todos os fins forem alcançados, que necessidade se terá de meios? Se não houver nada defeituoso, por que procurar remédios? Segundo uma leitura, algo literal da história bíblica original, Deus criou o mundo, e todas as criaturas que o habitam. Mas quando se considera a complexidade intrincada das coisas viventes, nós nos perguntamos por que Ele teria se dado a tanto trabalho. Durante séculos, por exemplo, os naturalistas se maravilhavam com a estrutura e as propriedades do olho. Muitos definiram o olho como prova viva de que qualquer organismo tão bem-dotado deveria ter sido projetado por alguma inteligência transcendente ou divina, pois como seria possível que um aparelho tão bem adaptado à função da visão tivesse surgido por vontade própria? Um dos argumentos mais famosos, nessa linha, foi apresentado em 1802 pelo notável teólogo e filósofo William Paley, em tratado intitulado *Natural theology; or, Evidences of the Existence and Attributes of the Deity, Collected from the Appearances of Nature* [*Teologia natural; ou Provas da existência e dos atributos da divindade, extraídas das aparências da natureza*]. Ele também pensava que o olho deveria ter sido projetado por Deus, para permitir ao seu portador ver. No entanto, era suficientemente sagaz para notar que esse Deus-projetista não somente resolvera o enigma da visão, mas também o criara como tal (PALEY, 2006).

Se um Criador onipotente tivesse determinado que as Suas criaturas fossem dotadas com a capacidade de perceber objetos a distância, além do âmbito do tacto, presumivelmente poderia ter realizado esse desejo por meio delas, o que seria melhor do que ter de tomar um caminho tão tortuoso, envolvendo a percepção do reflexo da luz das superfícies opacas dos objetos, e a sua refração através de substâncias transparentes, para estimular uma membrana interior em comunicação com o cérebro. Da mesma forma, Ele poderia perfeitamente ter dado às suas criaturas uma faculdade de ouvir sem que tivesse de projetar um instrumento tão complicado como um ouvido. "Portanto, o que é isso?" pergunta Paley, e continua: "Por que criar uma dificuldade somente para que seja superada? [...] Por que recorrer a um artifício, se o poder é onipotente? O artifício, pela sua própria definição e natureza, é o refúgio da imperfeição. Ter de recorrer a expedientes implica dificuldade, impedimento, restrição, falta de poder" (PALEY, 2006: 26). A resposta de Paley foi que, criando e resolvendo Seus próprios enigmas, e revelando essas soluções no projeto das coisas viventes, Deus nos demonstra o poder da inteligência racional, para que possamos emulá-lo. Para colocar a coisa de outra forma, Deus criou a natureza como um teatro no qual se encena uma exposição virtuosística da inteligência, em nosso benefício. Realmente, ser um observador da natureza é assistir a uma aula inaugural no exercício da razão, e assim nos colocarmos, à imagem de Deus, como seres racionais.

Quando era estudante do Colégio do *Christ's College*, de Cambridge, no final da década de 1820, o jovem Charles Darwin leu a obra de Paley e, como ele próprio admitia, ficou profundamente impressionado. Em sua autobiografia, Darwin (2008: 14) escreveu que a *Teologia Natural* de Paley lhe dava tanto prazer quanto a leitura de Euclides, e que aquele livro era realmente um dos poucos mais leves de sua lista de leituras obrigatórias. "Naquela época eu não me preocupava muito com as premissas de Paley", dizia, "e as tomando como certas, eu me encantava e me convencia da sua longa linha argumentativa." Darwin tirou de Paley uma profunda apreciação dos meios multiformes pelos quais os organismos se adaptam às suas condições de vida, e dos artifícios que permitem que isso aconteça. No entanto, em uma história que é tão conhecida que não precisa ser repetida aqui, Darwin eventualmente abandonaria a própria hipótese que antes merecera a sua confiança, e da qual Paley tiraria toda sua linha de argumentação posterior, ou seja, que não pode haver um projeto sem um projetista. Darwin admitia que os organismos vivos têm todas as propriedades de projeto que poderíamos atribuir aos artefatos manufaturados, e mais. Mas eles não contam com um projetista. Nenhum ser mortal, e nem qualquer inteligência divina, planejou a sua criação. Ou melhor, eles evoluem. Voltarei logo mais a essa pretensa distinção entre organismo e artefato. Antes de tudo, porém, vamos refazer os passos da argumentação de Paley. Pois, enquanto a sua prova da existência de Deus, baseada na prova das formas de vida, poderia ser refutada, suas hipóteses sobre a natureza do projeto a elas subjacente não podem ser refutadas.

Suponhamos, começava a dizer Paley, que ao atravessar um terreno pedregoso você por acaso tropece, batendo o pé em uma pedra. Pensando sobre como acontecera de a pedra estar ali, você poderia simplesmente responder que ela estivera ali desde sempre, ou talvez que a sua presença era o resultado fortuito de processos perpétuos de erosão. Ou talvez que, já solta de sua matriz no solo pelos passos dos que andavam por ali, ela fora chutada pela bota de um andarilho anterior. Mas vamos supor agora que você encontre um relógio velho e descartado, atirado no caminho. Alguém deve ter deixado cair esse relógio, pensa. Exposto aos elementos e pisado por inúmeros passantes, ele poderia estar quebrado, sem possibilidade de conserto. E como você não é um especialista em relógios, não pode ter certeza da função de suas várias partes, ou de como elas funcionam. No entanto, examinando o objeto, não pode duvidar de que, ao contrário do que acontece com a pedra, foi feito com um propósito e, portanto, de que deva ter existido, em algum lugar e em algum tempo, uma pessoa ou várias que, com este propósito em mente, o tivessem projetado como meio para se atingir o fim proposto. "Não pode haver projeto sem projetista", declarava Paley, e nem pode haver "artifício sem um responsável; ordem sem escolha; arranjo, sem qualquer coisa capaz de fazer um arranjo; subserviência e relação a um propósito, sem o que deveria esse propósito pretender; meios adequados a uma finalidade, e execução de um ofício sem consecução do seu fim, sem que o fim fosse jamais pensado, ou os meios que se adequavam a ele". E todos esses elementos, argumentava Paley (2006: 12), "denotam a presença de inteligência e mente". Um relógio pode ser quebrado ou perdido por acidente, mas nenhuma possível série de acidentes poderia ter juntado suas peças.

O relógio e a pequena lacraia

Agora, vamos supor o que é meio improvável, que em um exame posterior o relógio que você achou consiga incorporar um mecanismo que, mesmo enquanto está correndo no mostrador com seus ponteiros, também possibilite a criação de outro relógio, idêntico ao primeiro. Não poderíamos dizer, desse segundo relógio, que embora tenha todas as propriedades do seu antecessor, não seja o produto de um projeto inteligente, mas de uma operação meramente mecânica? Paley imediatamente passa a refutar semelhante sugestão. Não faz diferença alguma, diz ele, que o relógio examinado seja o primeiro, o décimo, o centésimo ou um de milhares deles, ou que sua série seja finita ou infinita, pois cada objeto dessa série, em última análise, depende do projeto original – que é muito mais notável por incluir um mecanismo adicional que permite a cada um deles se tornar réplica de si próprio. O sentido do *fazer* pelo qual o artesão fabrica o primeiro relógio é assim inteiramente diferente do sentido dado ao primeiro quando *faz* o segundo, o segundo *faz* o terceiro, e assim por diante, nas séries, pois o primeiro é fabricado seguindo um projeto inteligente, e os outros, por execução mecânica. Poderíamos dizer, de uma maneira mais formal, que enquanto a causa *próxima* do relógio *n* é relógio (*n* – 1), a causa *última é* relógio *0,* o projeto que governou a fabricação do relógio *1.* Assim, a descoberta de que o relógio, no curso de sua operação, fabrica algo semelhante a si próprio, longe de anular nossa inferência inicial de que ele seria o produto de um projeto inteligente, somente a reforça. O argumento do projeto, conclui Paley (2006: 14-15), somente é fortalecido, e não destruído.

É óbvio onde Paley quer chegar, com os seus relógios que se autorreproduzem. Pois vemos seus equivalentes no nosso entorno, nas criaturas viventes. Suponhamos, portanto, que não fosse um relógio o objeto encontrado em nosso caminho, mas uma pequena lacraia. Examinando-a de perto, temos a revelação de que é uma coisa de precisão maravilhosa, possuidora de todas as propriedades atribuídas ao relógio autorreprodutor, e mais. Como Paley chegou a demonstrar (2006: 16), "cada indicação de artifício, cada manifestação de projeto, existente no relógio, existe nos trabalhos da natureza; com a diferença, de parte da natureza, de ser melhor e maior, e em um grau que excede toda a computação". Que melhor prova existe, então, de que a sabedoria da Divindade age sobre as criaturas viventes? Mesmo se admitirmos que nossa pequena lacraia é o produto de um mecanismo de réplica instalado em seu precursor imediato, o qual por sua vez foi também produzido de modo semelhante – mesmo se, como diríamos, "trate-se o tempo todo de lacrais" –, toda a série não poderia ser estabelecida se não fosse pela concepção originária que agiu sobre ela.

Foi precisamente nesse ponto que Darwin abandonou a linha de argumentação de Paley. Ele demonstrou que, na natureza viva, o processo de *artifício* – com o qual, segundo Paley, a divindade nos provoca, como meio de manifestar o seu poder, que é completado *antes* das séries de objetos perfeitamente autorreplicantes de sua criação – realmente é prolongado infinitamente em todas as séries, geração após geração, cada qual divergindo sempre muito pouco de sua predecessora. Além disso, precisamente por não serem *totalmente* perfeitos os mecanismos de réplica é que esta evolução pode ocorrer, levando à variação e recombinação dos elementos do projeto transmitido. E o faz porque em um ambiente finito, e por conseguinte competitivo, os elementos do projeto que tendem a favorecer a reprodução de organismos que os contêm estarão proporcionalmente melhor representados em gerações futuras do que os elementos que não agem assim. É isto o que se considera seleção natural.

Na ciência de hoje, poucos comentaristas foram mais eloquentes em defesa da teoria evolucionista de Darwin do que Richard Dawkins, que em um dos muitos livros que exaltam o poder explicativo da teoria, volta à imagem de Paley sobre o relógio. O livro intitula-se *The Blind Watchmaker* (O relojoeiro cego) (DAWKINS, 1986). Declarando-se, como Darwin, admirador da *Teologia Natural* de Paley, Dawkins, porém, reafirma a falsidade da analogia do relógio com os organismos viventes. Não pelo fato de não existir até hoje relógio algum fabricado que possa realmente produzir réplicas de si, pois, afinal, Paley apenas nos pede para imaginar um relógio que pudesse fazer isso. Assim, se os organismos viventes podem se reproduzir, o relógio imaginado por Paley também poderia. E nem pelo fato de o relógio ser uma máquina, pois Dawkins está convencido de que os organismos vivos também são máquinas. Um morcego, por exemplo, é uma máquina "cujos elementos eletrônicos internos são tão providos de fios que os músculos de suas asas fazem com que ele atinja com precisão os insetos, como um inconsciente míssil guiado ao atingir um avião" (DAWKINS, 1986: 37). A analogia é falsa unicamente por um motivo: o relógio teve alguém que o projetou, ao passo que o morcego, não.

> Um verdadeiro relojoeiro tem capacidade de prever: ele projeta suas engrenagens e molas, e suas interconexões, com um propósito futuro em mente. A seleção natural, o processo cego, inconsciente, automático que Darwin descobriu, e que agora conhecemos ser a explicação para a existência e para a forma aparentemente proposital de toda a vida, não tem nenhum fim em mente. Não tem mente, e nem um olho da mente. Não faz planos para o futuro. Não tem visão, nem capacidade de prever, não tem absolutamente visão. Se dissermos que pode desempenhar o papel do relojoeiro na natureza, será o de um relojoeiro *cego* (DAWKINS, 1986: 5).

Vamos deixar o relojoeiro cego de lado, por um momento, e focar em sua contraparte dotada de visão. Uma coisa que está imediatamente aparente no relato de Dawkins é que o relojoeiro vidente não vê e nem fabrica relógios. Somente os projeta, configurando o arranjo de suas partes em seu alegórico olho da mente. A visão, aqui, não tem nada que ver com os trabalhos reais do olho, descritos por Dawkins com alguns detalhes (1986: 15-17), e nem com a ótica. Mas tem que ver com a previsão, com a habilidade de formar um plano ou representação mental, antes de sua realização material. Realmente, parece que, no que se refere a Dawkins, o relógio, assim que é projetado, é tão bom quanto o que é fabricado. Nisso, ele está de acordo com Paley, o qual igualmente pergunta como o relógio foi planejado, mas não tem nada a dizer sobre como ele poderia ter sido montado, ou sobre a habilidade e a destreza envolvidas nessa operação. E a mesma coisa acontece do lado da natureza viva. A pequena lacraia de Paley aparece na cena toda pronta, com todos seus instrumentos ou "artifícios" preparados para o uso. Assim como acontece com Dawkins, quando se tem um projeto para um morcego, realmente temos um morcego. A evolução do projeto para uma criatura, embora guiada pela seleção natural, mais do que pela inteligência divina, *é* a evolução da criatura, pois a criatura e o seu projeto são uma só coisa.

O argumento do *design*

Mas onde, exatamente, *está* esse projeto? Voltando ao cenário de Paley, quando você bateu com o pé em uma pedra o que encontrou foi a pedra e não um projeto de uma pedra. Na verdade, podemos ter certeza de que nunca houve tal projeto, uma vez que a pedra parece não ter regularidade de forma e nem responder a algum propósito. Claro que com o relógio descartado é inteiramente diferente, pois estamos certos de que ele deve ter tido outrora um fabricante que, de acordo com Paley (2006: 8), "compreendia a sua construção e projetava o seu uso". No entanto, assim como acontece com a pedra, o que descobrimos é o próprio relógio, e não o projeto de um relógio. Somente *inferimos* que o projeto tenha existido na mente do fabricante. Baseados nesta inferência pensamos que o relógio, ao contrário da pedra, é um artefato. Mas vamos considerar agora a lacraia ou o morcego. Quando encontramos uma lacraia na trilha da floresta, ou um morcego nas vigas da casa, é a própria criatura que observamos, e não o projeto de uma criatura. É uma inferência que fazemos, a de que essas criaturas tenham um projeto, que não é passível de observação na coisa viva que está diante de nós. Onde, então, pode estar esse projeto, se não na mente de um Criador onipotente?

Só pode haver uma resposta para esta pergunta. Uma resposta que está na imaginação do cientista observador. O projeto de um morcego, por exemplo, existe no olho da mente de um Dawkins. Em vez de ter sido concebido antes do aparecimento do morcego no mundo, é derivado, *ex post facto,* das observações sistemáticas do comportamento da criatura. É assim que se faz. Procure as regularidades que subjazem a quaisquer diferenças atribuíveis às particularidades de condições ambientais locais; a partir dessas regularidades, construa um algoritmo que modele como o morcego se comportaria sob quaisquer circunstâncias que poderia possivelmente encontrar. Aí está o seu projeto. Agora, suponha que esse projeto seja inserido no coração do próprio organismo, como se fosse codificado no seu DNA. Observe como o organismo se comporta ao se desenvolver em um ambiente particular e então, rápido! O comportamento parece ter sido gerado por aquele mesmo projeto. O que era um modelo *de* comportamento tornou-se uma explicação *para* ele. A circularidade deste procedimento não requer maior elaboração, e é amplamente responsável pela pressão que continua a exercer sobre nosso pensamento. Somente um fio de cabelo, então, separa o chamado "projeto inteligente" de criação divina do que a ciência atribui à seleção natural. Pois, no princípio da seleção natural, a ciência vê sua própria racionalidade perfeitamente refletida no espelho da natureza. Mais do que nos modelar como seres racionais na imagem da criação de Deus, parece ser a própria natureza que é modelada na imagem da razão científica.

Naturalmente, não estou sugerindo que qualquer cientista tenha jamais projetado um morcego, da maneira como um engenheiro poderia projetar eletronicamente um sistema de mísseis guiados. Os morcegos, por outro lado, estariam por aí e teriam evoluído, sem que qualquer cientista os observasse. Contudo, não haveria *projetos para morcegos*. E quando um cientista como Dawkins declara que esse projeto está codificado no DNA do animal, de onde controla o seu comportamento como o sistema eletrônico instalado guia o míssil, ele está propondo um argumento a partir do projeto, tão forte como qualquer um dos descobertos na teologia natural de Paley. Realmente, como observou David Turnbull e já vimos no último capítulo, para a mente contemporânea este argumento parece ser tão evidente que é muito pouco questionado. Turnbull (1993: 319), resume-o assim: "O mundo é um lugar muitíssimo complexo, cheio de mecanismos intrincados, como o olho; portanto, a seleção natural, mais do que Deus, não afeta absolutamente a lógica do argumento, isto é, que não pode existir complexidade funcional sem um projeto anterior[29]. No entanto, a preocupação de Turnbull é com o projeto que não é de formas de vidas, mas sim de formas arquitetônicas. E entre os teóricos da arquitetura, assim como entre os biólogos evolucionistas, o argumento do projeto permanece amplamente implícito, mergulhado profundamente nas premissas de sua própria pesquisa.

É verdade que alguns teóricos, em suas análises de projetos arquitetônicos, sugerem um movimento análogo ao do movimento darwiniano, na biologia.

29. Turnbull (1993: 319) está equivocado, assim, ao pensar que, ao rejeitar a ação criativa de Deus como *designer* inteligente, a teoria evolucionista rejeitou o argumento do *design*. Não foi o caso. Pelo contrário, a teoria – pelo menos em sua atual encarnação neodarwinista – depende dele.

O que aconteceria, por exemplo, se as formas da arquitetura vernacular pudessem ser entendidas como resultado da variação e da seleção de elementos transmitidos de maneira intergeracional, e recombinantes? O teórico de *design* Philip Steadman, por sua vez, chamou a atenção para as consequências manifestamente falaciosas desse movimento. Pois o efeito seria apagar totalmente a contribuição criativa de artesãos tradicionais para as formas que constroem. Eles estariam reduzidos a meros intermediários, destinados a realizar projetos inconscientemente presentes nas suas cabeças. Seu único propósito, diz Steadman (1979: 188-189), seria assistir como se fossem parteiras ao renascimento do projeto herdado, introduzindo erros pequenos e acidentais – análogos a mutações – ao fazerem isso. Mas, mesmo se o efeito de uma aplicação literal da analogia darwiniana às artes arquitetônicas fosse o de eliminar a instância criativa do construtor humano, ainda nos seria apresentado um argumento a partir do projeto. O que significa que ainda se supõe que as formas saem de projetos, ainda que seus construtores não tenham participado deles, não tenham nenhuma consciência do que sejam, e que somente teóricos do *design* analiticamente treinados são capazes de as articular.

Vimos no último capítulo, por meio do exemplo dado por Turnbull sobre a construção da grande catedral gótica de Chartres, como este argumento não só falha ao analisar o trabalho do artesão como dão mais poder às regras do que podem ter. Mas o mesmo contra-argumento poderia ser aplicado bem, em uma escala mínima, mais do que monumental, no caso do trabalho do relojoeiro. Pense um pouco sobre o relojoeiro real, em seu trabalho. Ali está ele, na sua oficina, encaixando delicadamente pequenas engrenagens e molas, juntamente com outros componentes, com um olhar próximo e observador. Ele pode usar uma lente de aumento para ver bem o que está fazendo. Antes disso, ele talvez tenha tido de fabricar os componentes individuais com metal e pedras preciosas, tarefa que exige um engajamento igualmente aproximado. Um relojoeiro que fosse realmente cego, mas cujas faculdades intelectuais estivessem intactas, poderia, em princípio, *projetar* um relógio. Ele poderia, como diz Dawkins, projetar as peças e as molas, e planejar suas interconexões. No entanto, a visão projetiva que Dawkins atribui ao relojoeiro não *construirá* um relógio. Para isso, será necessária uma visão habilitada e destreza manual. E assim como os construtores de catedrais medievais tinham de executar as coisas à medida que prosseguiam seu trabalho, seguindo flexíveis regras práticas, mais do que procedimentos precisos e estabelecidos anteriormente, também assim agiam os relojoeiros da época de Paley, pois do contrário não teriam conseguido prestar tanta atenção no que estavam fazendo.

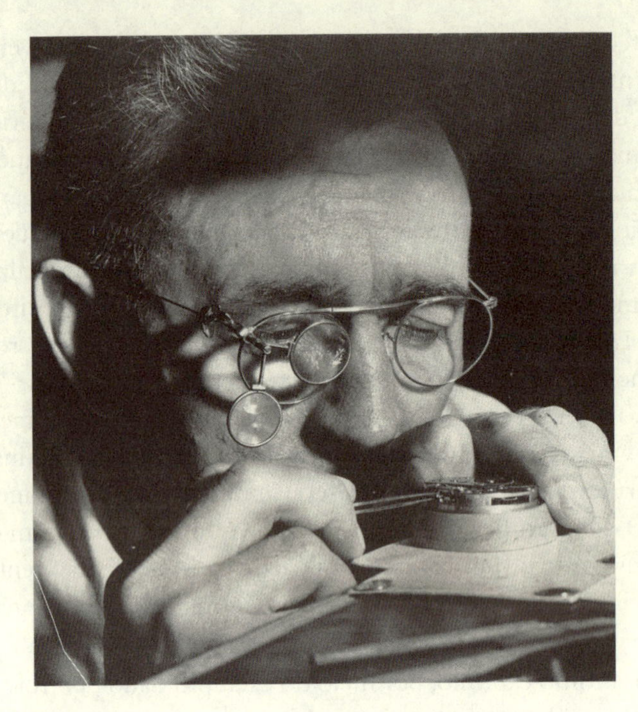

Figura 5.1 O relojoeiro trabalhando. Esta fotografia, que foi publicada no livro interno da Elgin National Watch Company, *Watch Word*, em setembro de 1949, mostra o empregado da companhia, Les Linder, efetuando os últimos ajustes no movimento de um relógio de rodovia. Agradeço à bibliotecária Betsy Vera e ao administrador das coleções de serviços, William R. Blohm, da biblioteca pública Gail Borden, em Elgin, Illinois, por encontrarem a foto e fornecerem uma cópia.

O projeto da vida cotidiana

A esse respeito, a previsão requerida do relojoeiro é de uma espécie inteiramente diversa daquela atribuída ao projetista, no debate sobre os projetos. Essa previsão não está na ideia de que literalmente algo vem *antes da visão,* mas na própria atividade de *ver no futuro,* não em *pré-conceituação,* mas no que o sociólogo Richard Sennett, em seu estudo do trabalho do artesão, chama de *antecipação*: estar "sempre um passo à frente do material" (SENNETT, 2008: 175). O filósofo Jacques Derrida tem recorrido à mesma ideia em referência à arte de desenhar, na qual, diz, a mão que desenha continuamente passa à frente das cogitações mentais. Antecipar, diz ele, é "tomar a iniciativa, estar à frente, tomar *(capere)* antes *(ante)*" (DERRIDA, 1993: 4). "Se a mente quiser envolver-se no processo da construção", escreve o teórico de *design* Lars Spuybroeck (2011: 160), "não somente deverá estar aberta, mas capaz de prever o futuro, na direção da criação ainda não conhecida". Esta não é somente uma questão de predeterminar as formas finais das coisas e todos os passos necessários para se chegar a elas, mas de abrir um caminho e improvisar uma passagem. Prever, neste sentido, é ver *dentro* do futuro, e não projetar um estado futuro das coisas no presente; é olhar para onde estamos indo, e não fixar um ponto final. Essa previsão é próxima da profecia, e não predição. É precisamente esse aspecto que permite aos profissionais avançarem no seu caminho.

É demorado fabricar um relógio. O tempo que toma não é incidental, ou capaz de ser condensado em um instante, ou em uma série de instantes. É mais um tempo de crescimento ou formação, de ontogênese. Então, o projeto do relógio continua durante a sua fabricação – na maneira como as peças reunidas nele respondem uma à outra na geração da coerência interna. O que o fabricante tem à mão, para começar, são engrenagens e molas, entre outras peças miúdas. Peças que não estão alinhadas em conjunto, em posições pré-ordenadas, pela pressão ou por alguma necessidade externa. Não são partes integrantes de um relógio, da mesma forma como os galhos encontrados pelo chão, em uma floresta, não são partes do ninho de um pássaro. Essas peças, como acontece com o ninho, tornam-se partes somente quando é processada sua reunião e há uma tendência cada vez maior para a coerência. Adquirem gradualmente um sentimento uma pela outra, *acomodam-se,* mantendo-se mutuamente no lugar, cada vez mais apertadas, à medida que o trabalho avança de maneira assintótica em direção a um fechamento, mas absolutamente sem o atingir. A tarefa do fabricante é levar as peças a um envolvimento harmonioso umas com as outras, até que possam começar – como eu diria – a *se corresponder.* Observando através dos seus óculos (figura 5.1), o relojoeiro habita um domínio que reside mais *entre* as peças, do que *sobre* ou *além* delas, ajustando cada uma em relação às outras, e servindo como uma espécie de intermediário em sua correspondência. Somente quando o trabalho está para ser completado podem as peças ser julgadas, com uma confiança razoável, como partes de um todo.

Baseado nisso, Spuybroek (2011: 67) afirma que Paley *não podia estar mais errado* na sua inferência de que o relógio encontrado acidentalmente no terreno pedregoso prova que teve um projeto inteligente que precedeu a sua manufatura, "como se coisas parecessem ser buracos com partes prefiguradas, cada uma delas restrita a um único ato". As pedras cortadas e esculpidas não são, também, partes pré-definidas de um edifício, e estaríamos igualmente errados – como já vimos – ao inferir a precedência do projeto arquitetônico de uma estrutura tão complexa como uma catedral. O projeto só se desenvolve na construção se o construtor conseguir colocar as pedras em correspondência. Spuybroek (2011: 243) sugere que nossos modelos para a arte e projetos idealmente deveriam ser desenhados não a partir da relojoaria ou da arquitetura, mas da jardinagem e da culinária.

"Um grande jardineiro ou chefe", observa, "não somente vê o estado das coisas, como sente para onde estão indo" (ibid.: 240). Eu chamei esta sensação antecipatória de previsão: uma previsão que não conecta propriamente uma ideia preconcebida a um objeto final, mas que é como um *intermediário*, em uma direção ortogonal à sua conexão, seguindo e reconciliando as inclinações de materiais alternativamente dobráveis e recalcitrantes. Você não precisa ser um jardineiro ou um chefe importante, no entanto, para fazer um projeto neste sentido, pois ele responde às experiências mais cotidianas que temos, por exemplo, à mesa do café da manhã, a partir da qual iniciamos cada dia, e de onde eu comecei este capítulo. Vamos revisitá-lo rapidamente, antes de irmos em frente.

Sugeri acima que a mesa é parecida com uma pista de corridas, na qual e em volta da qual cada objeto projetado é um obstáculo a ser transposto. O que, na realidade, não é tão difícil assim, exceto talvez para crianças pequenas que ainda tenham de aprender a manipular a colher, e cujo tamanho físico não combine com as proporções da mobília, feita para adultos. Não é difícil porque em sua ligação com um desenvolvimento fluente e habilidoso, a caixa, a jarra, a tigela, a colher e a toalha, bem como a mesa e a cadeira, não são encontradas como objetos terminados, que respondem a um projeto que precedeu e aprovou a sua manufatura. Realmente, como esclareceremos no próximo capítulo, esses elementos não são encontrados verdadeiramente como objetos, mas como coisas. Essas coisas não estão terminadas, mas servem ao seu uso assim como você faz com sua própria vida, enquanto senta para tomar seu café. O que Norman (1988) chama de "*design* das coisas cotidianas", portanto, não atinge seus fins com a sua fabricação. Para que sejam coisas, e não objetos, requer-se que sejam postas em relação umas com as outras – em correspondência – que é ela própria definida por uma narrativa de uso antecipado. O *design* cotidiano toma essa narrativa e a pendura, estabelecendo uma espécie de coreografia para o desempenho que se segue, e que permite que atue a partir do momento em que você se senta para comer. Em um trabalho tão simples como o de arrumar uma mesa – ao colocar em relação a tigela e a colher, a jarra de leite e a caixa de cereal, você projetará o café da manhã. Entre os móveis e a mesa, o seu papel é o de agir como um intermediário. Somente quando a mesa estiver toda aparelhada é que podemos dizer com segurança para que serve um determinado elemento. E isso desmente o mantra do projeto do *usuário centrado*, que coloca os praticantes como meros consumidores de objetos projetados *para* eles, e não *por* eles, para satisfazer a predeterminadas "necessidades".

Desviando da trilha e apanhando sonhos

O que, então, pode possivelmente o projeto *significar*, se não estabelecer um plano anterior à sua implementação? Se as coisas não estão nunca acabadas –

se o mundo estiver perpetuamente sob construção por meio das atividades de seus habitantes, encarregados de manter a vida, mais do que levar os projetos à conclusão especificada no seu início – poderá ainda o projeto ser diferente da manufatura? Será que projeto e construção são simplesmente duas palavras para a mesma coisa? Já notamos (capítulo 4, p. 74-77), que em algumas línguas europeias a palavra para projeto é a mesma usada para desenho. A sua sinonímia original, porém, baseava-se na ideia do desenho como esboço de uma imagem mental, geometricamente projetada em uma superfície plana. Nos escritos de figuras renascentistas como Alberti e Vasari, por exemplo, a palavra italiana para desenho, *disegno,* significava tanto a ideia como sua expressão visual. Aqui, projeto e desenho figuram como duas faces da mesma moeda, com um lado na mente e o outro no papel. E se tivéssemos de pensar no desenho de outra maneira, isto é, não como a projeção de uma imagem pronta, mas como o traço inscrito de um movimento ou gesto comparável a tecer com fios ou esculpir na pedra?

O artista Paul Klee (196: 105) fez uma descrição famosa de um desenho – seria como levar uma linha para passear. A linha que vai passear não representa ou prefigura nada. Bem diferente da linha reta da geometria euclidiana, ela não conecta pontos predeterminados. No papel, é mais o traço de um movimento do que uma declaração de intenção (MAYNARD, 2005: 66-67). Como já dissemos sobre a previsão antecipatória do trabalhador habilidoso, ela rompe um caminho, continuamente se lançando para a frente com sua ponta e traçando um caminho ao passar. Se o projeto deve ser o outro lado do desenho neste sentido, então teria de dizer respeito à antecipação do futuro. Longe de procurar finalidade e fechamento, teria final aberto, lidando com esperanças e sonhos mais do que com planos e predições. Como escreve o arquiteto finlandês Juhani Pallasmaa (2009: 110-111), "o projeto é sempre uma procura de algo que é desconhecido". É precisamente essa incerteza íntima, segundo Pallasmaa, expressa na hesitação de seu desenho, que conduz o processo criativo. No entanto, ao contrário do que acontece com corpos materiais, as esperanças e sonhos podem voar: eles não estão sujeitos aos limites espaço-temporais da vida terrena. A dificuldade está em que, ao voar, podem também facilmente se perder. É tarefa do projeto ir à sua procura e trazê-los de volta. Viajando com a luz, livre do peso morto dos materiais pesados, a linha do desenhista parece caçar os fantasmas de uma imaginação fugitiva e dominá-los antes que possam desaparecer, estabelecendo-os como sinalizadores no campo da prática, para que fabricantes e construtores possam segui-los com seu próprio ritmo, mais elaborado e mais pesado.

Pense, por exemplo, em um compositor, trabalhando em uma sinfonia. A música voa em sua imaginação como se fosse um pássaro com suas asas. E tudo o que ele pode fazer é agarrá-la e trazê-la para terra, antes que se perca por trás do horizonte de suas recordações. Com tantas pautas, uma para cada instrumento da orquestra, ele poderá gastar muitas horas de trabalho árduo para fazer a notação de uma passagem que, no concerto, duraria somente um minuto. Seria fácil compor, se não fosse pela propensão da música a ultrapassar a sua inscrição material. E este não é um problema restrito à composição musical. Como escreve o filósofo Maurice Merleau-Ponty (1968: 151), "o artista que sente a música 'cantar através dele', descobre que deve 'preparar seu arco' para segui-la". O arquiteto Álvaro Siza compara a tarefa de projetar um edifício a tentar descobrir um personagem, ou um bando de personagens que estão sempre fugindo dele. O seu problema é parecido com o do romancista, cujos personagens conseguem ultrapassar a sua capacidade de descrevê-los. É vital não os perder (SIZA, 1997: 51). "Na escrita, como no desenho", observa Serge Tisseron (1994: 36), "o pensamento dispara como um cavalo selvagem, que mais tarde será capturado e domado, preso à linha que a mão mantém no papel". O escritor, ou o desenhista, assemelha-se ao homem que é arrancado de um navio por uma onda: a linha é a corda à qual está dependurado (TISSERON, 1994: 37). Até mesmo os pintores são desafiados a controlar suas fugazes visões de um mundo evanescente, antes que elas escapem. "É o medo de não caminhar com a rapidez necessária", escreveu Charles Baudelaire, "de deixar escapar o fantasma antes que a síntese tenha sido extraída e contida; é o terrível medo que se apodera de todos os grandes artistas e lhes dá um desejo tão apaixonado de se tornarem mestres de cada meio de expressão, para que as ordens do cérebro não possam nunca se perverter pelas hesitações da mão" (apud BAUDELAIRE, 1986: 17). Enquanto o frenesi da criação que Baudelaire evoca tão vividamente impele os profissionais a avançarem sempre, como se estivessem na crista de uma onda, a hesitação do corpo e o peso dos materiais perpetuamente os mantêm atrás. Parece que o compositor, artista, arquiteto, escritor, desenhista e pintor estão, todos eles, continuamente presos entre o alcance antecipatório da previsão imaginativa e o arrasto tenso ou friccional do desgaste material – da pena no papel, do arco sobre as cordas, ou do pincel sobre a tela.

O truque, então, é poder conter a previsão que percorre a distância como uma flecha, para controlar o engajamento da visão de primeiro plano, até mesmo míope, necessária para se trabalhar com materiais. Recentemente, o antropólogo Rane Willerslev (2006), argumentou que uma das singulares propriedades da visão, que a faz se distinguir de outras modalidades sensoriais (incluindo a audição e o tato), é que ela reúne a previsão e a visão de primeiro plano, chegando até a fazer da primeira uma *condição* para a segunda. A inspiração para este movimento vem da declaração de Merleau-Ponty de que "ver é *ter a distância*" (MERLEAU-PONTY, 1964: 166). Em relação à audição e ao tato, quando nos aproximamos de algo o limite entre nós e a coisa começa a desaparecer e eventualmente se dissolve totalmente. Nós nos misturamos com a coisa. Na visão, pelo contrário, se nos aproximarmos demasiadamente de uma coisa, não poderemos mais vê-la.

Para ver, pelo menos com visão binocular, devemos manter certa distância. Nesse distanciamento, temos possibilidade de ter uma espécie de autoconsciência reflexiva. Não somente vemos, mas vemos a nós próprios, vendo. Esta autoconsciência, portanto, é o que torna possível a aproximação de outra coisa ou outro ser, donde o engajamento material com essa coisa ou ser, sem realmente nos fundirmos com eles. Esse é um pré-requisito para caçar, por exemplo. Para ter sucesso, o caçador deve se identificar com sua presa, mas se tivesse de se fundir com ela as consequências seriam fatais. Da mesma forma, o artista que está pintando uma paisagem deve imergir no ambiente sensorial, embora permaneça ainda afastado dela. É difícil imaginar, conclui Willerslev (2006: 41), como isso poderia ser conseguido, sem a visualização.

Contudo, não tenho tanta certeza. Em primeiro lugar, se a visão é uma condição para a autoconsciência, isso nos deixa sem entender como os seres humanos que são deficientes visuais possam ter consciência deles próprios – como têm, evidentemente. Ou como os seres não humanos, animais (mesmo os dotados de visão binocular), aparentemente não têm. Por outro lado, quem quer que tenha sido obrigado a procurar seu caminho na escuridão completa, confiando somente na percepção auditiva ou táctil, sabe que os sentidos da audição e do tato também podem levar a uma avaliação da distância, tal como o da visão. Podemos nos assustar com os sons, e recuar ao tocar alguma coisa. Seja como for, é convicção geral que, no processamento de um projeto de construção, prevalece a ideia de que os engajamentos da visão de primeiro plano são guiados pela previsão. Já disseram que os pintores não podem ver o que estão pintando, já que estão demasiado próximos da tela, da mesma forma como os compositores não podem ouvir – e até mesmo que os escritores não podem lembrar do que estão escrevendo (DELEUZE & GUATTARI, 2004: 544). Mas seria mais acertado, talvez, dizer que a habilidade particular de pintores, compositores e escritores consiste na prática de manter distância enquanto estão concentrados no seu esforço de aproximação. Como afirma Wiillerslev, a analogia com a caçada é perfeita. Os caçadores frequentemente sonham com os animais, antes de encontrá-los. Da mesma fora, artistas, arquitetos, compositores e escritores esforçam-se para captar os *insights* de uma imaginação sempre disposta a atirar a distância, e a trazer de volta esses *insight*s para o imediatismo do engajamento material. *Como os caçadores, eles também são coletores de sonhos.* Parece que os empreendimentos humanos estão sempre colocados entre coletar sonhos e controlar materiais. Nessa tensão, entre o avanço de esperanças e sonhos e a coação de limitações materiais, e não em qualquer oposição entre intelecção cognitiva e execução mecânica, está a relação entre projeto e construção. É precisamente onde o alcance da imaginação encontra a fricção dos materiais, ou onde as forças da ambição roçam nas bordas ásperas do mundo, que a vida humana é vivida.

6
Mausoléus e o céu da terra

Tornando-se terra

Se você amontoar alguma coisa durante um período de tempo, sempre aumentando o topo da pilha e permitindo que sedimente, geralmente se forma um monte meio circular, em elevação plana, cônica, ou em forma de sino. Em escala miniatural, podemos observar esse processo de formação de monte na areia de uma ampulheta. Em uma escala gigantesca, isso pode ser observado na formação dos cones vulcânicos. De montículos a formigueiros, os montes de terra são as formas mais comuns, na natureza. Também resultam frequentemente de atividades humanas – pensem nos sambaquis, nos monumentos de pedras, castelos de areia, e montes de compostagem, lixo e escórias. Em cada um desses casos, a forma redonda emerge espontaneamente, devido ao modo pelo qual a pressão do material acrescentado de cima desloca o material já depositado de modo igual em todas as direções. Poderíamos dizer que os montes são criados justamente porque o material de que são feitos é continuamente acrescentado. Cada partícula, ao cair, eventualmente descobre o seu mais ou menos duradouro lugar de repouso. A artista brasileira Laura Vinci trouxe esse processo à vida em um trabalho que simultaneamente demonstra as dinâmicas da produção de um monte – enquanto uma esteira transportadora continuamente transporta mármore finamente moído de um monte para outro – e comenta sobre o impacto ambiental da mineração industrial de Minas Gerais. O seu trabalho, intitulado *Máquina do mundo,* é descrito pela própria artista como uma *antimáquina* que inverte os valores de permanência, solidez e atemporalidade associados com a arquitetura e a estatuária clássica, usando o próprio material que exemplifica esses valores – o mármore branco – para ressaltar os princípios contrários de durabilidade, transformação e passagem do tempo.

Figura 6.1 A *máquina do mundo*, instalação da artista Laura Vinci. Foto de Denise Adams, reproduzida por cortesia da artista.

A distância, o monte que aumenta de tamanho parece um cone perfeitamente formado. Olhando de perto para a superfície, no entanto, ele cresce de acordo com o movimento, à medida que cada partícula acha seu caminho, pressionada sob o impacto de todas as outras. Um exame aproximado da superfície de um formigueiro em formação o revela como um centro de atividade (figura 6.2). A esse respeito, o monte é o extremo oposto do edifício. Se a *Máquina*, de Laura Vinci, é na realidade uma antimáquina, então o monte é verdadeiramente um antiedifício. No capítulo 4 introduzi a ideia clássica do arquiteto como alguém que lança os alicerces sobre os quais outros constroem. Na construção de um edifício arquitetônico cada peça sucessiva é cuidadosamente colocada sobre a anterior, de maneira que o equilíbrio estático seja mantido. A permanência e a integridade da estrutura dependem da maneira pela qual o material adicional é posicionado, através do seu ponto de contato com o que já foi colocado, sem causar nenhum movimento ou deslocamento a mais. Na construção de uma torre de blocos de pedra, por exemplo, cada camada de blocos tem de ser acrescentada de tal maneira que assente com precisão na camada precedente, a qual por sua vez assenta sobre a camada anterior, sempre da mesma maneira, desde os alicerces. Sem alicerces fixos e sólidos, o processo da edificação não poderia nem mesmo ser iniciado. Em última análise, portanto, cada edifício deve ser assentado sobre fundamentos instalados na terra. Se os alicerces desabarem, devido a afundamento ou tremores, toda a estrutura poderá desabar. Se e quando isso acontecer, o resultado muito provavelmente será um monte de pedras!

Mas o monte de terra não tem alicerces. Ele não se completa nunca. Pode-se sempre continuar a acrescentar material a ele. O crescimento do monte, como demonstra a *Máquina* de Laura Vinci, não termina nunca. À medida que se eleva em altura, também se expande em sua base. Mas, embora cada partícula do monte se sobreponha às outras, o monte como um todo não se sobrepõe à terra. A esse respeito, a instalação da artista é um tanto errônea. Para seu propósito de exibição, ela é colocada em um chão pré-preparado de uma galeria interior. É fácil para nós, então, distinguir o material do chão, com sua superfície plana, sólida e homogênea, do material do monte que está se formando sobre ele. Além dessa situação meio artificial, contudo, não podemos dizer com segurança onde o monte termina e onde começa a terra sobre a qual está assentado. Pois o monte, com sua superfície plana, sólida e homogênea, tanto faz parte *da* terra como está *sobre* ela. Realmente, sua forma emergente demonstra como o contínuo processo de acréscimo de material transforma sua deposição em enterramento. O que é depositado hoje transforma-se amanhã em substrato, enterrado sob os últimos sedimentos. Podemos dizer que, assim como o monte de compostagem ou o formigueiro, o monte também está *se transformando em terra*. Na verdade, o monte nos faz reconhecer que a própria terra não é o substrato sólido e preexistente que o construtor de edifícios pensa que seja. É antes a fonte de toda vida e crescimento. As plantas crescem na terra, e não sobre ela, e é dela que os animais – incluindo os seres humanos – tiram a sua subsistência. Os materiais tirados da terra, metabolizados e decompostos por processos da vida, são eventualmente devolvidos a ela, estimulando um crescimento maior. Neste sentido, a terra está perpetuamente crescendo, e por isso os arqueólogos têm de cavar para descobrir provas de vidas passadas (INGOLD, 2008a: 31). Formado no processo de vida que se transforma em terra, o monte poderia ser visto como um acréscimo ou um inchaço, manifestado como um caroço na superfície do solo. Mas não é um edifício erguido sobre ele.

Figura 6.2 Tornando-se terra: um ninho de formigas florestais, fotografado na praia do Lago Pielinen, no leste da Finlândia (cortesia de Susanna Ingold).

Em muitas regiões do mundo, a terra está salpicada com esses montes de tamanho, localização e composição que levam os especialistas em pré-história a acreditar, não sem razão, que são os resultados da atividade humana passada, embora permaneça o mistério precisamente sobre o que essa atividade possa ter acarretado, ou qual tenha sido o seu propósito (LEARY; DARVILL & FIELD, 2010). Contudo, a maior parte desses especialistas, convencidos de que qualquer espécie de fabricação ou de edificação envolve a projeção da forma no mundo material, tendem a considerar o monte como uma obra de escultura feita de terra, respondendo às especificações de um projeto preconcebido. É como se os construtores de montes, enquanto amontoavam terra e pedras, tivessem uma ideia de como sua obra resultaria, no final, e continuassem a amontoar até que a altura, o diâmetro e os contornos do material acumulado preenchessem suas expectativas. Vamos imaginar que estamos equipados com uma máquina do tempo que nos permita revisitar o pessoal que, no passado distante, estava vivendo nesses lugares onde hoje há montes redondos[30]. Vamos perguntar a eles o que é que estão fazendo. Talvez eles respondam que estão enterrando seus mortos, ou que estão reunidos para resolver seus problemas. Poderiam dizer que estão realizando ceri-

30. Mesmo que estivéssemos de posse de uma máquina do tempo, não disporíamos imediatamente de todas as respostas. Como nota Gavin Lucas, isso apenas substituiria uma série de problemas por outra (LUCAS, 2005: 118-119).

mônias para restaurar a fertilidade da terra. Poderiam até mesmo dizer que estão depositando seu lixo, ou simplesmente construindo e reconstruindo no mesmo lugar, como inúmeras gerações antes deles fizeram.

A única resposta que muito provavelmente não dariam, porém, seria a de que estão "fazendo um monte". Em outros termos, o monte que nos confronta hoje é o subproduto acumulativo de todas as espécies de atividades, continuada durante longos períodos, e não somente por seres humanos. Animais escavadores, de vermes a coelhos, participaram da evolução do monte. As raízes das árvores, arbustos e grama, tecendo o seu volume, o ajudaram a se fixar. O tempo, e mais do que tudo a chuva, o modelaram internamente e externamente na criação de padrões de drenagem e de esgotamento. Essencialmente, esses processos orgânicos e hidrológicos continuam no presente, como sempre fizeram no passado. Observar o monte hoje é testemunhar a sua continuidade. Pode-se dizer que o monte continua no seu *amontoamento.* Isso é não o ver como objeto terminado, instalado em suas bases e colocado contra o seu entorno, mas como um local de crescimento e regeneração onde os materiais que surgem da terra se misturam e se harmonizam com os fluxos do tempo, na produção contínua da vida. O monte não nos deu as costas, como poderíamos supor, escondendo segredos dentro de seu interior escuro e fechado, que podemos descobrir somente quando construímos túneis. Pelo contrário, ele está aberto ao mundo. Como um sempre emergente produto do intercurso de forças cósmicas e materiais vitais, o monte não é construído, mas cresce.

Figura 6.3 O monte de terra. O monte de Pitnacree, em Pertshire, visto a partir do sul. © Cortesia da Comissão Real para os Monumentos Antigos e Históricos da Escócia (J.M. Coles e D.D.A. Simpson). Licença por www.rcahms.gov.uk

Monte e monumento

Nas convenções da pré-história, os *rounds mounds* [*montes redondos*] são geralmente classificados e conservados como monumentos antigos, para possibilitar dois pressupostos: primeiro, que eles foram projetados e construídos para durarem perpetuamente como um testemunho do procedimento dos que os construíram ou os encomendaram; segundo, que, tendo sido construídos em um momento histórico particular, pode ser atribuída a eles uma certa antiguidade. Em outras palavras, podemos, em princípio, dizer qual é a sua idade. Esses dois pressupostos, na minha opinião, são falsos. Vou tratar separadamente dos dois: o primeiro nesta seção, o segundo na próxima.

A história está entulhada com os produtos de tentativas monumentais de colocar um fim nisso. Inúmeros edifícios, designados por seus arquitetos para atestarem sua imortalidade, jazem enterrados e esquecidos, perdidos na névoa do tempo. Outros, redescobertos e escavados por arqueólogos a serviço do projeto moderno de construção de uma nação, receberam nova licença de vida, em um idioma que, no entanto, consigna o passado a uma idade heroica e desaparecida. Realmente, os paradoxos dos monumentos é que podem servir como memoriais somente por terem fracassado no objetivo determinado para eles pelos poderes que originalmente decidiram sobre a sua construção. Se tivessem sido um sucesso – isto é, se seus arquitetos tivessem conseguido, nas palavras do antropólogo Vincent Crapanzano (2004: 169), "encerrar a memória no seu além", e, portanto, eternizar a si próprios – então não haveria gerações futuras para contemplá-los e se maravilharem pela maneira como foram criados[31]. Impressionantes quanto à sua permanência e solidez, as estruturas monumentais imaginadas pelos seus construtores para lhes conferirem uma vida duradoura forneceram uma prova irrefutável, aos que vieram sucessivamente depois deles, de que o passado está morto e enterrado. Como baleias que vêm dar à praia, parecem ter sido abandonados nas praias da história, enquanto o tempo passa. Ao fazer isso, aumenta cada vez mais a distância entre um passado perdido e o presente vivido. Pois enquanto o monumento fala *por si*, nomeando ou preservando a semelhança daqueles que comemora, também fala *para si,* no idioma e na linguagem do seu tempo. Visitar um monumento é ficar ouvindo conversações passadas que não podemos mais compreender totalmente, ou que são compreensíveis somente para especialistas em antiguidades. Eles existiam antes, e nós existimos agora.

---

31. Em uma ode, *Exegi monumentum aere perennius*, o poeta romano Quintus Horatius Flaccus descreve o monumento perfeito: ele "não pode ser destruído por uma chuva persistente, nem pelo selvagem vento do norte, nem por pela inúmera procissão dos anos e pelo escoar do tempo. Não morrerei de todo" (WEST, 2022: 259). Traduzido a partir do inglês [N.T.].

O que não quer dizer que o monumento não conserve lembranças, para nós. Talvez esteja em um lugar que visitamos frequentemente, e que gerações de nossas famílias visitaram também, previamente. Podemos ter velhas fotografias para provar isso e, olhando saudosamente para as figuras nas fotos, exclamar que "eles são nós!" Esta espécie de trabalho de memória nos permite contar histórias que fluem tão suavemente do passado para o presente como fazem nossas próprias vidas. O monumento permanece como um foco, durante todo esse tempo. Mas o que ele registra, se é que registra, é incidental para as histórias que contamos. Lembramos que o visitamos, como outros antes de nós fizeram. São estas últimas pessoas, e não as pessoas imortalizadas pelo monumento, que trazemos para nossas conversas. Como observa a historiadora Mary Carruthers (1998: 40), "é um erro comum confundir a atividade de lembrar com as 'coisas' que os humanos podem usar para localizar e provocar as suas lembranças". Carruthers se refere às procissões litúrgicas dos antigos peregrinos medievais, quando iam de lugar a lugar. Para eles, pouco importava o fato de permanecerem ou não nesses locais quaisquer registros dos personagens e dos eventos com os quais estavam associados. O que havia de real e autêntico nesses locais, para eles, não estava nos objetos que poderiam ser encontrados ali, mas no *trabalho de memória*, o pensamento, ao qual elas serviam de pistas" (1998: 42). Locais de peregrinação são locais em que esse trabalho de evocação se realiza, e não cápsulas nas quais são preservadas suas relíquias mais duráveis. Pelo contrário, como o destino de tantos monumentos revela, o encapsulamento do passado em tais relíquias não garante que ele será lembrado.

Agora, sem dúvida alguma os montes redondos são, e têm sido durante muito tempo lugares de lembranças. A lembrança se realiza nas próprias atividades que nós – como nossos predecessores – desenvolvemos em torno deles, andando, cultivando, escavando, e assim por diante. Como lugares de peregrinação, muitos deles são conhecidos como lugares sagrados, frequentemente situados ao longo de rotas de viagem que têm sido usadas desde tempos imemoriais. No entanto, a maioria deles são tão inconspícuos que dificilmente podem ser descobertos hoje, e frequentemente será preciso recorrer ao conhecimento de algum morador local, treinado para vê-los. Sua qualidade mais extraordinária, como observa o geógrafo e historiador Kenneth Olwig, em referência aos montes que se enfileiram por toda a paisagem rural da Jutlândia, no que hoje é a Dinamarca, consiste em "sua anonimidade sem marcas e na ausência de signos monumentais" (OLWIG, 2008). Convencido, no entanto, de que eles devem ser monumentos, e assim cápsulas do passado, gerações de arqueólogos sentiram-se impelidos a uma busca incessante de algum segredo interior – um núcleo de significado que os construtores originais do monte teriam deixado dentro dele, como um registro duradouro de suas vidas e feitos. Se ao menos algo espetacular pudesse ser descoberto no coração do monte, pelo menos saberíamos, finalmente, quem os construiu e por

quê. Embora os montes possam chamar a atenção como lugares que devem ser cavados, frequentemente se transformam em nada mais nem menos do que lugares que mereceriam ser escavados em qualquer outro lugar. Para os arqueólogos de hoje, está precisamente na descoberta, e não em o que (se algo) é descoberto, que o trabalho da memória se realiza. Isso deve ter sido também verdadeiro para as pessoas, no passado. É provável que o motivo da construção dos montes, no decurso de milênios, tenha sido o próprio processo de tentar descobrir coisas, ou alternativamente, o de tentar descartar coisas.

A antiguidade das coisas

Assim, enquanto o monumento arquitetônico, originalmente projetado e construído para durar toda a eternidade eventualmente afunda nas areias do tempo, o monte redondo – de maneira tranquila e inconspícua – continua a se amontoar. O que quer dizer, ele *perdura*. E isso nos leva a outra afirmação. É certamente muito correto perguntar a um monumento qual é sua idade. Responderíamos que ele data daquele momento definidor quando uma forma, que até então estivera presente somente como uma ideia, foi unificada com o que até então era material rude e sem forma, para se criar uma obra acabada de arquitetura. Algum trabalho arqueológico de tipo detetivesco poderia ser necessário para se descobrir quando esse momento ocorreu, mas não temos dúvida de que tenha existido. Mas como seria se tivéssemos de fazer essa mesma pergunta a uma montanha? Como poderíamos datá-la, mesmo em princípio? Pois a montanha nunca foi criada e nem construída. Ou antes, assumiu uma forma gradualmente e – para os comuns mortais –, de maneira imperceptível, em grandes períodos geológico, através de processos de deposição, compressão, levantamento e erosão que ainda hoje se processam, como sempre fizeram. Esses processos não começaram em determinado momento do tempo, e nem foram finalizados. O monte não é, e nunca será, terminado. Assim, não há trabalho detetivesco de parte do geólogo que possa ser suficiente para determinar a sua idade ou antiguidade. É uma questão que nem mesmo pode ser colocada à montanha, quanto mais respondida, já que os monumentos podem ser antigos, mas as montanhas não podem.

O que acontece então com o monte? Podemos estabelecer a sua idade? Aparentemente ele é mais artificial do que uma montanha, mas mais natural do que um monumento, situa-se a meia distância dos dois. No entanto, é grande a diferença entre o natural e o artificial, e com isso a questão da antiguidade baseia-se no axioma do modelo hilomórfico de construção – é a imposição da forma pura que leva naturalmente o material primário a um estado artificial. O fenômeno do monte nos obriga, porém, a rejeitar este axioma. O monte certamente difere da montanha por ser mais próximo da escala humana, e sua formação sem dúvida alguma deve mais que a da montanha ao trabalho dos seres humanos e de outras criaturas viventes. No entanto, como acontece com a montanha, a sua forma está sempre emergindo através do jogo de forças e materiais. Além disso, ao usarmos este argumento para o monumento, a questão de sua antiguidade, que inicialmente nos parecera tão simples, começa a parecer muito mais complexa. Por que deveríamos datar um monumento a partir do momento em que foi construído? Não será este apenas um ponto relativamente arbitrário na vida de uma coisa e dos materiais que a constituem? Suponhamos, por exemplo, que o monumento seja feito de pedra. Antes mesmo das pedras serem colocadas, foram escolhidas e cortadas, e mesmo após o trabalho do pedreiro, a estrutura permaneceu sujeita a intempéries, erosão, uso e desgaste, necessitada de uma intervenção restauradora periódica. Na construção, como observamos no capítulo 4, nunca se acaba de terminar um edifício. Como, então, poderia a sua origem ter sido realmente uma origem? Será que não deveríamos antes concluir, das coisas fabricadas ou construídas, bem como das coisas crescidas, que elas estão sempre sendo iniciadas?

Por que, diante dessas questões, a arqueologia permanece tão engajada à determinação inequívoca da antiguidade das coisas? A resposta, penso, está no seu empenho em tratar essas coisas como se mantivessem um *registro* de tempos imemoriais. Para que uma entidade de qualquer espécie se torne parte desse registro arqueológico, deve manter um ponto de origem, retrocedendo cada vez mais do horizonte do presente, enquanto o resto do mundo continua a mover-se. Em sentido contrário, as coisas que continuam, que sofrem contínua geração, ou, em uma palavra, que *crescem,* não podem fazer parte desse *registro.* Será, então, que não têm mais interesse arqueológico? Claro que não. Mas têm um interesse fundamental para uma arqueologia interessada no que Cornelius Holtorf (2009: 37) chamou de "passadismo" das coisas, mais do que na sua antiguidade, ou no que chamaríamos de sua perduração. O que importa, na arqueologia da perduração não é a determinação das datas, mas a habilidade de seguir as coisas através de suas trajetórias temporais, do passado para o presente. Segundo o geógrafo Torsten Hägerstrand (1976: 332), tudo o que existe, dos organismos vivos aos instrumentos de pedras, tem a sua trajetória; cada coisa é um fio da "grande tapeçaria da Natureza que a história está tecendo". É assim que o machado de mão tem a sua trajetória; o mesmo acontece com o relógio e com a catedral, e assim é feito pelo monte redondo: cada coisa dessas continua seu próprio caminho, e tem – ou melhor, *é* – o seu próprio registro dos processos e ocorrências que intervieram em sua formação.

Realmente, a própria palavra *record* [registro] sugere, em inglês, *cord* [corda, fio] que é *re*-coberta ou *re*-cuperada. Para recuperar ou dar corda novamente em uma coisa, é preciso pegar um fio da "grande tapeçaria" de Hägerstrand e puxá-lo até o presente. Mas transformar essas coisas, esses *re-cords,* no registro, é cortar as próprias cordas que permanecem no trabalho, e deixá-las tombar como aparas no chão. O registro é uma coleção dessas aparas: é o livro de recortes da história. Em escala plena e em três dimensões, esses livros são nossos museus. Dentro deles, datados e bem cuidados, as coisas envelhecem a cada dia que passa, mas seu envelhecimento é artificialmente interrompido. Ao ar livre, o monte continua a se acumular, envelhecendo o tempo todo sem, contudo, ficar velho.

A forma da terra

Voltaremos ao registro (capítulo 8), em relação a uma experiência de se fazer cordas. Por ora, vamos revisitar o monte redondo. Imagine um viajante caminhando em direção ao monte por uma das trilhas muito usadas que levam até ele. Uma vista estende-se diante e em torno dele, com a terra abaixo e o céu acima, divididos ao longo da linha do horizonte. O monte aparece nesta linha mais como um caroço inconspícuo. Mas, como já demonstrei, o monte não é um edifício. Ele não se ergue sobre fundações sólidas. Pelo contrário, está deitado. Como uma figura de uma pessoa tombada, adormecida, ele está ao mesmo tempo *sobre* a terra e *saído* da terra. Suponhamos que o viajante, tendo chegado ao monte, o siga e se deite sobre ele. Imediatamente o horizonte desaparece por trás da periferia de sua consciência visual, que se funde com a faiscante luminosidade do céu, enquanto o seu corpo é envolvido pelo abraço da terra úmida. Assim, a terra e o céu, em vez de serem divididos ao longo da linha do horizonte distante, são unificados no próprio centro do lugar ocupado pelo viajante. O que, a distância, parecera ser apenas um pequeno cisco, abre-se do interior para revelar a imensidão ilimitada do que eu, de ora em diante, chamarei de *mundo da terra e do céu.* Seria essa a experiência do próprio monte, se ele tivesse o dom da consciência sensorial, como realmente seria a de qualquer corpo ou corpos enterrados sob ele. Muitos – mas não absolutamente todos – os montes redondos incorporam túmulos, e a partir da perspectiva dos mortos evidentemente eles teriam sido preparados para repouso em um mundo da terra e do céu. Eles ainda estão lá, enterrados na terra, mas olhando para o céu, pelo menos até serem desenterrados pelos arqueólogos.

A mudança na perspectiva, a partir do movimento em direção a um lugar vazio no horizonte, e a fusão em um mundo da terra e do céu, estão associadas com a transição da vida para a morte. Em outro sentido, porém, o monte redondo manifesta o mistério da própria vida, comparável ao mistério associado na cosmologia Indo-Europeia com o número zero, significando o nada incognoscível do qual tudo deriva. Da mesma forma, como observa Olwig (2008: 33), de um "esvaziamento semelhante ao de um útero" do monte, todo um cosmos se desenvolve. O significado do monte, então, é – ou pelo menos era – não somente cosmológico, mas também político. Na Jutlândia, como em todo o sul da Escandinávia, muitos montes levam o nome de *Tinghoj* (Colina da coisa). Em plena Idade Média, a *ting* continuou a ser um local de reunião para o qual convergiriam os habitantes da vizinhança, para resolver seus problemas. A *landskap* (terra modelada) – do inglês arcaico *sceppan* ou *skyppan* ("modelar") – referia-se no uso, naquele tempo, de uma expansão imprecisamente delimitada de terra, ligada às práticas costumeiras e sujeita às leis não escritas dos que se reuniam naquela *ting*. Assim, havia desde os tempos antigos uma conexão intrínseca entre a paisagem e a coisa. De um lado, como uma reunião, um enovelamento de cursos de vida e caminhos de atividade – a coisa *envolve* a paisagem. De outro lado, como uma fonte de lei, a coisa está *envolta* na paisagem – nas práticas guiadas por ela da habitação e da moradia, e na preparação do solo.

Nesta relação entre envolver e se desvelar, o monte mais uma vez difere do monumento. Na *Ting*, escreve Olwig (2008: 33), "a lei era votada à memória viva, enquanto o monumento literalmente cinzelava a memória na pedra morta". No monte, o passado é reunido como uma matriz para a continuação da vida; no monumento, o passado é deixado de lado e sobrevive somente como uma relíquia. Onde a coisa-monte nos acolhe como participantes no seu monte, o monumento nos fecha fora dele. Está acabado, terminado. Ereto diante de nós como um *fait accompli* (fato dado), ele apresenta somente suas superfícies exteriores congeladas à nossa inspeção. Muitos antigos lugares-coisas, naturalmente, são agora designados como monumentos antigos, e são assiduamente preservados no que se pensa serem suas formas finais. Para os visitantes, deixar marcas ou traços de sua presença em tais lugares não é mais contribuir para a sua formação, mas ameaçar a sua preservação. Um túmulo antigo, por exemplo, é somente uma pilha de pedras que aumenta de tamanho porque cada viajante, passando por determinado lugar, acrescenta a essa pilha uma pedra apanhada no caminho, como uma lembrança de sua viagem. Mas um desses montes designados para ser preservado como monumento, deveria permanecer intocado: acrescentar ou remover qualquer pedra seria cometer um ato de espoliação.

É precisamente esta mudança de um uma coisa-monte em evolução perpétua para um monumento já terminado que diferencia a modelagem da terra, no sentido moderno, de seu precursor medieval. Na Idade Média, uma *landskap* era formada pelo trabalho nos campos e nas florestas, segundo a lei da *ting*. O sentido moderno da modelação da terra, pelo contrário, não tem raízes na prática agrária, mas na arquitetura. Já vimos (capítulo 4) como, para distinguir o arquiteto do carpinteiro, Leon Battista Alberti procurou distanciar a ideia da arquitetura da artesania prática do trabalhador diarista, e considerá-la como a forma pela qual o intelecto contribuiu para sua construção, independentemente e anteriormente ao trabalho da construção. Depois, o conceito de paisagem sofreria uma transformação equivalente: dos trabalhos de modelação da terra dos fazendeiros e lenhadores à projeção cenográfica dos artistas e arquitetos. No vocabulário da estética pós-renascentista, a paisagem servia simultaneamente ao palco e ao cenário, fornecendo não somente a fundação sólida sobre a qual o monumento é erigido, mas também o pano de fundo cênico contra o qual ele pode ser exibido, ou *posto em ação*, com maior vantagem. Juntos, o monumento e a sua paisagem eram tidos como compreendendo uma totalidade completa e inteiramente formada. Aqui, seguindo os preceitos do modelo hilomórfico, a terra deve escapar, como substância material, à forma abstrata, e a terra ser moldada por sua unificação.

Através da porta

É com esses preceitos que o historiador Simon Schama abre sua obra-prima sobre *Landscape and Memory* [Paisagem e memória]. O cenário, diz, "é construído tanto a partir dos estratos da memória como das camadas de rocha [...], é a nossa percepção modeladora que faz a diferença entre a matéria-prima e a paisagem" (SCHAMA, 1995: 7, 10). Talvez vocês gostassem de se juntar aos estudantes que fazem o curso *dos 4 As*, e a mim, ao deixarmos a sala de aula para caminhar lá fora, ao ar livre. Tentamos demonstrar para nós próprios a ideia, tão articulada por Schama para nossa época, de que é a percepção que dá forma e molda o mundo que nos rodeia. Nosso passeio começou no sopé da colina de Bennachie, não muito longe da cidade de Aberdeen. Com suas encostas íngremes e seu pico nodoso, elevando-se de um terreno relativamente plano, a colina é um marco proeminente do horizonte do condado de Aberdeen, e é popular entre os viajantes que podem se aventurar por trilhas florestais e níveis mais baixos, ou subir pelos caminhos até o topo aberto, coberto de urzes, coroado por uma impressionante obra pré-histórica feita de terra ou um "forte de colina".

Antes de iniciar nossa palestra, líamos um artigo escrito pelos arqueólogos Christopher Tilley, Sue Hamilton e Barbara Bender. Eles haviam trabalhado em Leskernick Hill, uma das numerosas colinas de Bodmin Moor, no condado da Cornualha [Corwall]. Espalhados em uma das encostas da colina estão os restos de uma aldeia que evidentemente foi habitada há cerca de 2500 anos, mas que fora abandonada e virara uma ruína. Um visitante que caminhasse pelo brejo hoje encontraria um monte de pedras, de todos os tamanhos e formatos, com suas superfícies limpas e desgastadas por milênios de intempéries. Na visão de um contemporâneo, é como se essas pedras tivessem já encontrado seus lugares fixos e finais de descanso, em uma terra já formatada. Não é assim, porém, que a paisagem seria vista pelos seus habitantes antigos, que incorporavam muitas dessas pedras na construção de suas casas e nos muros que circundavam seus campos. Para eles, a pedra teria sido um material vital em uma terra onde estivessem ativamente trabalhando, pelo árduo esforço físico da construção e do cultivo. Tilley e seus colegas estavam determinados a compreender como teria essa paisagem parecido para esses trabalhadores pré-históricos. O seu objetivo, diziam, era "perceber Leskernick Hill a partir de dentro, e não olhando para ela como se fosse uma pintura" (TILLEY; HAMILTON & BENDER, 2000: 60).

Uma de suas experiências era gastar algum tempo procurando o que restava das soleiras de portas das casas originais. Queriam saber como um aldeão teria visto a paisagem, da porta de entrada de sua casa. Mas, como haviam sobrado somente os alicerces das casas, até a altura aproximada de um metro, esse dado era difícil de ser registrado. Para facilitar as coisas, eles construíram um *umbral* com a forma de uma moldura de madeira retangular e leve. Levando essa moldura de porta em porta, registravam os aspectos da paisagem visíveis através dela, em cada casa. Segundo o seu relatório, contudo, este procedimento tinha um efeito dramático e não intencional, na sua maneira de ver. Limitando, controlando e definindo o campo de visão, a moldura transformava a paisagem em um quadro. Contrariando totalmente sua intenção original, eles descobriram que estavam olhando para a vista segundo o modo tradicional da arte paisagística (TILLEY; HAMILTON & BENDER, 2000: 53-55).

Voltando de nosso passeio pela colina de Bennachie, tentamos fazer esta experiência por nós próprios. Não muito longe dos flancos da colina ficavam os restos de uma pequena colônia de *croftings*[32]. Durante as últimas décadas do século XIX, foram feitas mudanças no tratamento da terra, tornando a vida cada vez mais difícil para os agricultores do *crofting*, e a povoação gradualmente declinou. Os últimos colonos que ainda moravam no local morreram em 1939, e suas pequenas cabanas, construídas com pedras tiradas de uma pedreira vizinha, estão agora em ruínas (VERGUNST, 2012). Parando diante de uma delas, fizemos uma moldura frágil com um sarrafo de madeira que havíamos trazido conosco, e a colocamos no espaço que havia entre as paredes reduzidas a ruínas, para indicar onde a porta ficava, antigamente. Descobrimos que a moldura não transformava a paisagem em quadro. Pelo contrário, ela teve o efeito notável de transformar a ruína novamente em uma cabana. Era fácil atravessar as paredes da construção,

---

32. *Crofting* é uma forma de posse da terra e produção de alimentos em pequena escala, particularmente nas Terras Altas da Escócia, nas ilhas da Escócia e anteriormente na Ilha de Man [N.T.].

simplesmente separando as pedras, em qualquer lugar. A moldura, contudo, nos convidava a entrar na cabana. Encolhendo os ombros e curvando um pouco a cabeça ao passar, como se fosse através da porta baixa e estreita que originalmente a cabana deveria ter, descobrimo-nos literalmente *dentro dela*. Apesar da atual ruína ser aberta aos elementos, o próprio movimento da entrada nos permitiu ter uma ideia da cabana como o espaço interior que fora antes o de seus habitantes. Em sentido contrário, retomar nossos passos, através da moldura improvisada, devolveu-nos ao espaço exterior.

Como nos foi provado por este pequeno exercício, para que haja um interior e um exterior temos necessidade de entrar e sair, mais do que cruzar de um lado para outro. No planejamento de um edifício, os espaços de habitação não são dados, mas são criados no movimento. O que significa que são *executados*. Como escreve David Turnbull: "Em uma espécie de duplo movimento, as pessoas fabricam objetos de todas as espécies, mas especialmente edifícios, movimentando-se através deles e em torno deles, mas os edifícios também atuam sobre as pessoas, realizando seus movimentos e tornando possíveis certas espécies de encontros entre eles e outros" (TURNBULL, 2002: 135). Daí resultar que nossas experiências arquitetônicas mais fundamentais sejam mais verbais do que nominais, em sua forma. Elas consistem, segundo Juhani Pallasmaa, não em encontros com objetos – a fachada, os batentes de uma porta, janela ou lareira –, mas de atos de aproximação e de entrada, de olhar para dentro ou para fora, e de absorver o calor vindo da lareira. "A maçaneta", afirma Pallasmaa (1996: 40, 45), "é o aperto de mão do edifício". Ele nos dá as boas-vindas. Da mesma forma, descobrimos que o monte se constitui através do movimento de deitar-se nele, absorvendo a umidade da terra enquanto lidamos com a imensidão do céu. E nisto, o monte – como o edifício – não é mais encontrado como um objeto, mas experimentado como uma coisa.

Em seu celebrado ensaio sobre *A coisa*, o filósofo Martin Heidegger teve dificuldades para imaginar o que torna uma coisa diferente de um objeto (HARMAN, 2005). O objeto, dizia, é completo em si, definido pela sua confrontadora *superrejeição* – face a face ou superfície a superfície – em relação ao lugar em que está colocado (HEIDEGGER, 1971: 167). Podemos olhar *para* ele ou mesmo tocá-lo, mas não podemos nos juntar *a* ele, no processo de sua formação. Por mais próxima metricamente que seja a nossa interação com o objeto, ele permanece afetivamente distante. Mas se os objetos *estão contra* nós, as coisas estão *conosco*. Para Heidegger, toda coisa é uma reunião de materiais em movimento. Tocá-la, ou observá-la, é colocar os movimentos de nosso próprio ser em correspondência próxima e afetiva com os dos materiais que a constituem. Ao nos deitarmos sobre um monte, acrescentando a ele uma pedra que apanhamos pelo caminho, girando a maçaneta de uma porta e encolhendo os ombros para atravessar uma moldura de madeira, tivemos experiências do que sejam um monte, um monte de pedras e uma cabana, como coisas. Para reforçar seu ponto de vista, Heidegger aproveitou bastante a derivação etimológica de *thing* de *ting* (*ou* de suas equivalentes alemãs). E, acima de tudo, tirou dos primitivos usos da palavra o sentido de coisa como *reunião* (ibid., p. 177). Testemunhar uma coisa não é ficar fechado fora dela, mas ser convidado para a reunião. O *round mound*, como já vimos, é uma coisa, um lugar de reunião, em uma paisagem de coisas. A cabana e o *cairn* também. E igualmente, escreve Heidegger, a árvore, o lago, o ribeirão e a colina. À medida que o *mound* persiste em sua formatação, também o fazem a cabana, o *cairn*, a árvore, o lago, o ribeirão e a colina, cada qual continuando, ou "pensando" segundo suas peculiaridades e, ao fazer isso saindo de um mundo que é em si mesmo "mundanizado". Juntar-se à reunião, como diz Heidegger em seu estilo inimitável, é corresponder com a coisa "se coisificando ao sair do mundo mundanizado" (ibid., p. 181-182). Transformar qualquer dessas coisas em um monumento, porém, ou em um aspecto da paisagem, é fazer cessar abruptamente a correspondência. A coisa que outrora nos acenava, torna-se um objeto que bloqueia nosso caminho (FLUSSER, 1999: 58).

O olho do vento

Satisfeitos com os resultados de nossos experimentos com a cabana em ruínas, continuamos até o topo da colina, levando nossos sarrafos. Conhecido localmente como Mither Tap, o topo da colina permitia uma vista panorâmica dos arredores do campo. Longe, vimos uma colcha de retalhos feita de campos e florestas. O que aconteceria, pensamos, se observássemos a cena através da moldura? Será que desta vez a paisagem se transformaria em uma pintura? Mais uma vez arrumamos nossos sarrafos formando um retângulo, agora com os lados mais longos na horizontal, e não na vertical, mais como se fosse uma janela do que uma porta. Enquanto dois voluntários seguravam a construção retangular, o resto de nós nos revezávamos para dar uma olhada. Todos concordamos que a moldura não fazia diferença alguma, a não ser pela obstrução mínima da vista. O que poderia ser visto na parte de dentro da moldura não era mais pictórico do que o visto do lado de fora. No entanto, quando, posteriormente, revelamos as fotografias que havíamos tirado durante o experimento, ficamos surpresos ao descobrir que a diferença era chocante. A foto que ultrapassava a moldura retangular era a de uma paisagem, mas a da dentro era a foto do que poderia ter sido uma pintura de uma paisagem. Concluímos que não fora a moldura que transformara a paisagem em uma pintura, mas antes que a *pictorialização* da paisagem, na superfície plana da fotografia, transformara nossa moldura em uma moldura de quadro, levando-nos assim a perceber o que estava fechado como uma representação oposta à realidade que estava além de seus limites.

Figura 6.4 Uma janela para a paisagem. Olhando através de uma moldura retangular, a partir do cume de Mither Tap, Aberdeenshire. No plano dianteiro, os muros reconstruídos do antigo forte da colina.

Diz-se frequentemente que aqueles que estão muito presos nas minúcias da vida são incapazes de compreender o todo do quadro e não são capazes de distinguir a madeira das árvores. Para ver a madeira, parece, temos de nos afastar das árvores e olhar de longe, do topo de uma colina, ou mesmo do ar. Vista de longe, parece que a madeira está disposta como um mosaico por toda a superfície delimitada da terra. Foi assim que as florestas aparecerem para nós, do topo do Mither Tap. Mas suponham que vocês se juntem a nós agora, enquanto descemos das alturas e voltamos para o bosque. Será que estaremos, uma vez mais, preocupados com as minúcias? Será que vemos somente árvores individuais e não o bosque como um todo? Nada disso! Entrar no bosque e descobrir que estamos rodeados por todos os lados de troncos e galhos não é somente sofrer uma mudança de foco, do distante para o primeiro plano, mas experimentar uma percepção radicalmente diferente do mundo. Nesta percepção, o bosque deixa de parecer um agregado de árvores individuais. Talvez o dicionário de Inglês de Oxford esteja mais próximo da verdade ao definir o bosque como "árvores *crescendo juntas* coletivamente" ["*trees collectively growing together*"]. Balançando, torcendo, entrelaçando, retorcendo e ramificando suas raízes, seu tronco e seus membros, cada árvore testemunha um processo de crescimento que é continuamente responsivo ao dos seus vizinhos, bem como à chuva, ao vento, à luz e à passagem das estações. Perceber o bosque de dentro é ficar imerso nesses contínuos emaranhamentos da vida. Ver cada árvore não como um indivíduo discreto e limitado, mas antes como um punhado de fios fibrosos amarrados ao longo do tronco, mas que se espalham pelas suas copas e raízes. E é ver o bosque não mais como um mosaico de peças individuais, mas como um labirinto de fios tecidos.

Figura 6.5 Árvores crescendo juntas: visão de vento sobre o bosque. Foto tirada na parte rural de Aberdeenshire por Cristina Saez e reproduzida por cortesia da artista.

E tão emaranhados estão esses fios que dificilmente podemos dizer onde qualquer árvore em particular termina e onde o resto do mundo começa. Será que a casca faz parte da árvore? Se faz, o que acontece com os insetos que se alojam nela, ou com os líquens que se dependuram? E se os insetos fazem parte da árvore, então será que não poderíamos também nela incluir os ninhos dos pássaros? Ou mesmo o vento, que sacode os galhos e as folhas que farfalham de maneira tão caraterística? Quando as sementes e as folhas caem no chão, não continuam as histórias de vida das árvores das quais elas caíram? Assim, o chão também não é meramente uma superfície sobre a qual as árvores se erguem como um exército de soldados em uma parada. Caminhar pelos bosques é descobrir nosso caminho, a cada passo, em um amontoado de folhagens e arbustos, galhos caídos e luxo de folhas, solo e pedras. Parece que estamos sempre pisando em vegetação que cresce ou em material que foi depositado, seja pelo vento, pela ação da chuva, ou simplesmente caído lá de cima das árvores. O próprio solo sob nossos pés, em resumo, é um tecido de fios de crescimento, erosão e decomposição. Longe de separar a terra que está abaixo do céu que está acima, o solo é uma zona na qual terra e céu se inter-relacionam, na perpétua geração da vida.

Paradoxalmente, é na profundeza dos bosques que o mundo se abre mais completamente à nossa percepção, pois ele nos força a abandonar a ilusão à qual as pessoas altamente colocadas estão propensas, de que o mundo que habitamos se estende como um mosaico debaixo de nossos pés, com suas formas e padrões já impressos sobre o substrato físico da natureza. Como escreveu o filósofo Henri Lefebvre, isto significa abandonar a pretensão de que estamos testemunhando uma cena que nos é dada imediatamente, como um espetáculo. "Aprofunde-se", adverte Lefebvre, "seja como o vento que sacode essas árvores" (LEFEBVRE, 2004: 80). O que equivale a ganhar o que poderíamos chamar de uma vista dos bosques com o olho do vento. Os olhos do vento não olham *para* as árvores, mas vagueiam *entre* elas, fazendo-as se mexer tão devagarinho, fazendo cócegas nas suas folhagens e observando-as se tornarem vivas ao seu toque visual (figura 6.5). São os mesmos olhos que Pallasmaa chama de "olhos da pele": olhos que atingem as superfícies, contornos e bordas das coisas (PALLASMAA, 1996: 29). São olhos que não estão voltados para a discriminação e identificação de objetos individuais, mas para o registro de variações sutis de luz e sombra, e das texturas das superfícies que revelam. Realmente, o ambiente que revelam não é o dos objetos, absolutamente. É antes um ambiente de coisas, incluindo formações como os *mounds,* crescimentos nas árvores, afloramentos como as toras de granito de Bodmin Moor e o pico rochoso de Mither Tap, e edifícios como os da colônia de Bennachie, ou do povoamento de Lesternick Hill. Embora possamos *ocupar* um mundo de objetos, ao ocupante os conteúdos do mundo parecem já estar fechados dentro de suas formas finais, como se tivessem voltado as costas para nós. *Habitar* o mundo, pelo contrário, é nos juntarmos aos processos de sua formação. É participar em um mundo dinâmico de energias, forças e fluxos. Acho que esse é o mundo da terra e do céu.

7
Corpos correndo

Os que vivem

Em 1953, o escultor britânico Henry Moore começou a trabalhar em uma peça chamada *Warrior with Shield* (Guerreiro com escudo). Dizia ele que tivera a ideia ao descobrir um pedregulho na praia que o lembrou do coto de uma perna, amputada na altura do quadril. Primeiro acrescentou o corpo, a perna e um braço, para fazer a figura de um guerreiro deitado, ferido. Depois, acrescentou um escudo, alterando a pose para fazer uma figura sentada, com uma cabeça que – segundo suas próprias palavras – "tem um poder bruto, parecido com o de touro, mas também uma aceitação animal, muda, e a resignação com a dor" (apud JAMES, 1966: 250). Um ano mais tarde, sob circunstâncias um tanto controversas, o *Guerreiro* de Moore foi comprado pela Galeria de Arte de Toronto. Depois disso, em meados de 1980, ocorreu um evento aparentemente sem relação com nada. Uma nova espécie de mexilhão-zebra (*Dreissena polymorpha)* foi introduzida acidentalmente no Lago Saint Clair, na fronteira do Canadá com os Estados Unidos, por meio de uma água de esgoto lançada por um ou mais navios de carga transoceânicos que vinham de portos do Mar Negro. Essa espécie descobriu, com muito gosto, as águas ricas em plancton no Lago Saint Clair e no Lago Erie, vizinho, e se multiplicou rapidamente. Dentro de poucos anos, os mexilhões haviam colonizado virtualmente cada superfície firme no Lago Erie, atingindo uma densidade que chegava a 70.000 mexilhões por metro quadrado, e por volta de 1992 já haviam se espalhado pelo Lago Michigan até a Bacia do Mississipi. Uma intervenção feita pelo artista Simon Starling, em 2006, criou uma ligação entre esses dois eventos. Starling criou uma réplica em escala total do *Guerreiro* de Moore em aço, e o fez submergir nas águas do Lago Ontário. Ela ficou lá, no fundo do lago, até o início de 2008, quando foi pescada. A superfície da figura estava totalmente recoberta pelos mexilhões. A obra foi em seguida exibida, com o título de *Infestation Piece (Musselled Moore)* ("Peça da Infestação – Moore infestado com mexilhões") na Toronto's Power Plant Gallery of Contemporary Art.

Figura 7.1 *Warrior with Shield* (Guerreiro com escudo), de Henry Moore (1953-1954, bronze, altura 155cm). © The Henry Moore Foundation. Todos os direitos reservados (Dacs 2012/ www.henry-moore.org). Reproduzido com permissão.

Figura 7.2 Simon Starling, *Infestation Piece (Musselled Moore)*. 2007/2008 (bronze, musgos, dimensões variáveis). Visão da instalação, The Power Plant. Toronto, 2008 (cortesia de Steve Payne)[33].

33. Agradeço a Janice Tsui por chamar a minha atenção para essa obra.

Para mim, essa peça constitui uma declaração poderosa sobre o que significa para um corpo estar vivo. O *Guerreiro* original é monumental no sentido estrito do termo: fechado em si próprio, imobilizado, apresentando à nossa vista somente suas superfícies exteriores em bronze-duro. Empurrando o seu escudo para a frente, ele nos diz em termos explícitos para nos afastarmos. Como o próprio Moore reconheceu, a figura tombou na solidão e na paralisia de seu próprio sofrimento, solidamente impenetrável ao seu entorno. Ela pertence a outro lugar e outro tempo, como se colhida em uma batalha travada há milhares de anos, ou então derrotada por uma erupção vulcânica. Fixando com olhos vazios um mundo que ela nem conhece e nem reconhece, não responderá a nós, e não podemos responder a ela. No leito do lago, contudo, a figura efetivamente foi virada do avesso. Sob a água, a superfície na qual fora outrora encaixada tornou-se um substrato para a vida e o crescimento, o qual por sua vez tornou-se possível por meio da contínua mudança de substância em um meio rico em nutrientes. Através dos mexilhões que infestam a superfície, a figura parece sair de si para seus arredores, literalmente escorrendo de cada poro, como se tivesse sido aberta a partir do seu interior. Tornou-se um organismo vivo real, ainda que profundamente afligida. Como uma pessoa cujo corpo está recoberto de crostas, vergões ou furúnculos, devidos talvez a alguma infecção aguda, a figura recoberta pelos mexilhões pode ser repulsiva de se olhar, mas pelo menos podemos olhar *com* ela e sentir alguma afinidade com a sua situação. Ela é do nosso tempo e do nosso lugar. Realmente, ela tem ficado mais semelhante a um *mound* [monte] do que a um monumento, formado de um processo de encrustação contínuo, que prosseguiu até o momento em que foi recuperada da água.

Cada organismo vivo, como a escultura recoberta de mexilhões de Moore, é ele próprio um lugar de infestação: uma fervilhante colônia de materiais vivos, em luta, alternativamente comprimidos em pelotes e estendidos em filamentos que se retorcem e se enrolam um em torno do outro para formarem configurações de extraordinária complexidade. O organismo pode parecer composto a partir do seu exterior. Levantando a tampa, contudo, descobre-se algo mais parecido com um amontoado composto do que com a arquitetura formal que anatomistas e psicólogos gostariam de imaginar. Realmente, como reunião de materiais em movimento, o organismo se qualifica completamente como uma coisa, no sentido esboçado no último capítulo. Mas não é uma coisa que se move; é antes um composto (ou melhor, compostado) em movimento. O que quer dizer que é fundamentalmente *animado.* Mas, justamente por este motivo, seria errado descrevê-lo como incarnado. Seria difícil imaginar uma figura mais encarnada, por exemplo, do que o *Guerreiro* de Moore. Tão completamente enrolada em si mesma que qualquer resíduo de vida animada foi paralisado. A *Peça de Infestação* de Starling, pelo contrário, é animada precisamente na medida em que suas superfícies se abriram para o meio que a rodeia. Uma comparação das duas peças demonstra vivamente como animação e encarnação puxam para direções opostas; enquanto a primeira é um movimento de abertura, a última tende para o fechamento. Para os seres vivos, animados, que somos, diz a filósofa da dança Maxine Sheets-Johnstone, o termo "encarnação" é simplesmente não aposto experimentalmente. Nós, insiste ela, não nos experimentamos um ao outro como "empacotados", mas como seres que se movem e se moveram em uma resposta contínua – isto é, em *correspondência* – com as coisas que nos rodeiam (SHEETS-JOHNSTONE, 1998: 359; INGOLD, 2011b: 10). É claro que temos corpos – na verdade, nós *somos* corpos. Mas não estamos enrolados neles. O corpo não é um pacote, e nem – para invocar outra analogia comum – uma pia na qual os movimentos se instalam como sedimentos em um fosso[34]. Somos mais um tumulto de atividade que se desenvolve. Como tal, de acordo com a antropóloga da dança, Brenda Farnell, é algo que devemos pensar *a partir de*, e não *sobre* (FARNELL, 2000: 413).

A mudança de perspectiva produzida aqui equivale, precisamente, ao problema ocorrido há mais tempo, extraído de Gilles Deleuze e Felix Guattari, o de "seguir os materiais" (capítulo 2). Pensar em materiais, dizem eles, é descobrir "a conscientização do pensamento do fluxo da matéria" (DELEUZE & GUATTARI, 2004: 454). Assim como o *artesão* pensa *a partir* dos materiais, o dançarino pensa *a partir* do corpo. No corpo vivo, composto dinamicamente, a pessoa e o organismo são um só. O corpo é o organismo-pessoa. Mas, como foi dito acima, o corpo é também uma coisa. Assim, não podemos mais falar de relações entre pessoas e coisas, porque *pessoas também são coisas*. Como observa Jane Bennett (2010: 4), valorizar a sobreposição entre a personalização e a coisificação, é reconhecer "a medida em que 'nós' e 'isso' nos entrosamos um com o outro". Ou, como o título de um artigo recente dos arqueólogos Timothy Webmoor e Christopher Witmore declara, "Coisas são nós!" (WEBMORE & WITMORE, 2008). O que não é tratar pessoas como qualquer coisa que seja menor do que elas são, e muito menos compará-las a objetos, mais do que a sujeitos. É mais descobrir um meio que ultrapasse esta perturbadora dicotomia. Objetos e sujeitos podem existir somente em um mundo já lançado, já inserido em formas fixas e finais; coisas, pelo contrário, estão no processo de serem lançadas – elas não tanto existem, como continuam. E as pessoas, como coisas que são, também são "processos transformados em seres por meio da produção, enredados em projetos sociais em curso, e requerendo um engajamento atento" (POLLARD, 2004: 60).

A esse respeito, pessoas são comparáveis a potes. Em um estudo sobre a cerâmica do Noroeste da Argentina, datada do primeiro milênio d.C., Benjamin

---

34. Paul Connerton, p. ex., sustenta que, na formação do que ele chama de "hábito-memória", posturas e gestos "se tornam sedimentados em conformação corporal" (CONNERTON, 1989: 94).

Alberti diz que seria um erro assumir que o pote é um objeto estável e fixo, que traz a marca da forma cultural sobre a matéria "obstinada" do mundo físico (ALBERTI, 2007: 211, cf. tb. MARSHALL, 2009: 354). Pelo contrário, as provas sugerem que os potes eram tratados como corpos, e com o mesmo cuidado; a saber, para se oporem à instabilidade crônica, para levarem à praia os botes salva-vidas contra a sempre presente suscetibilidade, para descarregarem as ameaças à sua dissolução ou metamorfose. O corpo vivo, igualmente, só é sustentado devido à continuada absorção de materiais dos seus arredores, e por sua vez sucessivamente ao seu descarrego pelos processos da respiração e do metabolismo. Contudo, como acontece com os potes, os mesmos processos que o conservam vivo também o tornam para sempre vulnerável à dissolução. É por isso que é necessária uma atenção constante, e é esse o motivo também dos corpos e outras coisas serem precários como recipientes. Entregues a si próprios, os materiais podem se rebelar. Os potes se despedaçam; os corpos se desintegram. São necessários esforço e vigilância para manter as coisas, trate-se de potes ou de pessoas.

Figura 7.3 Vasilha de cerâmica estilo *La candelaria*, mostrando "saliências" biomórficas. Noroeste da Argentina, primeiro milênio d.C. Coleção do Museo de la Universidad Nacional de Tucumán. Foto por Benjamin Alberti, reproduzida com permissão.

O que fazer com a ação?

Podemos concluir que as coisas podem existir e persistir somente devido ao seu *vazamento:* isto é, devido ao intercâmbio de materiais através das superfícies pelas quais elas se diferenciam do meio ambiente. Os corpos de organismos e outras coisas vazam continuamente. Realmente as suas vidas dependem disso. Agora, essa propensão das coisas a vazar, e dos materiais a fluir para se sobrepor ou escoar através das suas superfícies, pesa crucialmente na questão da atuação material. Esta questão tem sido discutida *ad nauseam*, e ultrapassa a finalidade deste capítulo resenhar a literatura que tem sido reunida sobre ela, em qualquer nível (para tratamentos mais amplos, cf. KNAPPETT & MALAFOURIS, 2008; JONES & BOIVIN, 2010; JOHANNSEN, 2012), exceto para sugerir que isso ultrapassa amplamente o ponto. A questão somente é colocada por causa da redução de coisas a objetos, em consequência da aplicação do modelo hilomórfico. Separadas do sistema de suporte de vida que compreende o fluxo de materiais vitais, as coisas sofrem o destino do *Guerreiro* de Moore. Elas sufocam e morrem. Não há surpresa em saber que os teóricos têm sido compelidos a invocar um conceito de ação do objeto, em um esforço fútil de ressuscitá-las! O apelo à ação, em outras palavras, é um corolário da lógica da corporificação, de transformar as coisas nelas próprias. Para desfazer esta lógica de uma vez por todas, é preciso exorcizar o espectro da atividade corporificada e fazer as coisas retornarem à vida animada. Como um pacote de potências em um campo de forças e energias perenemente em desenvolvimento, o corpo se move, mas não é impelido por alguma atividade interior, enrolada no pacote, mas à medida que rapidamente se aglomera ou dá corda em si próprio e está se enrolando ou desenrolando para sempre, alternadamente respirando e expirando.

Em nenhum lugar a mão morta da objetivação opera mais nitidamente do que no ensaio que provocou a maior parte do debate corrente, *Art and Agency*, de Alfred Gell, em 1998. Essa questão é explicitamente postulada como uma atribuição de atuação ao que Gell não hesita em chamar de "objetos de arte". Sua hipótese é que, na fabricação de tais objetos, as intenções inicialmente estruturadas na mente do artista são projetadas no material: donde a intenção ser a causa, e a obra de arte, o efeito. E se supõe que o observador olhe através da obra para a atuação dentro e por trás dela (KNAPPETT, 2005: 128). Mas, como vimos do exemplo de Simondon sobre a fabricação de tijolos, introduzida no capítulo 2, esse cenário focaliza um ponto inicial arbitrário (a imagem na mente do artista), e um ponto de finalização igualmente arbitrário (a obra supostamente terminada), perdendo, porém, tudo o que se passa entre esses dois pontos. A obra de arte viva, no entanto, não é um objeto, mas uma coisa, e o papel do artista não é tornar efetiva uma ideia preconcebida, mas seguir as forças e fluxos do material que transformam a obra de arte em um ser. Ver uma obra de arte é juntar-se ao artista como a um companheiro de viagem, olhar *com* a obra à medida que ela se desenvolve no mundo, mais do que olhar *por detrás* dela para uma intenção original da qual ela seja o produto final (INGOLD, 2011a: 216). A vitalidade da obra de arte, então, consiste em seus materiais, e é precisamente por nenhuma obra estar jamais verdadeiramente "terminada" (exceto aos olhos de curadores e compradores, que requerem isso dela), que permanece viva.

Realmente, toda questão de ação repousa sobre uma falsa premissa. Assumindo que as pessoas sejam capazes de agir por possuírem um poder de atuação, a questão seria saber como os objetos na vizinhança dessas pessoas poderiam, no entanto, "retornar à ação", agindo de uma maneira que, por outros meios, não poderiam ter. Uma resposta fácil seria dizer que os objetos também possuem poder de agir. Por exemplo, damos crédito ao acelerador pelo poder de fazer o condutor do veículo reduzir a marcha (LATOUR, 1999: 186-190). No entanto, a atribuição causal de ação a um *agente* – sendo sua ação um efeito – é perversa, mesmo em relação a seres humanos. Tomemos uma pensadora como Jane Bennett, que está convencida – como nós – de que os materiais são inerentemente vivos, mas que permanece tão encantada com a gramática da ação que não pode ela própria renunciar a ela. "Por que falar da ação de montagens?", pergunta. Por que realmente? "Ninguém sabe, realmente", chega a admitir, "o que seja a atuação humana, ou o que os humanos estão fazendo quando são levados a desempenhar um papel de agentes". "Algo misterioso persiste", diz (BENNETT, 2010; 34). Em um argumento curiosamente ambíguo, no entanto, ela confessa que uma vez que não temos ideia do que seja atuação, ou de como ela age para os humanos, não temos razão, *a priori,* de negá-la a não humanos. Mas se nosso fim, como o de Bennett, é o de ir contra o excepcionalismo humano, por que não argumentar com o contrário, isto é, que não há absolutamente motivo de creditar aos humanos a atuação, em primeiro lugar? Não teria mais sentido remover a teia de nossos próprios olhos do que enrolar o restante do mundo com ela?

Como disse certa vez o filósofo Alfred North Whitehead, não há dúvida de que todos os seres, inclusive os humanos, estão "imersos em ação" para sempre, do momento do seu nascimento em diante, se não antes dele (WHITEHEAD, 1938: 217). Estão todos lançados ao mar, em tumulto. No entanto, atribuir esta ação a um poder de atuação, do qual seria um efeito, parece equivaler a colocar adiante tudo o que estava atrás. Pois só na reconstrução retrospectiva da ação já empreendida – retornando a um suposto ponto de origem – poderíamos deduzir qual a ação que supostamente a fez surgir. Posto de outra forma: os humanos não possuem *poder de atuação*; e, a propósito, tampouco o possuem os não humanos. Eles são antes possuídos pela ação. Karen Barad admite isso, quando argumenta que a atuação "é um enunciado, e não algo que alguém ou alguma coisa possua" (BARAD, 2003: 826-827). Sobre o mesmo tema, Andrew Jones e Nicole Boivin concordam que "a causalidade não reside nos agentes humanos [...]. Em vez disso, é a qualidade reiterativa da *performance* que produz atuação e causalidade" (JONES & BOIVIN, 2010: 351). No entanto, ler na ação, *a priori*, o que já lemos a partir dela, *a posteriori*, é manifestamente circular. A ação torna-se a causa e o efeito de si própria (Alberti e Marshall 2009: 346). Aqui temos Bennett, de novo, tentando valentemente decidir se deve usar o termo *agente* ou *atuação* para seus vitais não humanos. "Enquanto escolho qual o termo certo", confessa, "estou confrontada com uma profunda ambiguidade em ambos os termos referentes à origem da causa e à proveniência do efeito (BENNETT, 2010: 108, 151, n. 37). Esta ambiguidade, porém, e as circunvoluções que produzem, não são mais do que os resultados da tentativa (e do fracasso) de expressar processos de crescimento e transformação em uma linguagem de causação que é totalmente inadequada a eles. Como vimos, a generatividade da ação é a da própria vida animada, e consiste na vitalidade dos seus materiais. Não necessitamos de uma teoria da ação, mas da vida, e essa teoria deve ser uma – como diz Barad – "que conceda à matéria o que lhe é devido como participante ativa da transformação do mundo" (BARAD, 2003: 803).

Correndo, voando, pensando

Tradicionalmente, é claro, essa obrigação tem sido atribuída à mente, mais do que à matéria. Onde, então, nossa ênfase sobre o fluxo de materiais coloca a mente? Deveríamos, como diz o arqueólogo Chris Gosden, eliminar por completo o conceito de mente? (GOSDEN, 2010). Ou podemos reter uma ecologia da mente, como pensava Gregory Bateson, complementando e acompanhando uma ecologia da substância, a primeira para lidar com as informações, a segunda com a mudança e as circulações da energia e dos materiais? (BATESON, 1973). Inspirado por Bateson, justamente, o teórico cognitivo Andy Clark elaborou um avanço na sua teoria da "mente extensa" (CLARK, 1997: 2001; CLARK & CHALMERS, 1998). Resumindo, essa teoria postula que a mente, no decurso de suas operações, longe de ser coextensiva com o cérebro, rotineiramente se espalha no ambiente, arrolando todas as formas de objetos extrassomáticos e artefatos. O mundo dos artefatos torna-se então uma espécie de "interação multimodal" (*wideware*) (CLARK, 1998) ou "mente distribuída" (JONES, 2007: 225). Para muitos arqueólogos, a teoria foi um presente divino, já que lhes permitia, em seus estudos da cultura material, pretender contribuir diretamente para a compreensão dos processos cognitivos materiais das pessoas do passado (MALAFOURIS & RENFREW, 2010). Como sustenta Lambros Malafouris, se reconhecermos (com CLARK, 1997: 98) que a cognição é fundamentalmente um meio de engajamento com o mundo – se, nesse sentido, cognição é indissociável de ação –, "*então a cultura material é consubstancial com a mente*" (MALAFOURIS, 2004: 58).

Para Malafouris, a mente não é um espelho do mundo. Não existe para representar o que é ou poderia ser o "lá fora", mas emerge na prática, da conjunção sinergística de cérebros, corpos e coisas. Há, contudo, uma armadilha nesse argumento. Pois, ao identificar coisas com "cultura material", Malafouris inadvertidamente reproduz a própria divisão entre mente e mundo que esperava apagar. Será que as coisas materiais deveriam, para serem listadas como processos cognitivos, já terem sido expressas sob formas culturais? Por que as pessoas pensam somente com artefatos? Por que também não pensar com o ar, o solo, as montanhas e ribeirões, e outros seres vivos? Por que não com materiais? E, se a cognição é realmente realizada, como diz Malafouris (2004: 59), como se diferencia da própria vida? Será que o pensamento reside nas *interações* entre cérebros, corpos e objetos no mundo, ou nas *correspondências* entre fluxos materiais e consciência sensorial, pelas quais a consciência, para lembrar as palavras de Deleuze e Guattari, é o "pensamento do fluxo da matéria" e o material é "o correlato dessa consciência"? (DELEUZE & GUATTARI, 2004: 454).

Foi na tentativa de resolver essa questão que eu e os alunos, na investigação dos *4 As*, embarcamos em outro experimento. Desta vez, foi para fazer pipas. Confeccionadas rápida e simplesmente com cartolina leve, bambu de palitos de fósforo (usados para os suportes), tiras de jornal (para as bandeirolas) e cordel para as guias, e unidos todos os elementos com cola e fita adesiva, parecia que as pipas que havíamos feito se classificariam sob qualquer definição convencional como artefatos. Não estariam deslocadas em qualquer catálogo de objetos de cultura material. Assim que saímos para o ar livre com elas, no entanto, ocorreu algo estranho. Elas começaram a pular, e nós corremos! Quanto mais corríamos, mais elas pulavam e subiam mais e mais no ar, forçando os fios de *nylon* com os quais nós as mantínhamos, rápidas e coordenadas com nossos esforços de lhes dar corda. É claro que existe uma explicação simples, aerodinâmica, para o comportamento das pipas. Elas subiam à medida que eram arrastadas pelo ar, com seus narizes empinados para cima em um ligeiro ângulo inclinado para a posição horizontal, e uma pressão diferencial se estabelecia entre o ar, por cima e por baixo da superfície plana, que era suficiente para contrabalançar a força da gravidade. Mas uma descrição meramente mecânica, desta natureza, só nos serve até aqui. Pois as ginásticas aéreas das pipas não eram visíveis somente externamente, como trajetórias lineares do descolamento de um objeto que poderia em princípio ser medido e planejado exatamente como a trajetória de uma bala de canhão. Elas também eram sentidas por dentro. Sentíamos que as pipas voavam da mesma maneira como sentíamos a nossa corrida, através da sensação corporal que tínhamos de nosso movimento, ou, em uma palavra, através da *cinestesia*.

Figura 7.4 Pipa em fuga. A corda pode ser vista à esquerda, amarrada ao corpo da pipa; fitas cortadas de folhas de jornal, ligadas a ela, flutuam para a direita (cortesia de Susanna Ingold).

Conscientes do que fazíamos, e improvisando enquanto corríamos, nossa pipa voadora poderia ser lembrada como um exemplo do que Sheets-Johnstone chama de "pensamento em movimento". O que não deve ser tomado como *por meio* do movimento, e nem em ter nossos pensamentos *transcritos em* movimento. É melhor dizer, o pensamento *é* o movimento: "pensar é ser colhido em um fluxo dinâmico; pensar é, por sua própria natureza, cinético" (SHEETS-JOHNSTONE, 1998: 486). No contexto referido, Sheets-Johnstone está falando de improvisação na dança. Poderíamos sugerir, então, que fazer uma pipa voar é também uma forma de dança? O filósofo e sociólogo da ciência Andrew Pickering certamente concordaria com isso, tendo cunhado a expressão *dança de ação* para descrever os tipos de engajamentos que vão e vêm com o mundo material, o qual humanos e não humanos dominam de forma alternada, não apenas na condução de investigações científicas, mas de maneira muito mais geral (PICKERING, 2010: 194-195). Vamos então fazer uma tentativa provisória de analisar a situação conforme o proposto por Pickering.

Temos aqui uma pessoa correndo, e ali uma pipa voando. Elas estão conectadas por um fio. Assim, temos uma interação entre um ser humano e um objeto material. Em um momento, o empinador corre enquanto a pipa é arrastada atrás dele, mas no momento seguinte é a pipa que puxa a mão do corredor, como se estivesse lutando para fugir. Isto certamente parece encaixar-se na descrição de Pickering sobre a dança, "na qual a atividade e passividade de ambos os lados estão reciprocamente encadeados" (2010: 195). Mas isso não pode ser tudo. Pois, se a pipa deve agir sobre o ser humano, e também este agir sobre ela – isto é, se a pipa-objeto deve se juntar à dança –, então ela deve ser dotada de uma espécie de poder de atuação. Então, de onde vem isso? Enquanto a pipa permanecia no interior da casa, era letárgica e flácida. Mas qual foi a mágica que fez o poder de atuação conseguir pular na pipa no momento em que ela foi levada para fora da casa? A resposta, naturalmente, está no ar. Porque o ar é invisível, temporariamente esquecemos dele. Mas agora tudo se esclarece. O voo da pipa é certamente o combinado efeito do empinador, da pipa e do ar. Descobrimos que a dança da ação é um trio no qual cada parceiro age sobre os outros dois, e por sua vez é atuado por eles. Tirando-se qualquer um deles, o espetáculo fracassa. Mesmo no ar, a pipa não voará sem um empinador; mesmo com ele, a pipa se limitará a voar; mesmo se o corredor estiver ao ar livre, não haverá voo sem uma pipa. O ar, então, era a ligação que faltava para ativar a pipa, permitindo uma ação potencial que já lhe era imanente – na sua construção – para se expressar em movimento.

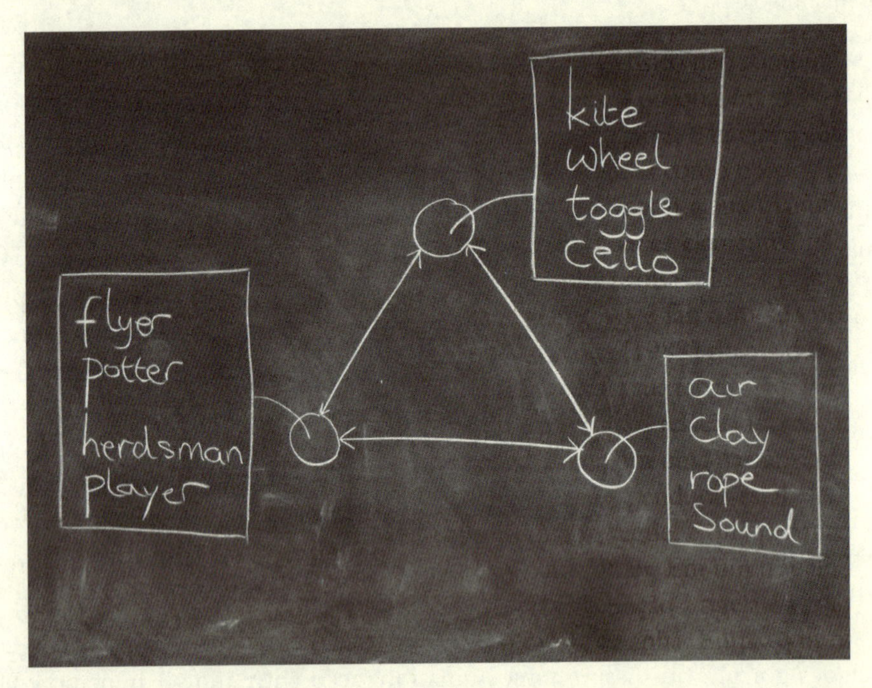

Figura 7.5 A dança da ação, compreendida como uma estrutura triangular, na qual os parceiros podem ser voador-pipa-ar, o ceramista-roda-argila, pastor-laço-corda, músico-cioloncelo, som. A giz no quadro-negro (cortesia de Susanna Ingold).

Em seus esforços para mostrar como a mente emerge dos engajamentos do praticante com o que vem do mundo material, Malafouris também brinca com a ideia da dança da atuação. Seu principal exemplo vem da olaria. Na roda do oleiro, escreve ele, "cérebro, corpo, roda e argila relacionam-se e interagem uns com os outros, por meio dos diferentes estágios dessa atividade (MALAFOURIS, 2008: 19). Mas será que o oleiro dança com a roda ou com a argila, ou com ambas ao mesmo tempo? Curiosamente, quando Malafouris (2004: 59) introduz pela primeira vez essa ideia, ele faz o oleiro dançar com a roda, que pode em um momento "subsumir os planos do oleiro e definir os contornos da atividade", mas em outro, "servir como um instrumento passivo para os seus propósitos manufatureiros". Em outras palavras, a roda alternativamente governa e é governada pelo que o oleiro faz. Em uma elaboração subsequente do argumento, contudo, o oleiro está dançando não com a roda, mas com a argila. Notando que, a qualquer tempo, o oleiro ou a argila podem assumir a liderança, Malafouris insiste que a dança se processa entre parceiros iguais (2008: 25). É realizada, por exemplo, pelos movimentos de pegar e de passar os dedos das mãos do oleiro na tarefa inicial de colocar uma quantidade de argila na roda. Esses movimentos podem realmente ser comparados aos da dança. Eles observam uma certa coreografia. E como já vimos no exemplo comparável da metalurgia discutido no capítulo 2, essa dança gestual é acompanhada por uma modulação do material. Mas será que é uma dança de *ação*? O oleiro, a roda e a argila, como indicado na figura 7.5, compõem um trio análogo ao que é formado pelo empinador, pela pipa e pelo ar?

A dança da animação

Volto por um momento para o exemplo da pipa-voadora[35]. Seguindo Pickering, assumimos que o que estávamos testemunhando era uma interação entre uma pessoa (o empinador) e um artefato (a pipa). A questão, então, era entender como a pipa poderia exercer qualquer espécie de ação, e para explicar isso tivemos de levá-la para o ar livre. Nossa conclusão era que não se pode dançar com uma pipa sem introduzir o ar como "um terceiro participante". Há, um problema nesse argumento, porém. Pois, como pode o ar ser tomado como um agente? A própria ideia de atuação, como vimos, é o corolário de uma lógica da corporificação, de fechar as coisas nelas próprias. Mas o ar não pode ser fechado. Mais do que qualquer outro elemento, como nos lembra a filósofa Luce Irigaray, o ar está "se abrindo" (IRIGARAY, 1999: 8). O fluxo de ar – o vento (*anemos*), o sopro da vida – é a própria antítese da ação corporificada. Mas se o ar não pode ser fechado em si mesmo, então também, como já vimos, não pode fazer isso o organismo-pessoa que vive e respira. Assim, mesmo se admitirmos que, ao empinar uma pipa, o empinador dança com o ar, essa não pode ser uma dança de ação. Só pode ser uma *dança de animação*. E nessa dança, o empinador e o ar não

35. Essa não foi, de modo algum, minha primeira tentativa de compreender o que acontece quando você empina uma pipa (cf., p. ex., INGOLD, 2011a: 214-215). Fiquei por muito tempo intrigado com isso. Esta tentativa, porém, supera meus esforços anteriores, e deve ser vista sob essa óptica.

interagem, mas correspondem. A pipa, realmente estabelece uma correspondência entre os animados movimentos do empinador e as correntes do meio aéreo no qual ele está imerso. Não é que se necessite de ar para interagir com uma pipa; necessita-se mais de uma pipa que corresponda ao ar.

Além disso, um minuto de reflexão indica que isso vale para o que acontece com a roda do oleiro. Isto não é, como vimos no caso paralelo da fabricação de tijolos (capítulo 2), uma imposição de forma sobre a matéria, mas uma contraposição entre forças iguais e opostas imanentes, respectivamente na gesticulação das mãos e na argila molhada, iniciadas graças às rotações da roda. Não se necessita, então, de argila para interagir com a roda, mas sim de uma roda para corresponder à argila. Em ambos os casos, da olaria à empinação de pipas, os movimentos corporais atentos do artesão, de um lado, e de outro os fluxos e resistências do material, respondem uns aos outros, em contraponto. Como acontece com qualquer dança, isso deveria ser lido não lateralmente, para trás e para a frente, mas longitudinalmente, como um movimento no qual parceiros assumem a liderança de maneira alternada e são levados – em termos musicais –a executar a melodia e o seu refrão. Na dança de animação, a cinestesia corporal se interlaça contrapontualmente com o fluxo de materiais, dentro de um campo de forças abrangente, morfogenético.

A pipa me lembra de outro exemplo que me é familiar, vindo de minha pesquisa de campo entre os criadores de renas na Lapônia Finlandesa. É o *laço* (INGOLD, 1993). Seu componente operativo é o *trabelho* ou *peia* [*toggle*]. Vemos com frequência peias bem trabalhadas e às vezes até com belas decorações, em coleções ou exposições de museus da cultura material dos Saami. Tradicionalmente são esculpidos em chifres e têm dois buracos: um pequeno e outro grande. O buraco menor mantém o final de uma corda longa que é enrolada em uma maior. Na operação, é claro, o trabelho não é nada sem a corda e realmente sem o pastor. A habilidade gestual deste ao arremessar o laço, requer anos de prática, e é uma das qualidades mais consideradas no repertório pastoril. Requer uma intensa concentração. Mas na extrema atenção do arremesso, será que testemunhamos uma interação entre a pessoa (o pastor) e o artefato (o laço), dotado de ação graças à corda? Claro que não! Argumentar dessa maneira seria tão absurdo como dizer que a fabricação de potes possibilita uma interação entre o oleiro e a roda, tornada possível pela intervenção da argila. Seria melhor dizer que, assim como a roda, que permite que os gestos do oleiro se realizem nos contornos desenvolvidos gradualmente na argila, também o trabelho permite que os habilidosos gestos do pastor se moldem na forma sempre-emergente de um laço voador.

Figura 7.6 Laço e pino (cortesia de Susanna Ingold).

Mais um exemplo para reforçar esse ponto. Além de minhas desajeitadas tentativas de armar um laço, eu também toco violoncelo. Há um paralelismo muito evidente entre as duas coisas (INGOLD, 2000: 413-414). Ambas requerem habilidades manuais e gestuais muito refinadas; ambas usam uma concentração mental imanente na própria ação, em sua atenção aos movimentos que nos rodeiam (do maestro e de outros instrumentalistas; do tropel dos animais no recinto em que estão fechados), e ambas criam formas sinuosas – seja da frase musical, seja do laço voador – que estão suspensas na corrente da atividade desenvolvida. Além disso, como o trabalho do pastor, o violoncelo é um artefato, uma coisa de grande beleza que requer grande habilidade artesanal na sua fabricação. Mas tocar música não é – pelo menos não propriamente – interagir com um violoncelo. É corresponder com o som. Na apresentação, os gestos do instrumentalista descrevem uma linha melódica. Qual é então a parte que o instrumento desempenha, nisto? O que é que ele faz? E o que, em relação a isso, faz o trabelho? Ou a pipa? Ou a roda do oleiro?

Transdução e perduração

A resposta é a mesma em cada caso. Na dança de animação, no violoncelo, no trabelho, na pipa e na roda, estão todos os exemplos do que poderíamos chamar de *transdutores*[36]. Ou seja, eles convertem o *ductus* – a qualidade cinética do gesto,

36. O conceito de transdução foi introduzido em Antropologia há pouco, através do trabalho de Stefan Helmreich, o qual por sua vez, o tomou emprestado do campo da acústica, "no qual se refere

seu fluxo ou movimento – de um registro de cinestesia corporal a outro, de fluxo material. Na vibração das cordas arqueadas, amplificada por uma caixa de som, o gesto manual do violoncelista torna-se audível como melodia. No deslizar de um trabelho, o arremesso do laço do pastor molda-se em uma corda enrolada. No girar da roda, os movimentos da mão e do dedo do oleiro são registrados nos contornos da argila mole. E finalmente, na pipa, que corta o ar como um machado através da mata (cf. capítulo 3) seguindo suas ondulações e torsões, a corrida do empinador torna-se uma linha de voo. Em cada caso, o transdutor desliza em uma teia de tempo, como um trabelho em uma corda, sempre presente no limiar da emergência de coisas. É esta presença-permanente que lhe rende uma aura de imutabilidade.

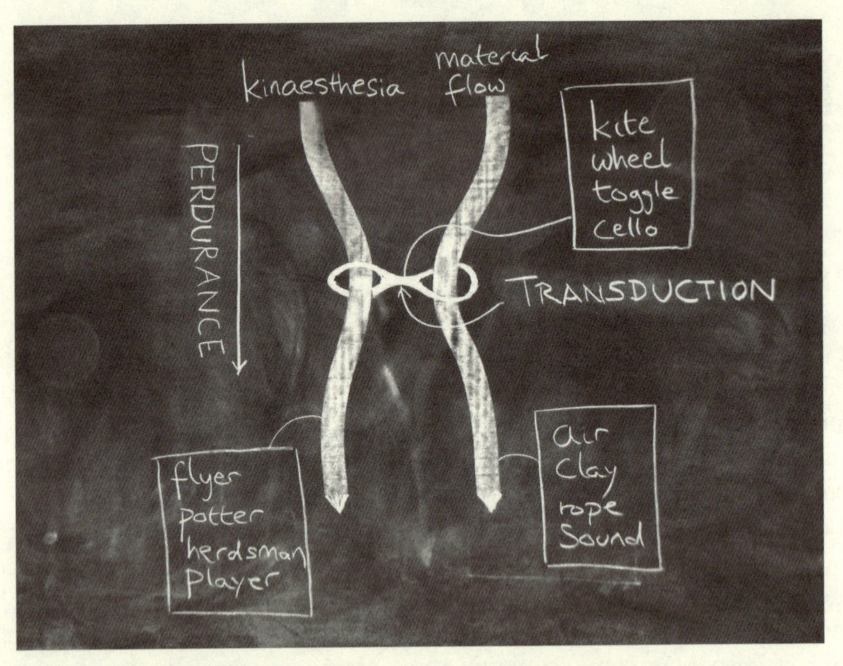

Figura 7.7 Transdução e perduração. O movimento de consciência cinestésica (respectivamente do voador, do ceramista, do pastor e do músico) é convertido por meio de um transdutor (respectivamente pipa, roda, pino e violoncelo) em um fluxo correspondente de material (respectivamente de ar, argila, corda e som). Em termos desse diagrama, a perduração – ou o "seguir em frente" – da consciência e dos materiais segue para baixo, enquanto a transdução se acopla para cima. Giz no quadro-negro (cortesia de Susanna Ingold).

à conversão de sinais de som de um meio para outro" (HELMREICH, 2009: 214). O conceito também ocupa papel central na filosofia de Gilbert Simondon, para quem ele denota "um processo – seja físico, viológico, mental ou social – no qual uma atividade se inicia por si própria, propagando-se em uma área dada, mediante uma estruturação das diferentes zonas da área sobre a qual opera" (SIMONDON, 1992: 313). Um exemplo seria o crescimento de um cristal, na medida em que ele se estende em todas as direções em uma solução. O uso de Simondon é idiossincrático, para dizer o mínimo, e não o seguirei aqui.

Considere-se o seguinte, oferecido por Bjornar Olsen como simples declarações do óbvio: "As coisas são mais persistentes do que o pensamento. Elas evidentemente duram mais tempo do que a fala ou os gestos. As coisas são concretas e oferecem estabilidade [...]" (OLSEN, 2010: 158). Sobre os transductores, as três conceituações podem ser muito verdadeiras. Elas ainda estão lá, pouco mudadas após chegarem a um término as apresentações que mediaram. O trabelho, por exemplo, dura mais do que o arremesso do laço; o violoncelo dura mais do que o concerto. Mas a obra de arte não está no transductor, mas no que é produzido por ele, e a questão de sua duração não pode ser facilmente respondida. Vamos voltar ao oleiro, na roda. Não é apenas por ser feito do material da argila que o pote dura mais do que os gestos que ajudaram a formatá-la. O pote retém sua forma somente porque ela foi fixada por processos subsequentes de secagem e cozimento (INGOLD, 2000: 418). Em uma instalação da artista Clare Twomey, mesas foram preparadas com filas de potes de argila que tinham sido trabalhados na roda, mas que não estavam ainda cozidos. Estavam cheios de água, tirada de uma jarra. Diante dos olhos do espectador, eles se deformaram, racharam e tombaram, como se estivessem em câmera lenta, descarregando seu conteúdo sobre tampos de mesa e no chão, com o acompanhamento do gotejar da água corrente, enquanto novos potes eram continuamente substituídos em seu lugar. Nessa apresentação, cada pote se tornara uma coisa vivente, nem tanto a realização fixa e final de um projeto anterior, mas o veículo passageiro de uma esperança sempre renovada, mas em última análise, abandonada.

Figura 7.8 "É loucura. É beleza." Close de instalação pela artista Clare Twomey. Na *performance* de seu trabalho, segundo a declaração da artista, "a ação repetitiva de encher continuamente *bowls* de cerâmica não cozidos, que então derramam, isola a noção de ação e esperança contínua no âmbito da condição humana". Reproduzido por cortesia da artista.

Como mostra esse exemplo, não podemos assumir que os potes sejam estáveis simplesmente por causa de algum aspecto de sua "materialidade". O estudo de Alberti sobre cerâmicas pré-históricas do Noroeste da Argentina já nos ensinou que apesar das assertivas de Olsen (2003: 88) e de muitas outras contrárias, não há nada intrinsecamente *sólido* sobre o mundo dos materiais. Alberti sugere que para os povos que originalmente fabricaram e usaram cerâmicas, estas "podem ter sido consideradas menos estáveis e confiáveis do que outras formas do discurso" (ALBERTI, 2007: 219). Por quanto tempo, então, comparados com essas outras modalidades discursivas – dialógicas, gestuais, verbais – podem durar os potes? Quanto tempo duram os corpos? O que dura mais, o *Guerreiro* de Moore ou sua cópia infestada pelos mexilhões? Se a longevidade for julgada pela preservação da forma, então não há dúvida de que ela vence. Mas se nossa preocupação for com a continuidade do processo – isto é, com a *permanência* da expectativa de vida de uma coisa, ou com o tempo que ela pode continuar a ser – então a *Peça de Infestação* é facilmente a vencedora, uma vez que ganhou uma nova licença de vida de sua temporada debaixo da água, enquanto a vida do *Guerreiro* já terminara no momento em que a escultura ficou pronta. Assim, também, os potes de Twomey voltaram a viver, ainda que por um breve período, enquanto a água era despejada neles[37].

Joshua Pollard (2004: 51-53) descreve como os artistas contemporâneos que se ocupam do meio ambiente desafiaram nossos conceitos sobre a durabilidade das coisas, produzindo obras que são transitórias e efêmeras. Quando Andy Goldsworthy, por exemplo, lança um punhado de gravetos no ar, a obra resultante não dura mais do que o gesto que a anima e que indubitavelmente é uma coisa. Para ele, a força de uma obra reside precisamente nas "energias" que emanam dos materiais em seu movimento, crescimento e decadência, e nos momentos mutáveis, quando caem juntas como uma coisa só (apud FRIEDMAN, 1996: 10). Aqui são os materiais que perduram, e não as formas mais ou menos transitórias em que são moldados. O ato de arremessar, como Goldsworthy demonstra, e como as nossas experiências com as pipas voadoras também provaram, não é tanto o efeito em direção ao exterior feito por uma ação corporificada, quanto a propulsão de um ser animado quando ele se lança no mundo. Essa é, realmente, a propulsão da própria vida.

---

37. O mesmo poderia ser dito da *Máquina do mundo*, de Laura Vinci, discutida no último capítulo (p. 105-106). Pelo menos em princípio, a máquina pode continuar operando para sempre, embora os montículos de mármore que cria sofram incessante transformação. Uma estátua esculpida a partir do mármore sólido, por outro lado, embora possa reter sua forma perpetuamente, torna-se de fato sem vida.

Figura 7.9 Um punhado de varetas jogadas para o ar, na praia de Lago Pielinen, leste da Finlândia (cortesia de Susanna Ingold).

Interação e correspondência

Antes que o teclado apagasse todos os traços da escrita manuscrita, e antes de que o *e-mail* os levantasse da página, as pessoas costumavam enviar cartas umas às outras. Nelas, contariam sobre seus negócios, sobre como estavam passando, e ao mesmo tempo responderiam a recordações e sentimentos expressos nas cartas que haviam recebido recentemente. Era habitual usar a palavra *correspondência* para essa prolongada troca de cartas. Uma palavra à qual também recorri em um bom número de pontos de minha argumentação, e eu gostaria de concluir este capítulo explicando melhor o que quero dizer com isso. A questão da troca de cartas ressalta dois aspectos que considero essenciais para a correspondência: primeiro, que é um movimento executado em tempo real; e segundo, que é um movimento autoconsciente. No primeiro caso: escrever cartas exige tempo, assim como acontece com a espera delas e a sua leitura, quando chegam. Uma correspondência é mais como um revezamento: cada participante tem a sua vez de apanhar o bastão e passá-lo adiante, enquanto outros permanecem temporariamente quietinhos, esperando a sua vez. Podem, é claro, ficar esperando para sempre, e gradualmente abandonar a esperança, no entanto não há como saber se ou quando uma correspondência interrompida poderá ser retomada. Assim, enquanto as cartas podem estar indo e vindo, a correspondência não tem um ponto de partida ou de término. Simplesmente, ela continua. No segundo caso: as linhas de correspondência são linhas de sentimento, de percepção sensorial, expressas ou não – ou não somente – na escolha de palavras, mas também nos gestos manuais da escrita e dos traços que deixa na página. Ler uma carta não é apenas ler *sobre* a pessoa que a manda, mas ler *com* ela. É como se o que escreve estivesse falando por meio da página, enquanto você – o leitor – estivesse ali, ouvindo.

Há muito tempo, Alfred Schutz, fenomenólogo do mundo social, teve a mesma ideia na caracterização da vida social como processo de "envelhecer junto". Partilhando uma comunidade de tempo, afirmava Schutz, cada consorciado participa no decurso de vida de cada uma das outras pessoas (SCHUTZ, 1962: 16-17). Em um artigo famoso, comparou essa participação necessária a ato de se fazer música. Os componentes de um quarteto de cordas, por exemplo, não estão trocando ideias musicais – neste sentido, não estão *interagindo* –, mas estão se movimentando em conjunto, ouvindo o que tocam, e tocando enquanto ouvem, partilhando a cada momento "o vívido presente" de cada um (SCHUTZ, 1951). Nos nossos estudos da caminhada diária, meu colega Jo Vergunst e eu chegamos a uma conclusão muito parecida (LEE & INGOLD, 2006). Descobrimos que caminhar lado a lado era geralmente experimentado como uma forma de atividade particularmente adaptada a companheiros. Mesmo enquanto conversam, como habitualmente fazem os companheiros, raramente fazem contato imediato olho a olho, no máximo inclinando suas cabeças ligeiramente um para o outro, enquanto coordenam seu ritmo e seus passos por meio da visão periférica, especialmente sensitiva ao movimento. Descobrimos que, pelo contrário, a interação direta, face a face, era muito menos sociável. Uma diferença crucial consiste em que, caminhando juntos, os companheiros virtualmente partilham o mesmo campo visual, enquanto na interação face a face cada qual vê o que está por trás das costas do outro, abrindo assim possibilidades para engano e subterfúgio. Quando se viram para encarar o outro, param em seus caminhos, cada qual bloqueando o caminho do outro, e parecem estar presos a uma disputa, na qual as visões não são mais partilhadas, mas conflitantes.

Em um ensaio clássico sobre "interação visual", datado de 1921, o sociólogo Georg Simmel disse que o contato olho no olho "representa a mais perfeita reciprocidade em todo o campo dos relacionamentos humanos", induzindo uma espécie de união entre as pessoas envolvidas. Esta união, sugeriu, "somente poderia ser mantida pela linha mais curta e mais reta entre os olhos" (SIMMEL, 1969: 146). Será então que os amantes ficam olhando diretamente um para o outro? Não, de acordo com John Donne, que em seu poema *Exstasie,* escrito há três séculos, assim descreveu a sua visão:

Our hands were firmely cimented
with a fast balme, which thence did spring,
Our eye-beames twisted, and did thred
Our eyes, upon one double string
(apud GRIERSON, 1947: 16)[38].

O poema de Donne começa com os dois amantes juntos pelas mãos e, no entanto, inteiramente separados, um sobre e contra o outro, jazendo imóveis – "como estátuas sepulcrais". A conjunção de seus corpos não era suficiente para torná-los um só. Para atingir a união que desejavam, suas almas deveriam levantar-se de suas amarrações corporais e fluir através dos olhos, de onde eles girariam em torno um do outro em um espaço intermediário, "suspenso 'entre ela e eu'", como se estivessem entre dois exércitos inimigos. Negociando ali, em suas duplas linhas de olhar, enquanto os corpos que tinham conseguido permanecer imóveis, eventualmente conseguiam obter uma união de onde cada alma falava com a voz do outro. Somente quando atingirem o uníssono, poderão as duas almas descer de volta aos corpos dos quais haviam saído, trazendo a desejada unidade de corpo e alma, na consumação do amor e de sua decorrente recompensa.

Não temos de subscrever a metafísica complexa e algo esotérica de Donne para apreciar a força da distinção que traça entre a *overagainstness* (a palavra usada por Donne era *entergraft)* de corpos cimentados e embalsamados e o enlaçamento de almas evanescentes, leves. Em nossos termos, essa é a distinção entre interação e correspondência – isto é, entre a dança da ação e a dança da animação. Uma linha reta traçada entre dois pontos, na descrição de Simmel sobre a posição olho no olho, deixa cada ponto imóvel e insensível. Tal contato pode ser racional, mas não pode ser sensível. Como caminhantes que discordaram para se ajustarem um ao outro, ou passageiros naquela espécie de carruagem conhecida como *vis-à-vis,* ou realmente como os amantes de Donne de mãos dadas, ou mesmo no *Guerreiro* de Moore, não há saída. O prefixo *inter*, em "interação", indica que as partes que interagem estão fechadas uma à outra, como se pudessem somente se conectar através de alguma espécie de operação de ponte. Essa operação é inerentemente destemporalizadora, cortando através dos caminhos do movimento e se transformando, mais do que se juntando a eles. Na correspondência, pelo contrário, os pontos são estabelecidos em movimento para descrever linhas que se enrolam uma em torno da outra, como melodias no contraponto. Basta pensar, por exemplo, nas linhas melódicas entrelaçadas do quarteto de cordas. Os músicos podem estar sentados, opostos uns aos outros, e seus corpos fixos no lugar. Mas seus movimentos e os sons obtidos correspondem, procurando uma

38. "Nossas mãos estavam firmemente unidas / Com um rápido bálsamo, que então se espalhou, / Nossas linhas de olhar se cruzaram, e guiaram / Nossos olhos, ao longo de uma corda dupla" [N.T.].

união que não difere da obtida pelas almas em êxtase de Donne, nem aqui nem lá, mas entre os dois lugares.

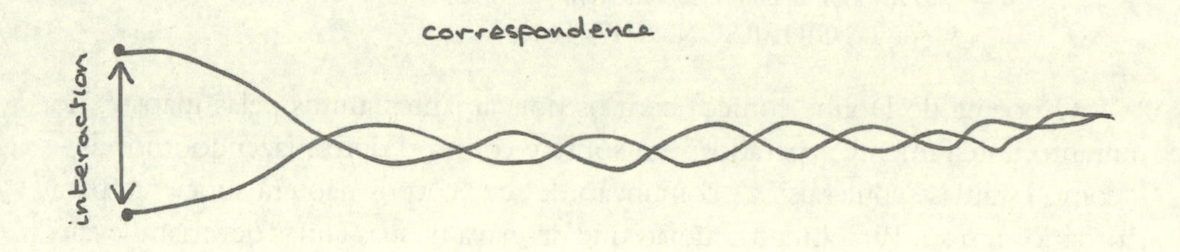

Figura 7.10 Interação e correspondência.

Essa noção de correspondência, admitamos, vem com certa provisão de bagagem teológica. Por exemplo, era central ao pensamento do místico Emanuel Swedenborg, do século XVIII, para o qual ela descrevia as relações de mutualidade e harmonia entre todas as coisas naturais e espirituais, terrenas ou celestiais. Dali, essa noção reapareceu nos escritos de Charles Baudelaire, cujo famoso poema, *Correspondences,* apresenta o homem que está procurando seu caminho no mundo natural, rodeado por uma polifonia de vozes e uma floresta de olhos, na qual "perfumes, sons e cores correspondem" (apud AGGELER, 1954). Talvez estivesse também na mente de Johann Wolfgang von Goethe, quando escreveu sobre a relação entre a luz do sol e a visão: "se não fosse o olho como um sol, não poderia ver o sol" (LUKE, 1964: 282). Com isso ele não queria dizer que o olho parece ser o sol, mas que é formado para ser capaz de responder à sua luz. Na sua *Bedeutungslehre* (Teoria do significado), de 1940, um biólogo nascido na Estônia, Jakob von Uexküll, inverteu essa ideia, para argumentar que "se o sol não fosse semelhante ao olho, não poderia brilhar em qualquer céu". Seu argumento era que o céu, e o sol como uma luz celestial que ilumina o céu, só poderiam existir no mundo fenomenal – que ele chamava de *Umvelt* – de criaturas com olhos. Exatamente da mesma maneira, a abelha corresponde com a flor portadora de pólen, e a aranha com a mosca. As vidas das criaturas, sugere Uexküll, processa-se contrapontisticamente, cada qual tomando para si algo das características da outra, para assim ser capaz de responder a ela (VON UEXKÜLL, 2010: 190).

Em recente meditação sobre o tema, Lars Spuybroek imagina que, ao caminhar por um campo, descobre um pequeno grupo de pedras onde cresce uma plantinha, e gosta do que vê:

> Nitidamente as pedras estão em certa correspondência, se não em acordo, porque o vento e a água as moveram, rolaram sobre o solo e as fizeram descobrir uma impressão, criar um pequeno grupo, um pequeno ninho onde uma planta poderia começar a crescer e ser protegida –, mas onde é que o meu sentimento de gostar delas se situa? Está somente em

> mim, subjetivamente apreciando a visão, ou está em [...] uma correspondência extensa? Estou com as pedras e com a planta imediatamente, encaixando-me com elas [...]. O que [...] flui para dentro e para fora, como a apreciação das pedras? O sentimento, flui. Todas as relações são relações *sentidas* (SPUYBROEK, 2011: 152).

Meu argumento neste capítulo, do mesmo modo, foi que o sentimento do oleiro, igualmente, flui para dentro e para fora, numa correspondência com a argila, o do pastor em correspondência com a corda impulsionada pelo ar, o do empinador correndo com o vento, e o do violoncelista produzindo o som[39]. Até mesmo o *Musselled Moore* [*Moore infestado*] desenvolve um sentimento pelas águas do lago Ontário. Corresponder com o mundo, em suma, não é descrevê-lo, ou representá-lo, mas *responder a ele*. Graças ao trabalho mediador da transducção, é misturar os movimentos próprios da conscientização sensível de cada um com os fluxos e correntes da vida animada. Essa mistura, em que sentimento e materiais se entrosam um ao redor do outro no seu duplo fio até – como linhas de olhar dos amantes – se tornarem indistinguíveis, é da essência da construção.

39. César Giraldo Herrera (em comunicação pessoal) me lembra que a palavra *cogito*, em latim, é um composto de *co* (implica proximidade e mutualidade) e *agito* (agitar, guiar, conduzir ou cuidar de). Assim, *cogito* significa literalmente coagitar, conduzir e ser conduzido, agitar e ser agitado, cuidar e ser cuidado, e a frase *cogito ergo sum*, que é muito mais antiga do que Descartes, poderia muito bem ser traduzida como "Eu correspondo, logo, sou".

8
Contando pela mão

Conhecimento pessoal

Michael Polanyi, introduzindo uma série de palestras sobre *The Tacit Dimension* (A dimensão tácita), declarou que "podemos conhecer mais do que podemos dizer" (POLANYI, 1966: 4). Referia-se aos meios de conhecimento e produção que crescem através da experiência e prática de um ofício, mas que aderem tanto à pessoa do artesão que permanecem fora do alcance de explicação ou análise. O seu argumento era que o conhecimento do tipo formal e autoconsciente explícito é apenas a ponta de um iceberg, comparado com o imenso reservatório de saber que jaz debaixo da superfície e sem o qual nada poderia ser praticamente realizado. No entanto, enquanto Polanyi estava primariamente interessado no que significa *saber*, o meu interesse, neste momento, relaciona-se mais com o que significa *dizer* [*tell*]. Em suas reflexões sobre a natureza do conhecimento pessoal, Polanyi parece ter assumido que *dizer* é equivalente a colocar o que se sabe em palavras, no discurso ou na escrita, o que acarreta duas coisas: *especificação* e *articulação*. Assim, ele considera como parte inespecífica do conhecimento "o resíduo deixado não dito por articulação defeituosa" (POLANYI, 1958: 88). Neste capítulo pretendo argumentar, pelo contrário, que *podemos* contar o que sabemos através da prática e da experiência, precisamente porque contar é em si uma modalidade do desempenho que *abomina* articulação e especificação. Segue-se que o conhecimento pessoal não é inteiramente tácito, como pensava Polanyi. Parte do problema é que o termo *tácito* tem várias nuances de significado, indo do silente ao implícito, através do não dito. O que permanece não dito não precisa ser deixado sem expressão; e nem o que permanece não escrito necessita permanecer sem inscrição. Além disso, o que não é explicado pode ainda encontrar expressão em palavras faladas ou escritas. Como sabem muito bem os antropólogos que trabalharam com artesãos habilidosos, seus mentores inclinam-se frequentemente a explicar seus ofícios a altas vozes, com grande poder de demonstração e durante muito tempo. A figura do artesão silencioso, que fica mudo quando lhe perguntam o que faz, ou como ele o faz, é em grande parte uma figura de ficção sustentada pelos que têm um nítido interesse em manter monopólio acadêmico sobre a palavra falada e escrita.

O verbo *contar* (*to tell*) tem dois sentidos correlatos. De um lado, uma pessoa que pode contar tem a capacidade de recontar as histórias do mundo. De outro, contar é ser capaz de reconhecer pistas sutis no seu ambiente e de responder a elas com julgamento e precisão. Os caçadores, por exemplo, são compulsivos contadores de histórias, mas podem também contar sobre a localização e os movimentos recentes de animais, pelos seus rastros. Os arqueólogos contam sobre os habitantes das povoações do passado, mas também podem contar, examinando sutis descolorações na terra, onde ficavam as estacas de madeira dos edifícios. Os que escrevem cartas contam sobre seus negócios, mas também podem contar, pelas inflexões da linha manuscrita, como está se sentindo um correspondente que lhes tenha escrito. E assim por diante. Os dois sentidos de *contar* estão intimamente relacionados, porque para os que escutam, observam ou leem – incluindo, naturalmente, o antropólogo engajado na observação participante (cf. capítulo 1) – contar histórias é uma educação da atenção. Por meio dela, as coisas são mostradas aos iniciantes, para que possam descobrir por si quais os significados que as histórias podem ter, nas situações de sua prática corrente. Encontrando o seu caminho na companhia dos que são mais preparados do que eles, e ouvindo suas histórias, os iniciantes adquirem o conhecimento de seus predecessores, por meio de um processo que poderia ser melhor descrito como uma "redescoberta guiada", em vez de recebê-las prontas-para-usar através de algum mecanismo de réplica e transmissão (INGOLD, 2011a: 162). Em suma, contar não é explicar o mundo, fornecer informações que resultariam em uma especificação completa, tornando óbvia a necessidade de que os iniciantes têm de inquirir por conta própria. É, antes, traçar um caminho que outros possam seguir. Assim, o caçador, educado com histórias de caça, pode seguir uma trilha; o arqueólogo treinado pode seguir suas pistas, o leitor competente pode seguir o que está escrito.

O segredo das histórias é que elas fornecem aos iniciantes os meios de falar do que sabem *sem* especificá-lo. Elas não contêm obrigatoriamente informações criptografadas, mas oferecem pistas de onde se deve ir e o que se deve procurar[40]. É por esse motivo que são tão eficazes como meios de educação. Uma especificação completa não ofereceria uma orientação: realmente, deixaria o aprendiz perplexo, a ponto de proceder como se faz com as especificações técnicas que frequentemente acompanham instrumentos mecânicos ou eletrônicos, e que são tão incompreensíveis para os que não tenham ainda se familiarizado com a sua operação. *No lugar da especificação sem orientação, a história oferece orientação sem especificação.* A distinção é exatamente igual à que introduzimos anteriormente, no capítulo 5, entre visão antecipada preditiva e antecipatória. A primeira pode

40. De maneira não infrequente, as histórias são acomodadas na forma deliberadamente estimulante de enigmas, os quais só podem ser resolvidos – como vimos no caso dos materiais (cf. capítulo 2, p. 52) – por observação cuidadosa do que há ali. Cf. tb. Ingold (2011a: 172-174).

dar um plano, mas é a última que permite ao aprendiz desenvolver seu trabalho, ou, como diz Polanyi (1958: 62), "sentir nosso caminho à frente", cumprindo uma tarefa. As especificações fornecem informações *sobre* o que foi especificado, sobre os materiais que devem ser usados, sobre partes e suas dimensões, sobre movimentos que devem ser feitos. Elas definem um projeto. Mas as histórias, ao serem contadas, saem *de* corpos em movimento e materiais vitais. Elas estabelecem um itinerário. É precisamente devido ao fato de seu conhecimento e sua prática terem o mesmo caráter itinerante que, quando contam histórias, os profissionais podem estabelecer correspondência entre uma e outra. Vimos no capítulo 3 como, no caso da fabricação de um machado de mão, o processo de laminação é um avanço, um cortejo que avança por um caminho, mais do que a construção de partes em um todo predeterminado. E no capítulo 4, vimos como a catedral medieval se parece mais com uma colcha de retalhos do que com um quebra-cabeças terminado. A forma do machado também não vem da concatenação de operações discretas, e nem a estrutura da catedral da junção de peças já cortadas. Nem o machado e nem a catedral são, neste sentido, "encaixadas".

É aqui que a questão da articulação aparece. Pois a reunião ou concatenação de elementos rígidos, presos nas junções em uma totalidade maior, é exatamente o que a articulação *significa*. O que os linguistas chamam de "discurso articulado", por exemplo, supõe-se que deva ser reunido na mente do que fala, antes da sua expressão vocal, pela junção de fenômenos, para formar morfemas, para que os morfemas formem palavras, palavras formem frases e frases formem sentenças completas ou cadeias sintáticas. Mas se toda a fala fosse assim, não teríamos histórias, nem mito, nem poesia, e realmente nenhuma arte verbal, de qualquer espécie. Se toda construção fosse assim, não teríamos machados nem catedrais. E se todo o pensamento fosse assim, não teríamos simpatia. A articulação – ou o que atualmente é tido como "unido pelo pensamento" – pode ser amiga da razão, mas é inimiga da conscientização. Paralisa o sentimento. Assim, o que Polanyi corretamente identificou como desencontro entre o conhecimento articulado e o pessoal é, mais fundamentalmente, um desencontro entre a integração lateral de proposições interconectadas e a correspondência longitudinal de movimentos entrelaçados. Enquanto o conhecimento articulado assume a forma de declarações *sobre* o conhecido, o conhecimento pessoal cresce ao mesmo tempo *de* e se desenvolve *no* campo da consciência compreendido pela correspondência entre a consciência do aprendiz e os materiais com os quais ele trabalha. Em relação ao conhecimento articulado, então, o conhecimento pessoal não está mais escondido profundamente na psique, mas erguido à frente da conscientização. Na realidade, ele não está absolutamente submerso, como sugere a analogia com o iceberg, mas antes oscila *em torno e entre* as ilhas reunidas pelo conhecimento articulado. O profissional habilidoso sabe como negociar essas passagens. Seria o mais grave dos erros olhar para tais habilidades como subconscientes, como se fosse possível "saber sem pensar", quando de fato seu trabalho requer a mais intensa concentração. Basta lembrar do relojoeiro que encontramos no capítulo 5, entre seus parafusos e molas! Ele está pensando com seus olhos e com seus dedos. Ele é um intermediário, como todos os outros artesãos.

Não discordo de Polanyi, portanto, pela distinção que faz entre conhecimento pessoal e articulado. Minhas únicas objeções são quanto à sua identificação da articulação com o ato de contar, e quanto à inferência que extrai, isto é, que o articulado permanece não contado e, portanto, tácito. Na realidade, contar é o oposto de articulação. Pois em ambos os sentidos – tanto na relação verbal de histórias como na reunião de consciência sensorial com variações materiais – contar é uma prática de correspondência. No nível pessoal, conhecer e contar são uma coisa só. Este é o nível de conhecimento vindo do íntimo que, como vimos no capítulo 1, une os *4 As* da antropologia, arqueologia, arte e arquitetura. E minha única pretensão na união dessas disciplinas, motivadora de todo o meu comportamento, é que elas podem ser ensinadas, aprendidas e estudadas precisamente por serem meios de conhecimento que crescem do interior do ser e que não obrigam os seus operadores ao silêncio. Como construtores, geralmente, os especialistas dos *4 As podem* contar o que sabem. Podem contar *tudo*. No entanto, a única coisa que não podem fazer – pelo menos sem grande dificuldade e potencial perda de significado – é articular o seu pensamento.

A humanidade da mão

Temos olhos para vigiar e olhar, ouvidos para ouvir e narizes para cheirar o ar. Cada um desses órgãos de percepção é localizado na cabeça. Eles nos permitem contar como as coisas se passam, em um desses sentidos. Narizes e orelhas não podem contar histórias, e nem os olhos, a menos que, com Jacques Derrida (1993: 126-128), sustentemos que a função própria dos olhos não é a de ver, mas a de chorar. Por detrás do véu das lágrimas que embaçam a visão, diz Derrida, os olhos podem falar de sofrimento, perda e dor, mas também de amor, alegria e excitação. Até mesmo os cegos podem chorar. Admitamos, então, que os olhos podem às vezes nos contar mais no último sentido do que no primeiro: eles podem não ver tão bem, mas se olharmos dentro deles, veremos lá uma história. Os pintores retratistas sempre souberam disto. Mas para encontrar o órgão mais conspícuo no contar de histórias temos de ir mais para baixo, da cabeça até a laringe. Nos humanos, as cordas vocais funcionam somente marginalmente, e muito no fundo da cena como órgãos de percepção. Agindo em conjunção com o ouvido, elas formam um sistema de ecolocalização que nos permite, por exemplo, saber, na maior escuridão, se estamos em um espaço fechado ou aberto. Mas é a voz que nos permite falar e cantar. Em tempos primitivos, isso nos teria também permitido ler. Os leitores medievais não viam as palavras já formadas no papel, como nós, modernos, fazemos. Eles tinham de se valer das inscrições na página, mas como um músico lendo uma partitura, permitindo que as palavras emergissem ou "saíssem" do próprio processo de sua enunciação vocal e pudessem ser identificadas pelo ouvido (SAENGER, 1982: 384). Não era a voz do leitor que criava essas inscrições, no entanto. Era a mão do escriba.

Comparada aos olhos, ouvidos e o nariz, de um lado, e à caixa da voz do outro, a mão é única no que se refere à combinação que faz, contando com ambos os seus aspectos[41]. Quanto mais eloquentes são os olhos, menos eles veem; quanto mais veem, menos expressam. Com a mão, isso não acontece. A mão não somente tem a primazia entre os órgãos do tato, mas consegue também contar as histórias do mundo em seus gestos e na escrita ou nos desenhos que faz, ou nas manipulações de fios ao tecer, fazer rendas e bordados. Realmente, quanto mais gestualmente animada seja a mão, mais ela sentirá. Vista anatomicamente, a mão é um arranjo maravilhosamente intrincado de pele, ossos, músculos, tecido e nervos, alimentado com o sangue que pulsa através das artérias do punho. Mas não devemos exagerar o contraste entre mão e cabeça. As mãos não são instrumentos remotamente operados de um comando e centro de controle localizado no cérebro. Como explica o anatomista Frank Wilson, "o cérebro não vive dentro da cabeça, mesmo que este seja seu habitat formal. Ele alcança o corpo, e com ele atinge o mundo exterior" (WILSON, 1998: 307). Assim, até a ponta dos dedos, e na verdade além dela, a mão é uma extensão do cérebro, e não um dispositivo separado que seja controlado por ele. Mas se, como Wilson continua a dizer, "cérebro é mão e mão é cérebro", então a pergunta que tanto preocupou filósofos e psicólogos, se mente e cérebro são a mesma coisa ou diferentes, e se diferentes, como uma excede o outro, deve ser dirigida também à mão. Adaptando a declaração de Wilson, será que podemos dizer que "mente é mão e mão é mente"? *A mão do humano* pode ser uma extensão do cérebro, mas não é a *humanidade da mão* um fenômeno da mente?

Conta-se frequentemente a história de como a mão humana evoluiu, em conjunto com a locomoção bípede, o aumento do uso de instrumentos e, por último, a expansão do córtex cerebral, e eu não vou repetir essa história aqui (NAPIER, 1993). Não pode haver dúvida de que, comparadas com as mãos de outros primatas, para não mencionar as patas, garras, presas e outras próteses equivalentes de outros animais, as mãos dos seres humanos são verdadeiramente sem paralelo, principalmente por três motivos. Primeiro, por terem dedos flexíveis que podem

41. Omiti, talvez de maneira injusta, a língua, que é tanto um órgão do gosto quanto está intimamente envolvida na produção da fala. Ela merece mais crédito do que geralmente recebeu.

ser movidos independentemente; segundo, por terem unhas em vez de garras, permitindo maior jogo em lugares sensíveis, como as pontas dos dedos; terceiro, e mais importante, cada mão tem um polegar que pode ser girado graças a uma articulação em forma de sela, na sua base, perfeitamente oposta à ponta inclinada do index, que tem a extensão certa para unir-se a ele. Esta última propriedade permite o toque de precisão no qual as mãos humanas são únicas, usado em quase todo exemplo de construção habilidosa (TALLIS, 2003: 267). Nas palavras de Sir Charles Bell, professor de cirurgia na Universidade de Edimburgo, em seu *Bridgewater Treatise* de 1833:

> [...] na mão humana...temos a consumação de toda a perfeição de um instrumento. Isto, como percebemos, consiste no seu poder, que é uma combinação de força com variedade e extensão do movimento; vemos isso nas formas, relações e sensibilidade dos dedos e do polegar, nas capacidades de segurar, puxar, rodar, tecer e construir; propriedades que são encontradas em outros animais, mas que estão combinadas para formar este instrumento muito mais perfeito (BELL, 1833: 209).

Apesar de tudo, Bell permaneceu convencido de que a essência da humanidade não está na mão, mas na mente, a cujo serviço a mão não é mais do que um instrumento, obediente a cada desejo e comando.

No entanto, em uma meditação sobre a mão no curso de suas palestras sobre *Parmênides*, realizadas na Universidade de Friburgo em 1942-1943, Martin Heidegger (1992) virou esta visão de cabeça para baixo. Para ele, a mão não é um mero instrumento; o seu papel é mais o de estabelecer a própria possibilidade de instrumentação, fazendo com que as coisas possam estar "à mão"; a mão do ser humano pode ser distinguida pela precisão da sua pegada; contudo, a humanidade da mão, segundo Heidegger, está na sua possessão por intermédio da palavra. "O homem não 'tem' mãos, mas a mão contém a essência do homem, porque a palavra, como domínio essencial da mão, é o terreno da essência do homem" (HEIDEGGER, 1992: 80). Assim, a linguagem segura a mão, e a mão segura o homem. Graças à linguagem, e por meio da mão, o mundo se abre para o ser humano de um modo que não é aberto e não pode se abrir para o animal. Nas palestras sobre *Os conceitos fundamentais da metafísica*, realizadas em Friburgo, em 1929-1930, mas que permaneceram inéditas até 1983, Heidegger estabeleceu sua posição inequívoca sobre a questão do absoluto predomínio dos humanos. Os animais, disse ele, são *pobres em mundo*, enquanto somente os humanos são *formadores de mundo* (HEIDEGGER, 1955: 177). Preso ou *cativo* (ibid.: 239) em um mundo do qual não sabe nada, o animal pode somente se comportar de acordo com suas inclinações. É um escravo de seus impulsos instintivos, e o mundo existe para ele somente como um ambiente de *desinibidores* (ibid.: 225) que controlam a sua libertação. O humano, pelo contrário, é emancipado dos laços que mantêm o animal cativo, mas pelo mesmo símbolo é lançado em um mundo que não é simplesmente dado, mas deve ser revelado ou tomado pelo que é. É a mão que aciona essa abertura que conduz o que Heidegger (ibid.: 237) chamou de *comportamento* em relação ao mundo, como distinto de um comportamento dentro dele. Graças à humanidade da mão, à sua possessão da palavra, somente os humanos podem estar "à mão", podem ser formadores do mundo, ou, resumindo, somente eles podem *falar*, no sentido de abrir ou revelar. Mas, mais do que isso, eles podem contar no outro sentido, o de rememoração. Em uma palavra, eles podem *escrever.* Donde resultar, segundo Heidegger, que escrever somente conta quando a escrita é manuscrita. Aos nossos olhos, a escrita que conta aparece na forma manuscrita da escrita; donde "a palavra como escrita ser manuscrita" (HEIDEGGER, 1992: 80). Este é um ponto crucial, e voltarei a ele lá pelo fim deste capítulo. Neste momento, porém, quero voltar a outro pensador que se aprofundou no exame da humanidade da mão; isto é, o especialista em pré-história André Leroi-Gourhan.

A inteligência dos gestos

Já encontramos Leroi-Gourhan no capítulo 3, enrolado na questão de saber se os seus fabricantes de machados de mão "arcantropianos" eram capazes de fazer um projeto inteligente, ou se a atividade técnica meramente saía de seus corpos, somente para escusar o seu fracasso em resolver a questão, admitindo limitações no cérebro do seu *Homo sapiens.* Essas limitações, concluímos, realmente têm mais a ver com a estruturação da questão, dentro das clássicas antinomias de natureza/cultura, corpo/alma e matéria/forma. Essa estrutura encerra o mundo da natureza dentro de uma fronteira – parece ter sido privilégio (ou desgraça) singular da humanidade tê-la cruzado. De um lado da fronteira, a tecnicidade é considerada como sujeita aos imperativos genéticos das espécies; do outro lado, ela está sujeita aos tradicionais imperativos do grupo social. Ostensivamente, *Gesture and Speech* [Gesto e discurso], de Leroi-Gourhan (1993)[42], é um relato de como uma humanidade em ascensão rompeu os limites da existência meramente zoológica, de sua expansão nos domínios da vida social e da cultura simbólica, e da reconfiguração consequente das relações entre mãos e face, liberando as primeiras para as operações técnicas e a última para a linguagem e o discurso. "O surgimento de instrumentos como uma característica das espécies", escreve Leroi-Gourhan (1993: 90), "marca a fronteira entre animal e humano, iniciando um longo período transicional durante o qual a sociologia lentamente se separou da zoologia". Então, como faremos

42. Para um exame detalhado desse livro, cf. Ingold (1999).

para entender a tecnicidade dessas criaturas, nossos ancestrais, cujas vidas foram colhidas na transição? Dessa perspectiva, inevitavelmente os habitantes desse período figuram como anômalos híbridos zoo-sociológicos que não são uma coisa nem outra, mas apenas um pacote de contradições. São inteligentes, no entanto sua tecnicidade parece ser desprovida de pensamento criativo: as formas de seus instrumentos estão amarradas ao plano corporal e, no entanto, são representadas como imagens em suas mentes.

Essas contradições podem se multiplicar ao infinito e nos deixam com uma pergunta fundamental não respondida. Será que podemos, mesmo em princípio, sem levar em conta o critério empírico, reconhecer o que Leroi-Gourhan chama de "ponto de inflexão radical em nossa evolução biológica como espécie zoológica" (1993: 137), de onde a história da tecnologia literalmente se libertou de sua fundamentação em capacidades inatas? Leroi-Gourhan pensa que podemos, e repetidamente identifica isso com um evento na evolução do crâneo, isto é, o alargamento do córtex e, com ele, o desaparecimento da "barreira pré-frontal" – uma ponta óssea acima das cavidades oculares que nos hominídeos pré-humanos dividia a convexidade da espinha do bloco facial. Realmente, essa barreira pré-frontal assume um significado totalmente extraordinário – e, em retrospecto, terrível – estabelecido por Leroi-Gourhan. Mais do que um simples impacto na coluna, ela figura como uma barreira cuja remoção abriu os portões da imaginação simbólica, e lançou a humanidade na maré da plena vida social. Este "evento pré-frontal" foi a liberação final. No entanto, Leroi-Gourhan é somente contraditório, pois assim que se pronunciou sobre "o fato essencial, que nós pertencemos a dois mundos, o zoológico e o sociológico", estabeleceu também o que chama de "terceiro caminho", pelo qual conseguiremos perceber que as vidas tanto dos humanos como dos animais não humanos são "mantidas dentro de um corpo de 'tradições', cuja base não é instintiva nem intelectual, mas, em vários graus, zoológica e sociológica ao mesmo tempo". Sugere que somente então estaremos totalmente aptos a progredir, ultrapassando as preocupações com "a busca da linha divisória entre o natural e o cultural" que tem dominado os últimos dois séculos do pensamento científico, rompendo a barreira disciplinar entre a psicologia animal e a etnologia, e realmente compreendendo "o que é animal e o que é humano" (1993: 220).

A segunda parte de *Gesture and Speech* intitula-se "Memória e ritmos", e é sobretudo na atenção que Leroi-Gourhan dá à ritmicidade e ao caráter mnemônico da atividade técnica, mais do que na fundamentação nos programas genéticos ou no projeto inteligente, que esse terceiro caminho de argumentação aparece. Observa que há um número excessivo de operações que acarretam a repetição regular de certos gestos manuais: estes incluem atos de martelar, serrar e raspar.

E, tenha ou não o artesão uma ideia em mente sobre a forma final do artefato que está produzindo, a forma real emerge do padrão do movimento rítmico, e não da ideia. Esta ideia, realmente, fora esboçada pelo etnólogo Franz Boas em seu livro clássico de 1927, *Primitive Art* [Arte primitiva]. Ele *pretendia* mostrar como a movimentação rítmica perfeitamente controlada do artesão garantia uma certa constância da forma. "Laminando, usando enxó ou martelando, no giro e na pressão regular requerida na fabricação de cerâmica ou na tessitura, são necessariamente conectadas a regularidade de forma e a repetição rítmica do mesmo movimento" (BOAS, 1955: 40). Leroi-Gourhan parece ter chegado à mesma conclusão em sua explicação, já aludida por mim no capítulo 3, de que "os ritmos são os criadores de formas" (1993: 309)[43]. As repetições rítmicas de gestos acarretadas pelo manuseio de instrumentos e materiais não são, contudo, de tipo mecânico, como as oscilações do pêndulo ou o metrônomo. Pois estas são estabelecidas por meio do um contínuo ajustamento sensorial dos movimentos do aprendiz ao ritmo intrínseco dos componentes do ambiente em que ele está engajado. Como o próprio Leroi-Gourhan observa, no curso de uma discussão da relação entre função e estilo, na avaliação estética dos artefatos, "a fabricação de qualquer coisa é um diálogo entre o fabricante e o material empregado" (1993: 306). Este diálogo parece uma sessão de perguntas e respostas em que cada gesto visa permitir uma resposta do material que ajudará a conduzir o aprendiz ao seu alvo. Resumindo, é uma correspondência. A forma final, longe de ter sido conhecida por ele durante todo o tempo e forçada sobre o material, só é plenamente revelada quando o trabalho é dado por terminado.

Segue-se que a inteligência técnica não deve ser encontrada no cérebro ou na mão, e nem mesmo no instrumento por ela segurado. Um objeto que possa ser usado como um instrumento é, em si ou fora de si, não mais do que um pedaço inerte de pedra, madeira ou metal, de uma determinada forma. Da mesma maneira como acontece no discurso anatômico, já observado por nós, a mão é meramente um arranjo de pele, ossos e tecido muscular, e o cérebro uma imensa mistura de neurônios. A inteligência não pertence a nenhuma dessas coisas, se tomada singularmente. Ela é mais inerente ao ato técnico, o gesto, no qual mente e mão se reúnem. "A mão humana é humana", declara Leroi-Gourhan (1993: 240), "pelo que faz, não pelo que é". Em outras palavras, enquanto a *mão do humano* pode ser um órgão anatômico, a *humanidade da mão* é um compêndio de capacidades, cada qual particular de uma ou muitas tarefas em que é

43. É difícil dizer se Leroi-Gouhan chegou a essa conclusão independentemente de Boas. Embora nenhum livro de Boas esteja listado na bibliografia de *Gesture and Speech*, Leroi-Gouhan certamente estava familiarizado com a pesquisa de Boas sobre a arte nativa e o designa da costa noroeste americana, à qual ele se referiu em sua tese doutoral sobre a arqueologia do Pacífico do Norte.

usada e dos gestos que acarreta. Concentram-se em mãos hábeis as capacidades de movimento e sentimento que têm sido desenvolvidas durante as histórias de vida ou da prática passada. É nisso que consiste o aspecto mnemônico da tecnicalidade. Ponha uma serra na minha mão e ela saberá como serrar (INGOLD, 2011a: 58), ponha uma faca e um garfo na minha mão e eles saberão cortar e pegar o alimento, ponha uma pena na minha mão e ela saberá como escrever – como formar as letras e permitir que elas corram uma para a outra. No gesto inteligente, tecnicamente efetivo e perceptualmente atento, mão e instrumento não são tanto usados como *conduzidos ao uso*, pela incorporação em um padrão regular de movimentos rítmicos e destros. E a inteligência deste uso não é colocada como avanço de um ato técnico, mas como uma capacidade da mente individual isolada, como uma propriedade emergente de todo o "sistema de criação de forma" (LEROI-GOURHAN, 1993: 310) que inclui a sinergia gestual do ser humano, do instrumento e do material. Mãos, em uma palavra, podem *contar*; tanto atentando para as condições de uma tarefa à medida que ela se realiza, como em seus movimentos gestuais e nas inscrições que permitem. Leroi-Gourhan apresenta essas inscrições – traços relativamente duráveis de movimentos manuais destros em um meio sólido – sob a rubrica geral de *grafismos*. Voltaremos a examinar esta ideia no próximo capítulo.

Pegar e tocar

Então, o que as mãos podem fazer? Suponho que a resposta seja: "quase tudo". A mão, como diz o filósofo-físico Raymond Tallis (2003: 267), "é plenipotenciária e pode desenvolver-se em qualquer direção que seja benéfica". Os especialistas têm tentado, de tempos em tempos, fazer listas de tudo o que as mãos podem fazer – de seus vários toques, pegadas e pressões –, mas cada lista é diferente. Leroi-Gourhan (1993: 328), por exemplo, faz uma listagem de ferimentos feitos com as unhas, de gestos de pegar coisas com os dedos e com as palmas das mãos, e de manter coisas entre os dedos. A isso acrescenta a nivelação que pode ser exercida pela mão e pelo antebraço trabalhando em conjunto, como no ato de arremessar uma lança. Não se pode deixar de notar um certo preconceito de gênero nessa lista: com todos seus gestos de arranhar, pegar, ferir e furar, parece incarnar um ideal de masculinidade vindo diretamente da Grécia clássica. Eu me pergunto onde está o apertão usado em tudo, do ordenhar das vacas ao torcer de roupas na lavanderia, ou as pancadas na amassadura da argila ou da massa caseira, ou o cavoucar usado para arrancar raízes de vegetais, que em tantas sociedades são coisas feitas pelas mulheres? Mais recentemente, nesta exploração do artesanato, Richard Sennett (2008: 151) focalizou os atos de pegar e de tocar como capacidades básicas de nossas mãos humanas. Referindo-se à obra da antropóloga-física Mary Marzke (1997), ele diz que há três maneiras básicas de se pegar uma coisa: levantando com as pontas do polegar e do indicador (esta é a maneira precisa da pegada, p. ex., quando se está enfiando linha na agulha); colocando um objeto na palma da mão e com movimentos de empurrão o massageando entre o polegar e os outros dedos; e segurando o objeto na mão semifechada, com o polegar e o dedo index colocados em lados opostos , como quem segura uma xícara ou um copo.

Esta classificação, porém, não exaure as possibilidades. Por exemplo, nenhuma dessas pegadas é suficiente para descrever a maneira de segurar uma pena. O que é feito assim: primeiro, descanse a parte inferior da haste no encaixe entre as pontas do terceiro e do quarto dedos, e a parte superior na sela entre a base do polegar e o dedo-índice; depois, uma das pontas do polegar e do índice em uma posição precisa, não para segurar a pena entre eles, mas para suportar a haste com força vinda de cima. Naturalmente, embora essas direções funcionem em nível geral, não são mais do que isso – *direções* – que indicam um modo de fazer, e não a prescrição de um destino fixo e final. No desempenho real, todo tipo de gesto manual admite uma variação infinita. Assim, na prática do desenho ou da escrita cada um de nós acaba por descobrir sua própria maneira de segurar a pena, cada qual um tanto diferente das outras. É por esse motivo que é possível identificar uma pessoa pela sua escrita. Da mesma forma, cada pessoa pode ser identificada pela sua voz. Fonoaudiólogos e terapeutas da fala podem nos direcionar nos gestos e posições da língua e dos lábios, requeridas para produzir certas vogais ou consoantes. Mas no desempenho, cada pessoa tem a sua própria voz, tão reconhecível e distinta como seu rosto, seu jeito de andar, e especialmente sua escrita.

Em relação ao toque, e ao que as mãos fazem segundo o que sentem, pareceria, à primeira vista, que o tacto das mãos está primeiro, na maioria dos casos, nas pontas dos dedos, uma vez que no seu engajamento com as coisas as mãos geralmente procedem primeiro com os dedos, estabelecendo contato inicial pelas extremidades. Sendo um violoncelista, como eu próprio, Sennett tem muito a falar sobre o que chama de "autenticidade" do toque com as pontas dos dedos (SENNETT, 2008: 157). Sobre isso, ele faz uma observação que parece contraintuitiva, mas que certamente vai ao encontro de minha própria experiência. Os iniciantes frequentemente desenvolvem calos de pele endurecida nos lugares dos dedos ou nas palmas das mãos que constantemente se esfregam contra instrumentos ou materiais. Da mesma forma, as pessoas que andam descalças desenvolvem calos, principalmente nos dedões ou nos calcanhares, que estão mais em contato com o chão. Poderíamos pensar que esses calos amorteceriam o tato, ou pelo menos reduziriam a sua sensibilidade; para os que habitualmente andam descalços, os calos agiriam mais como se fossem as solas dos sapatos que todos usamos. Mas, na realidade, segundo sugere Sennett (2008: 153), acontece justamente o contrário. Os calos permitem uma sensibilidade maior, pois tornam menos hesitante o ato de experimentar o solo ou de pisar. O violoncelista pode fazer seus dedos baixarem com segurança pelas cordas do instrumento, porque não são detidos pela antecipação do desconforto. Não somente isso; ele também pode levantar os dedos com o mesmo movimento, assegurando assim a obtenção de uma nota que seja pura, e não irregular nas bordas (ibid.: 151). Da mesma forma, o caminhante que tenha calos nos pés pode pisar sem hesitação e estabelecer um relacionamento de todo o corpo com o chão, enquanto seu parceiro calçado, ao remover seus sapatos, terá de andar somente com muito cuidado. Assim também o remador, cujos ferimentos iniciais na base dos dedos – onde agarram os remos – foram substituídos por placas endurecidas, pode incrementar sua habilidade com confiança, através da água.

Como no remo, no entanto, e em inúmeras outras tarefas, da ordenha e da lavagem de roupa à carpintaria e ao trabalho de alvenaria, a sensibilidade táctil das mãos não se limita às pontas dos dedos, mas se estende sobre superfícies inteiras, na frente e atrás. Retorcidas e desgastadas pelas exigências de suas respectivas tarefas, as mãos dos praticantes hábeis, assim como acontece com as partes de uma árvore pela ação dos elementos, testemunham os anos de esforços repetitivos. Não somente, então, pelo toque e pelo gesto, podem as mãos falar. Pelas marcas e rugas, também são contadas suas histórias de práticas passadas e, no relato de destinos, funcionam como profecias para o futuro. As mãos se abrem para revelar, em suas rugas, as linhas de dobra de suas posições fechadas. Com visão acurada, o vidente pode penetrar por essas linhas e segui-las, como se fossem caminhos de um labirinto, e contar onde o proprietário da mão esteve e para onde poderá estar indo (HALLAM, 2002).

Fazendo cordas

Decidimos – os estudantes do curso e eu – descobrir mais sobre as capacidades da mão, aprendendo a fazer cordas. De todos os procedimentos humanos de artefatos, o relativo à corda é talvez o mais difundido e o menos apreciado. Ninguém sabe quando os nossos ancestrais começaram a fazê-la, uma vez que as fibras orgânicas das quais ela é feita não se prestam à preservação. Mas não há motivo para que as criaturas capazes de fazer machados de mão não tivessem também sido capazes de enrolar cordas. Como os grandes macacos de hoje, os nossos ancestrais mais remotos eram provavelmente usuários de fibra antes de ser usuários de outros instrumentos. E nem deveria ser impossível a eles amarrar as cordas em nós, já que a mesma facilidade é encontrada nos macacos, pelo menos nos que vivem em estreita proximidade com os humanos (HERZFELD & LESTEL, 2005). Willeke Wendrich (1999: 298-300) em seu estudo etnoarqueológico da arte de tecer cestas no Egito, que incluía técnicas pouco mudadas desde os tempos faraônicos, descreve detalhadamente como o fabricante de cestos torce a corda que usa para coser dando voltas adjacentes no rolo. A corda feita com veios retirados das folhas de palmeiras e preparados pela imersão em água, é imensamente forte, cada fio compreendendo um pacote de fibras enroladas na direção oposta àquela em que foram retorcidas em torno uma da outra. A contraposição desses fios retorcidos os mantém reunidos e impedem que se desenrolem: somente poderiam ser desenrolados por um forçado estreitamento da corda; e esta somente poderia se desenrolar pelo reforço dos fios. Cada qual – fios e corda – querem se desenrolar, e com isso terminam por amarrar mais ainda o outro.

Peguei folhas de uma palmeira – sim, as palmeiras crescem até mesmo em um lugar como Aberdeen, frio e batido por ventos, e tínhamos uma delas em nosso jardim até que dois invernos rigorosos e seguidos, 2009-2010 e 2010-2011 terminaram com ela. Segurando uma folha entre o polegar e o indicador da mão esquerda, apertei a borda entre a unha do polegar e o meio do terceiro dedo da mão direita. Usando a unha para arrancar a borda da folha, puxei-a para fora, formando uma tira milimétrica, mas tirada ao longo da folha. Reunindo desta forma uma quantidade suficiente de tiras, deixei-as de molho durante a noite em um balde de água e depois levei-as para a minha aula, no dia seguinte. Já tínhamos lido a descrição de Wendrich da tessitura de cordas feita no Egito, e havíamos acompanhado um vídeo de um cesteiro trabalhando. Com esses guias, começamos a trabalhar com as nossas fibras tiradas das folhas da palmeira. A técnica consiste em colocar os dois pacotes de fibras, cada qual incluindo um fio, na palma estendida da mão esquerda, e então colocar a palma estendida da mão direita de maneira a deslizar sobre a da esquerda, da base à ponta. Ao fazer isso, ela rola e retorce os dois fios. Mas, à medida que a mão direita chega ao fim de seu deslizamento, o polegar e o indicador pegam o fio que está mais longe e o puxam sobre a posição básica, perto do punho, permitindo que o fio básico deslize até ele. O efeito obtido é o de uma meia volta dos dois fios, em direções opostas. Este movimento duplo elementar – o de deslizar e o de pegar – é então repetido várias vezes, enquanto se introduz continuamente fibras adicionais nos pacotes de fios, conforme a necessidade. Não é preciso dizer que nossos esforços foram trabalhosos e desajeitados, e que somente pudemos observar com inveja a maneira pela qual a corda do fabricante de cestos do vídeo parecia desenrolar-se facilmente, enquanto ele a rolava e puxava, com um ritmo regular e quase hipnótico. No entanto, a corda acabou sendo feita e ficamos atônitos com sua força e flexibilidade.

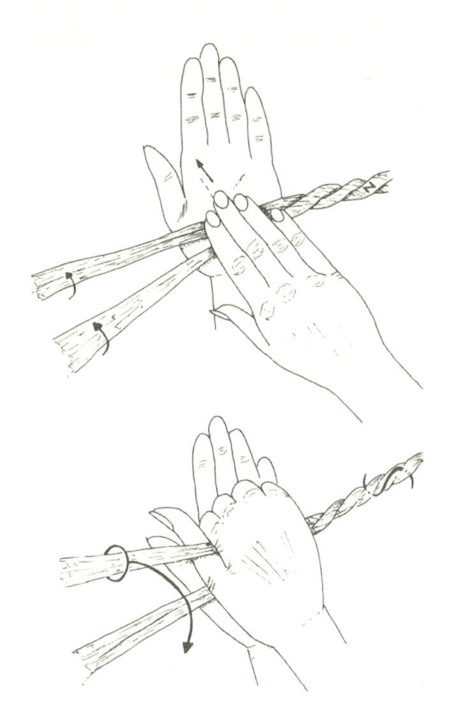

Figura 8.1 Movimentos da mão fabricando corda. Reproduzido de Wendrich (1999: 299) (cortesia do autor).

Figura 8.2 Um pedaço de corda tecido com fibras de folhas de palmeira (cortesia de Susanna Ingold).

O que aprendemos, então? Quatro coisas, realmente: como as mãos conseguem conhecer os materiais ou adquirem um "sentimento" em relação a eles; como elas impõem um ritmo a esses materiais, na iteração de seus próprios movimentos, e como os materiais, por sua vez, conservam uma memória de sua manipulação; como as forças e energias transmitidas aos materiais por meio desses movimentos gestuais os conservam juntos – isto é, como a fricção de torsões opostas faz as coisas se unirem; e a correspondência de materiais, na fabricação. Concluirei esta seção com algumas palavras sobre cada uma dessas quatro lições.

Primeiro: nosso experimento ofereceu uma experiência de tato muito diferente da inspeção de olhos vendados de objetos ou artefatos, ou seja, demonstrando que a tarefa das pontas de dedos que exploram é extrair a forma do objeto e dar dele uma imagem que está na mente. Toda a mão estava em jogo (e não apenas uma, mas ambas), incluindo as palmas, e a impressão foi de textura, mais do que de forma, em um entrelaçamento de sensibilidade corporal e flexão material que poderia ser continuada indefinidamente. Já havíamos tocado sobre esta diferença em nossas experimentações com os objetos e materiais descritos no capítulo 2, e nosso exercício de fazer corda parecia somente acrescentar mais peso a ela. Descobrimos que um dos motivos de julgar nossa tarefa tão difícil era que nossas macias mãos de intelectuais, não habituadas com as abrasões dos instrumentos agrários, eram tão macias que tendiam a deslizar sobre os pacotes de fibras em nossas palmas, e não as deixavam rolar. A fricção, então, é essencial ao tato tecnicamente efetivo (WENDRICH, 1999: 300). Em segundo lugar, a experiência ofereceu uma confirmação vívida da conclusão à qual tanto Boas como Leroi-Gourhan haviam chegado independentemente, da relação entre o movimento rítmico e a forma emergente. Como observa Sennett (2008: 176), "há um ritmo envolvido na concentração" que está longe da rotina monótona do hábito. Enquanto a concentração é sustentada e o ritmo permanece íntegro, a corda será igual. Mas quando a concentração falha, causando a queda do ritmo, e uma batida falhar, então a corda se dobrará. Assim, em suas inclinações e disposição, suas regularidades e imperfeições, a corda retém um registro completo e inalterável dos gestos que intervieram na sua formação. Nada escapa disso. Como a "corda" no termo *re-corde* nos lembra, e como já vimos no capítulo 6, há memória em uma extensão de corda (figura 8.2) e lembrar é, para ela, tornar a se enrolar.

Terceiro: como nas nossas experiências de fazer cestos (cf. capítulo 2), o torcer da corda era gerado em uma espécie de campo de força que incluía tanto as forças produzidas pelos nossos movimentos manuais como as intrínsecas ao próprio material. As fibras não têm nenhuma inclinação inerente a se torcerem. A corda não se forma pela inércia dos materiais, mas por causa das forças contrárias de torsão e fricção transmitidas a eles pelas mãos. Fazer uma corda é mais parecido com enrolar duas espirais ao mesmo tempo, partes de uma espiral maior que é simultaneamente enrolada na direção oposta. Como resultado dessas forças contrárias, um equilíbrio dinâmico é mantido. Os corpos são enrolados e mantidos juntos da mesma maneira. Eles são um tecido de fibras torcidas de cada nível de resolução do DNA dos cromossomas até as voltas do intestino, as cordas vocais e as artérias coronárias. Há uma conexão etimológica antiga entre as palavras latinas referentes ao coração, *cor;* e à corda ou fio, *chorda*, *e ambas* – nas expressões "aprender de cor" e "dar corda" – estão envolvidas na produção da memória (CARRUTHERS, 1990: 172). Topologicamente, o coração é um tubo torcido em um nó. Mas como fonte do sentimento, ele também nos lembra os olhos retorcidos dos amantes de Donne, com os quais finalizamos o último capítulo. E esta foi nossa quarta lição. Pois os raios dos olhos mostram uma percepção inerente no entrelaçamento dos materiais e da consciência, mais do que na projeção de objetos como imagens – isto é, neste sentido, táctil, mais do que óptico – de maneira alguma é confinada à modalidade do táctil. Como Gilles Deleuze e Félix Guattari nos lembram (2004: 543-544), "o próprio olho pode preencher esta função não óptica". Em senso contrário, é claro, como na inspeção de objetos com olhos vendados, as mãos podem desempenhar uma função óptica. A projeção é óptica, mas contar é táctil – seja pelas mãos ou com os olhos. É sentir plenamente. Os fios de nossa corda, quando se enrolam uns nos outros, têm um sentimento mútuo de correspondência não inferior à expressa no olhar ou nos fios do coração. São apenas espécies do mesmo fenômeno. A linguagem do sentimento é tão apropriada e literal para os olhares retorcidos dos amantes como pelas voltas entrelaçadas de uma corda.

A regressão da mão

Hoje, a maioria das pessoas compra cordas já prontas, que já seriam feitas à máquina e não manualmente, e o mais provável é que sejam de materiais sintéticos. Além disso, a própria corda tem menos usos, como acontece também com outras coisas já prontas, em partes pré-designadas para se encaixarem. A corda é para coisas que não são já partes de um todo, mas têm de ser feitas para amarrá-las. Para reunir coisas em um mundo feito de não partes: para correspondência. Mas, em um mundo em que tudo já está reunido, em princípio, se não na prática, rolos de cordas parecem um anacronismo. É o que se encontra escondido em gavetas domésticas. A corda que o pedreiro ou o carpinteiro usava antigamente para alinhar os alicerces, para a linha de prumo, ou para o alinhamento de muros ou de peças de madeira (cf. capítulo 4), há muito foi superada por instrumentos mecânicos de projeção. Não nos permitem mais nem mesmo usar cordas, atualmente, para amarrar pacotes, uma vez que poderiam estragar as máquinas usadas nas agências do correio. Não ter de enrolar nossas cordas – nem mesmo precisar disso – certamente poupa o nosso tempo, que pode ser usado para outras tarefas. Mas será que não perdemos alguma coisa, também? Antes, dizer que um artigo era feito manualmente seria uma declaração óbvia. Como mais se poderia dizer que uma coisa havia sido feita? Com o pé? No mundo de hoje, porém, o *feito à mão* é uma marca de distinção. Há uma conotação de autenticidade e devoção que as pessoas, que cada vez mais são tidas como consumidoras passivas mais do que como cidadãs ativas, sentem que falta em sua vida. Com a cidadania vem a responsabilidade moral, mas como podemos ser responsáveis por um mundo que chega já feito até nós? No mesmo momento em que todo o mundo está na ponta dos nossos dedos, ele também parece estar completamente fora de nossas mãos.

Neste ponto podemos voltar ao credo de Heidegger, de que a mão seria o berço de nossa humanidade. Ela mantém nossa humanidade, pensava ele, da mesma forma como segura uma pena. Quando a pena escreve, ela conta. Ela revela uma forma de ser sensível. No entanto, observa Heidegger (1992: 80), com mal disfarçada repulsa, "o homem moderno 'escreve' com a máquina de escrever". Ele usa aspas em "com" para indicar que datilografar não é realmente escrever *com* alguma coisa, absolutamente. É meramente fazer uma transcrição mecânica de palavras para o papel. O que se perde nessa transcrição é o *ductus* (condução) da própria mão. O próprio movimento pelo qual a mão conta, quando segura uma pena, é aniquilado quando bate em um teclado, pois não deixa traço na página. A correspondência entre gesto e inscrição, entre mão e linha, é rompida. Elas podem instruir, como um diagrama. No entanto, a reunião de letras, as formas do que não têm relação com os gestos percussivos ou impressivos que implicam sua transferência para a página, são estáticos e imóveis. A datilografia não é humana, porque as palavras impressas em uma página são desprovidas de movimentos manuais e de sentimentos. Ou, como diz Heidegger, "a máquina de escrever tira a escrita do domínio essencial da mão" (ibid.: 81). Diz também que toda a pessoa que pensa que não existe diferença entre uma palavra datilografada e uma escrita manualmente, não entende qual seja a essência da palavra. Que é a de nos deixar *ser* na palavra e, sendo, a *sentir*; e, sentindo, contar. Mais do que transmitir a corrente do ser-sentir-contar humano – que a pena apanha e converte nas inflexões da linha manuscrita –, as palavras são reduzidas na operação da máquina de escrever a meros "meios de comunicação", cuja função é transmitir informações codificadas.

Heidegger era, é claro, um pessimista incorrigível que não perdia uma oportunidade de se lamentar sobre a tecnologia, que estava corroendo todos os fundamentos de nossa humanidade. Leroi-Gourhan, pelo contrário, era um otimista da tecnologia que se comprazia em pensar sobre o que os humanos poderiam ser se conseguissem abandonar seus corpos fisiológicos, tão lentos no evoluir e que os mantêm prisioneiros durante tanto tempo, e pudessem "exteriorizar" o seu ser nas próteses mecânicas e computacionais de sua própria criação. Eles poderiam, então, chegar ao fim da linha como espécie zoológica, mas imaginem só o que poderiam fazer, com o centro de gravidade do ser humano sendo transportado do corpo aos aparelhos extrassomáticos. Apesar disso, Leroi-Gourhan compartilhava com Heidegger um profundo respeito pela habilidade artesanal humana – um respeito que devia muito às observações da obra dos armeiros e fabricantes de potes, no curso de sua pesquisa arqueológica antiga, no Japão. Foi isso que o levou a questionar a suposta superioridade da cabeça sobre as mãos, que marcara os relatos principais da civilização humana, e eventualmente a adotar o seu foco no "terceiro-caminho", que atribuía a origem das formas artesanais não à prioridade do conceito intelectual sobre a execução mecânica, mas ao potencial gerador da atividade manual rítmica. Enquanto os humanos de Heidegger enrolavam-se no abraço doméstico da palavra, os de Leroi-Gourhan estavam sempre inventando coisas, usando instrumentos, falando, gesticulando, escrevendo ou apenas caminhando por ali. Mas era sobretudo no trabalho manual dos artesãos, pensava, que a essência de sua humanidade deveria ser encontrada.

O que é encontrado, porém, pode também ser perdido. Tendo explicado a progressão tecnológica que leva da manipulação com mãos nuas trabalhando com instrumentos – diretamente (com instrumento mantido na mão) ou indiretamente (com uma polia ou uma manivela) –, à iniciação de um processo motor (movido a água, vento ou força animal), e eventualmente ao mero fato de se apertar um botão para desencadear um processo pré-programado (como acontece na máquina automática), Leroi-Gourhan conclui que afinal de contas algo é realmente perdido, assim como foi ganho. Imagine-se uma máquina de produzir peças padronizadas de parquet para assoalho. Pode-se alimentá-la com madeira sem ter de prestar qualquer atenção à sua granulação ou aos nós, e dela sairiam blocos perfeitamente formados. Essa máquina, diz Leroi-Gourhan, "sem dúvida representa um avanço social muito importante" (1993: 254). E, no entanto, continua a falar, ela não nos dá outra opção senão a de deixar de ser *sapiens* e se tornar qualquer outra coisa, algo que talvez seja melhor e que certamente será diferente. Pós-humana, talvez? Realmente faz sentido, conclui Leroi-Gourhan, que "não ter de 'pensar com os dedos' é equivalente à falta de uma parte da mente normal e filogeneticamente humana". Em suma, o dedo que aperta o botão e opera a máquina automática é parte da mão que, embora seja ainda anatomicamente humana, perdeu algo de sua humanidade. Aí está o *problema do regresso da mão.* A tecnicalidade tornou-se "desmanualizada" (ibid.: 255).

Comparando os que escrevem à mão e os que datilografam, ou os fabricantes de pré-históricos machados de mão aos operadores do tipo aperta-botão da máquina de fazer peças de parquet, poderíamos supor que a tendência dominante do progresso tecnológico tem sido a de passar das mãos às pontas dos dedos. Em seu ensaio de 1951, O *que nos faz pensar*, escreveu Heidegger (1993: 381), "a mão carrega" (HEIDEGGER, 1993: 381). Com nossas mãos podemos segurar as coisas e levá-las conosco. Sobretudo, podemos segurar as mãos dos outros, e desta maneira tanto guiar como sermos guiados na condução da vida: é isto o que a retórica medieval conhecia como *manuduction* (CANDLER, 2006: 5). A mão que segura e leva, é fiel e cuidadosa. As pontas dos dedos, pelo contrário, embora possam tocar, são incapazes de segurar ou de fazer – pelo menos, sem chamarem o polegar em sua ajuda. Este contraste, no entanto, não é suficientemente preciso. A questão-chave é saber se as mãos, ou as pontas dos dedos, podem *sentir*. Não podemos negar sentimento ao violoncelista quando mantém as cordas com as pontas dos dedos, ou ao pianista quando pressiona ou bate nas teclas. Há aqui uma ininterrupta continuidade vinda do gesto tecnicamente efetivo até o som subsequente[44]. Mas, será que o operador de um caminhão provido de caçamba sente o peso da carga que está levantando? Ou que o operador da máquina de fazer peças de parquet sente a mordida da serra quando corta a madeira? O datilógrafo sente as formas diferentes das letras que está escrevendo? Se a resposta, em cada caso, for "não", então o toque do dedo, por mais sensitivo e preciso, é desprovido de sentimento. A ponta dos dedos interage com a máquina, através da *interface* do botão ou chave, mas seus gestos não correspondem com os movimentos materiais ou traços subsequentes. O dedo é apenas um *prod* e o seu contato com a interface é um *hit*. Como em contato olho a olho, o hit estabelece uma relação que é ótica mais do que táctil, racional, mais do que sensitiva.

Tem sido objetivo do progresso tecnológico substituir a sensibilidade do toque das pontas dos dedos pela correspondência sensível de *contar pela mão*. Nesta substituição, o manuseio, o alcance e a pegada tornam-se metáforas do entendimento modeladas em uma experiência corporal, mais do que em movimentos animados de direito próprio (JOHNSON, 2007: 166; BRINKMANN & TANGGAARD, 2010: 249). Dizemos que *alcançamos* um certo nível de conhecimento por meio do *manuseio* de ideias e da *formulação* de conceitos, mas não por fazer algo construtivo com nossas mãos. Da mesma forma, enquanto nós, acadêmicos, gostamos de armar os chamados *laboratórios* para discutir nossas ideias, podemos estar seguros de que, à parte de muito furioso bater de teclas e projeção de dados ópticos, nenhum trabalho manual é feito, neles. Em um ato de vandalismo míope, as disposições acadêmicas chegam mesmo a ordenar a remoção de lousas e giz das salas de aula, para darem lugar a telas brancas e

44. A técnica do *vibrato*, que a maior parte dos músicos de instrumentos de cordas usam, permite que o movimento do dedo continue além do ponto em que a corda é detida, de modo a produzir o som que o ouvinte registra como pleno de sentimento. Tocar sem *vibrato*, por contraste, é produzir um som que é estranhamente insensível, como se estivéssemos em um mundo de almas mortas com a qual nenhuma correspondência é possível.

finas, e para que assim até mesmo a possibilidade final de contar pela mão seja removida. Não temos permissão para sujar as mãos misturando materiais, ainda que quiséssemos fazer isso! Sensitividade e prudência – toque e sentimento – não precisam, porém, formar uma inversão racional. Poderíamos, por exemplo, escrever à mão com uma pena sensitiva, em vez de abandonar a pena por um teclado sensível ao toque, e assim ficar com o melhor de dois mundos. Uma sensitividade tecnologicamente melhorada, colocada a serviço de um engajamento com os materiais da construção, poderia genuinamente ampliar o escopo da humanidade, e não corroê-lo.

9
Traçando a linha

Desenhe e fale

Vimos que a mão que fala é também a que sente e desenha. Será que todo desenho, então, é um meio de falar com a mão? Sim e não, dependendo do que se quer falar pelo desenho. E isso, por sua vez, depende do que se quer comparar com o desenho – isto é, do que se quer falar que ele *não* é. Se, por exemplo, queremos comparar o desenho com a escrita, podemos estar interessados nos limites da linguagem ou da sintaxe, ou em saber se quaisquer difíceis e apressadas distinções podem ser feitas entre inscrições verbais e não verbais. Se quisermos comparar o desenho com a escultura, podemos estar interessados na diferença entre trabalhar com linha e trabalhar com superfície ou volume, ou entre inscrever e esculpir. A comparação com a pintura pode levar a reflexões sobre a diferença entre construir uma superfície e cobri-la, ou entre linhas e cores; enquanto a comparação com a fotografia indubitavelmente levaria a se pensar sobre o que é preciso para fazer uma imagem, e sobre a temporalidade do desenho contra a instantaneidade relativa da fotografia. A comparação com a música leva a focalizar o gesto expressivo e sua duração, mas também traria a questão da diferença que é feita quando o gesto não deixa absolutamente um traço duradouro. Cada comparação forneceria uma caracterização um tanto diferente do desenho. Elas podem partilhar uma parecença familiar, mas seria irrealista esperar convergência sobre uma definição única, essencial, definitiva e que valha para tudo.

Estou interessado no desenho como um meio de falar. O que significa excluir, desde o início, toda uma classe de desenhos que não falam nem tiveram essa intenção, mas que especificam e articulam. Esses são os desenhos técnicos dos arquitetos e engenheiros (HENDERSON, 1999), que transmitem detalhes precisos do que deve ser feito ou construído, com as medidas e os ângulos. Quando Leon Battista Alberti introduziu a ideia do desenho arquitetônico como uma reunião de *alinhamentos*, compreendendo uma especificação completa da forma e da aparência do edifício, tal como fora concebido pela mente antes do trabalho da construção, era a este desenho que se referia, e ressaltando também o sentido do desenho como *disegno* nos escritos de autores renascentistas como Giorgio Vasari (cf. capítulo 4). A importância deste tipo de desenho não pode ser superestimada. Sem ele, como observa Patrick Maynard, "é difícil ver como possa *existir* um mundo moderno" – isto é, um mundo no qual tudo o que é feito, cada item manufaturado, deva primeiro ser desenhado (MAYNARD, 2005: 7). Maynard define em seguida o desenho como o que acontece quando "um objeto como a ponta do dedo, uma peça de giz, lápis, agulha, pena, pincel [...] tendo algo como uma ponta, que nós, portanto, referimos como um *ponto*, é intencionalmente movido (desenhado) sobre um traçado bastante contínuo, em uma superfície. A ação deixa, como o traço de seu caminho, uma marca de alguma espécie, e é feita com algum propósito" (MAYNARD, 2005: 62).

Cada linha traçada à mão, então, é o traço de um gesto, mesmo se for feita com a ajuda de uma régua ou um compasso, ou um lápis que aja como um dispositivo, guiando sua ponta para a direção certa. No entanto, cada linha tem como propósito expressar aquele gesto. Em um estudo sobre a sua própria prática de desenho, tentando copiar o trabalho de outros, a artista Patrícia Cain descobriu que tinha de distinguir entre o que chamava de linhas "gestuais" e "não gestuais". Uma distinção que não era tanto de prática, mas de intenção. As linhas gestuais deveriam expressar os movimentos que as geravam, enquanto nas não gestuais essa expressão seria somente um efeito colateral que incidia em seu propósito primário de especificação (CAIN, 2010: 126). Os desenhos formados por linhas não gestuais são, na realidade, proposições: eles fazem declarações *sobre* o que foi ou é feito. E os formados pelas linhas gestuais são, pelo mesmo critério, desprovidos de propósito. Eles *saem* de coisas (inclusive de corpos), e não estabelecem nada *sobre* elas. Geralmente conhecidos como esboços, são *desenhos que falam*, em ambos os sentidos. Requerem uma observação próxima e atenta, e traçam caminhos que outros possam seguir. Esboçar, como Juhani Pallasmaa observa, é um exercício de tato: "Quando faço o esboço de um objeto, figura humana ou paisagem", escreve (2009: 89), "realmente toco e sinto sua superfície".

Arquitetos e engenheiros esboçam de maneira típica, frequentemente colaborando no processo de elaboração de uma ideia. Para eles, essa é uma parte vital do processamento de um projeto (HENDERSON, 2007: 8). Podemos falar que os esboços *se encaminham* para a proposição. Mas, no momento em que o esboço abre o caminho para o desenho técnico, toda sua movimentação cessa. As linhas do desenho técnico podem codificar instruções de como se mover, mas não acarretam movimentos em si. Pelo mesmo motivo, esses desenhos são desprovidos de sentimento. Estabelecem uma relação com o mundo que é mais ótica do que táctil. Uma queixa do arquiteto Adolf Loos ilustra vividamente o que acontece quando duas espécies de desenhos são confundidas – isto é, quando esboços são tomados por especificações. Ele lamenta que a arquitetura se transformou tanto em uma arte gráfica que "ladrilheiros e pedreiros têm de riscar e retocar as tolices gráficas com seus penosos esforços" (LOOS, 1985: 105-106). Ele quer falar que os arquitetos, de um lado, ficaram tão obcecados com seus desenhos que estes se tornaram um fim em si, enquanto, de outro lado, os construtores, tomando os esboços dos arquitetos por especificações, sentem-se obrigados a transformar, no material, cada nuance de linha traçada por arquiteto – da dureza ou moleza do lápis usado às texturas de sombreamento ou de meio-tom –, com consequências ridículas.

Desenho não é imagem

Em uma entrevista com Patrícia Cain, o escultor e desenhista Richard Talbot comentou: "Eu não acho que penso com imagens. Mas os desenhos [...], quando estou começando a desenhar, não tenho uma imagem pré-concebida [...] posso apenas ter um palpite" (apud CAIN, 2010: 89). Em outra passagem, Talbot compara o seu ponto de vista sobre fazer um desenho à construção de uma catedral medieval, observando – como fizemos (capítulo 4) – como a forma do edifício, uma vez levantado do chão, "desenvolvida organicamente, [...] é o resultado de várias porções de intenção, pragmatismo, acidente e ambição". É a mesma coisa, diz, com o seu desenho. "O significado do desenho, se é que isso existe, não está sob meu controle" (TALBOT, 2008: 56). Essa observação, que coincide com o que muitos artistas gráficos têm a falar sobre suas obras, figura entre a crença comum entre os não praticantes que não são ao menos historiadores e antropólogos da arte, que a essência do desenho está na projeção de pinturas mentais interiores, na página. Elas nos fariam supor que, ao desenhar um objeto, o desenhista trataria primeiro de obter uma imagem em sua mente por meio da intromissão da luz através do olho, de fixar essa imagem na memória visual, e então, em um movimento contrário de supressão, a imagem brilharia na página, e ele a desenharia em seus contornos. Philip Rawson, por exemplo, está convencido de que quando as crianças desenham, "sempre projetam, na superfície, imagens do seu interior, feitas de suas lembranças" (RAWSON, 1979: 7). E nem é diferente em princípio, pensa ele, do que fazem os artistas adultos: a diferença está somente no grau, na densidade da imagem. Os desenhos dos grandes artistas têm muitos significados, enquanto os das crianças "têm somente um conceito" (ibid.: 8). Assim, diferentemente da criança cuja expressão é realizada, por assim dizer, em um único ato, o artista tem de construir uma imagem vinda de suas marcas constituintes, para criar um conjunto importante na "imagem total", pois é isto que o artista "quer plantar na mente do observador" (ibid.: 22, 29).

Mas ele não poderia estar mais errado. De um lado, como salientou o historiador da arte Norman Bryson, o desenho não procura fazer uma cobertura total: ele não está sujeito à lei do "todo", como acontece com a pintura (BRYSON, 2003: 151), e nem suas marcas assumem significado somente em relação a uma totalidade completada. Pelo contrário, é inerentemente antitotalizador, visando a continuidade. No desenho, a completude não é uma assíntota que nunca é finalmente atingida. "Somente podemos usar a palavra 'finalizado'", diz o artista Yves Berger em um diálogo com seu pai John, "para falar que chegamos o mais perto possível da própria identidade do desenho" (apud BERGER, 2005: 130)[45]. Por outro lado, é duvidoso que a intenção do artista seja a de plantar qualquer coisa na mente do observador, salvo, talvez, a semente da qual a obra saiu, para que ele possa segui-la por si mesmo, olhando *com* ela e não *para* ela. Reconhecendo, porém, que a qualquer momento do processo de crescimento poderia ocorrer o seguimento de qualquer outro caminho diverso (ROSENBERG, 2008: 123). Não é como se a mão, desenhando, se esvazie gradualmente do que antes enchia a sua cabeça, de tal forma que toda a composição deslize como uma transferência da mente para o papel; mas que tanto a mão como a cabeça estão juntas, como cúmplices, durante toda a geração incessante do trabalho (ROQUE, 1994: 46; BADMINGTON, 2007). O próprio Rawson admite isso, quando mostra que a singularidade do desenho entre as artes visuais está na expressão do tempo e do movimento. "Se não seguirmos através do tempo os traços deixados pela mão em movimento do artista, seremos forçados a errar nosso alvo" (RAWSON, 1979: 24). A este respeito, apesar da sua classificação convencional entre as artes visuais, o desenho está mais próximo da música e da dança do que, podemos falar, da pintura ou da fotografia. O fotógrafo para o tempo, como diz o escritor e crítico John Berger; o desenho flui com ele. "Não poderíamos pensar, sobre os desenhos", sugere (2005: 124), "como se fossem redemoinhos na superfície do fluxo temporal?" O desenho que fala não é uma imagem, e nem é a expressão de uma imagem: é o traço de um gesto.

Se o desenho que fala é como a música, segue-se que o lápis – ou qualquer outro implemento de marcar que seja usado – é análogo a um instrumento musical. O grande pioneiro da arte moderna abstrata, Wassily Kandinsky, traçou o paralelo explicitamente em seu ensaio *Point and Line to Plane* (KANDINSKY, 1982: 612). Ao tocar um instrumento de cordas como meu violoncelo, o movimento do arco produz um contato com as cordas, no fluxo dos sons melódicos. Da mesma forma, também no fluxo da linha do lápis o *ductus* da mão descobre o seu caminho na página. E como a pressão do arco é espelhada na amplitude do som, também a pressão do lápis do desenhista é refletida na espessura de suas linhas (INGOLD, 2011a: 188). Então, o lápis serve, nas mãos do desenhista,

45. O ilustrador John Vernon Lord relata uma experiência similar. Perguntando-se como ele sabe quando um desenho está terminado, ele responde que é o próprio desenho que lhe diz quando parar, geralmente quando menos se espera. Nessa altura, relata, "estou demasiado próximo do desenho para conseguir enxergá-lo [...]. Ao olhar para ele então, é como se o que eu tinha em mente antes não tivesse mais a ver com o que o desenho me diz sobre si próprio" (LORD, 2005: 36).

precisamente como acontece no meu violoncelo, como um *transdutor*[46]. Para lembrar nossa definição do capítulo 7, o transdutor converte a qualidade cinética do gesto – o seu *ductus* – do registro do movimento corporal e da conscientização para o fluxo material. O que o lápis *não é,* então, é um vetor de projeção, ou o que Pallasmaa (2009: 17) declara que é, para o arquiteto: "uma ponte entre a mente imaginativa e a imagem que aparece no papel"[47]. Exatamente o mesmo argumento poderia ser usado para a espátula usada pelo arqueólogo, a qual em mãos habilidosas não traduz simplesmente da mente para o sítio ou vice-versa, mas *segue o corte.* Exatamente como a linha feita pelo desenhista (ibid.: 111), o corte move-se em direções que são às vezes previstas, mas "em outras vezes variam selvagemente das expectativas" (EDGEWORTH, 2012: 78). Isso vale, também, para as construções. Simon Unwin (2007: 108) observa que "todos os edifícios são desenhos; não a realização construída de um desenho, mas desenhos em si" – suas paredes e caminhos desenhados no próprio processo de se construir e mover. Depois, nas mãos do construtor, a espátula serve como um transdutor, da mesma forma como faz com o arqueólogo. Somente aos olhos do arquiteto a espátula é vista como uma ponte entre o projeto inicial e a construção final. Para o construtor, ela permite que ele navegue pelas traiçoeiras águas que correm abaixo.

Daí por diante, há apenas um pequeno degrau para se chegar à conclusão de que o desenho que fala é uma correspondência da conscientização cinética com a linha de fuga. Nessa correspondência, como diz Bryson (2003: 154), "a marca no papel guia, tanto como é guiada", alternativamente costurando a linha na mente e a mente na linha, em uma ação de sutura que fica cada vez mais apertada à medida que o desenho é processado. Assim, o desenho não é a sombra visível de um evento mental; é *um processo de pensar, e não a projeção de um pensamento*[48].

---

46. Além disso, é claro, o lápis incorpora um reservatório de material, em seu centro de grafite ou *canal*. Em uma explicação detalhada da história e engenharia do lápis, Henri Petroski (1989: 6) comenta sobre a o caráter peculiarmente adequado do grafite para o desenho, comparado com a tinta. Mais sólido do que líquido, mas macio o suficiente para deixar uma marca, nem escapa nem deixa uma marca indelével. É, portanto, admirável para um trabalho em construção, que pode ser passado a tinta quando terminado. "A tinta [escreve Petroski] é a cosmética que as ideias terão quando forem a público. O grafite faz o trabalho sujo". Cf. tb. Faure Walker (2008).

47. Para ser justo com Pallasmaa, essa observação de passagem não deve ser tirada do contexto, pois todo o teor de seu argumento aponta na direção oposta. Com efeito, no mesmo parágrafo, ele passa a qualificar o que ele acabara de dizer, sugerindo que talvez seja a mão, ao segurar o lápis, que realmente imagina. Posteriormente, Pallasmaa atribui a ideia de que o desenho é a projeção de uma imagem mental à arrogância de sua juventude: "Quando se é jovem e de mente estreita, deseja-se que o texto e o desenho concretizem uma ideia preconcebida, para passar a ideia de uma forma instantânea e precisa" (2009: 111). Agora ele é velho e sábio o bastante para saber melhor!

48. Esse contraste convida a alguma reflexão sobre a relação entre linha e cor. O historiador da arte Georges Roque (1994) documentou uma tendência entre escritores ocidentais sobre a arte a ver a cor como mero embelezamento ou *maquiagem*, com o poder de seduzir ou encantar, mas não, como

Enquanto o projeto exige um movimento de *atirar para a frente,* um lançamento futuro, o desenho é uma *reunião* que exige uma aproximação (PHIPPS, 2006: 4). "Ao invés de ditar um pensamento", escreve Pallasmaa (2009: 111), "o processo do pensamento se transforma em um ato de espera, de ouvir, de colaboração e diálogo [no qual] gradualmente se aprende a habilidade da cooperação com o próprio trabalho". *Cooperar com o próprio trabalho* – eis uma boa definição de correspondência! Esta forma de pensar, de imaginar, processa-se tanto pelas mãos e dedos como pela cabeça. É baseado nas linhas da prática. De acordo com Serge Tisseron (1994: 37), "o criador é o que concorda em se aventurar sem certeza, seguindo essa tendência que se desenrola diante dele como se fosse o fio de Ariadne, e caindo atrás dele como uma teia de aranha". Não são os pensamentos verdadeiras teias de aranha? Não são, como propõe John Berger (2005: 133) "como fios misturados?" Não é só isso, diz Berger, mas neste tipo de pensamento-desenho, nós nos tornamos aquilo que desenhamos; não em forma, mas em afeto (ibid.: 126). Sabemos disso a partir do íntimo, e em nosso gesto revivemos o seu movimento. O desenho é transformador (CAIN, 2010: 76).

Permitam-me voltar por um momento, ainda com este pensamento ativo na minha mente, à distinção que introduzi bem no início deste livro, entre antropologia e etnografia (capítulo 1). O objetivo da etnografia, como propus, é a descrição; o da antropologia, a transformação. Agora, o desenho que fala descreve uma linha – é um ato gráfico –, mas essa linha não descreve nada mais do que a si mesma. É, contudo, transformadora. Transforma o desenhista, ao fazer seu trabalho, e transforma os que o seguem, olhando com ele. Corresponder com o mundo através do desenho, portanto, é praticar não a etnografia, mas a antropologia gráfica, ou, para cunhar um termo, a *antropografia.*

Desenho e manuscrito

No último capítulo, observei como André Leroi-Gourhan selecionara a palavra *grafismo* para referir-se aos traços duradouros de gestos manuais de todas as espécies. Foi uma escolha sábia. Muito antes de seus contemporâneos, Leroi-Gourhan reconheceu a falácia de estabelecer, nas origens das inscrições gráficas, uma distinção entre desenho e escrita que emergia somente no último estágio do seu desenvolvimento – na fonetização da palavra e na alfabetização de suas representações – e que depende da tecnologia da impressão quanto ao seu

o desenho ou a escrita, a transmitir os processos de pensamento. Parece-me, todavia, que há mais do que isso. A cor, conforme sugiro, satura a consciência; a linha, conduz a ela. Assim, se a linha traça um processo de pensamento, a cor é seu temperamento. Tanto a linha como a cor são modalidades do sentimento, mas enquanto a linha é *háptica*, a cor é *atmosférica*. Mais desenvolvimento sobre essa sugestão; porém, terá de ser assunto de outro trabalho.

significado moderno. Esta é uma história complexa que é tangencial às nossas preocupações correntes, e não a repetirei aqui[49]. No entanto, quero voltar a uma questão levantada no início do capítulo 8, relativa ao significado do que é tácito. Observei ali que o não falado pode ainda ganhar voz, e correspondentemente, o que não é escrito pode ainda ser desenhado. Assim como o canto e a fala são meios de falar com a voz, também o desenho e a escrita são meios de falar por meio da mão. Podemos imaginar uma época pré-histórica em que a fala ainda estava para se cristalizar a partir das inflexões da voz, e a escrita a partir das inflexões da linha. Naqueles dias, havia apenas vocalização e grafismo, saídos de gestos respectivamente orais e manuais, cada qual comentando ou amplificando o outro. Mas essa época não existe mais, e agora temos escrita e desenho, assim como tivemos fala e canto. Como, então, são eles distintos? Como a escrita e desenho diferem, quanto às variedades do grafismo?

Seria possível dizer que não há pintura que não possa também ser lida, e nenhum texto escrito que não possa ser visto. Mas é difícil, se não impossível, fazer ambas as coisas ao mesmo tempo. Este argumento foi proposto, do lado do texto, pelo especialista em literatura Jean-Gérard Lapacherie. "É impossível ler um texto de maneira consistente", escreve Lapacharie (1994: 65), "e ao mesmo tempo olhar para os caracteres impressos". Estes podem ser olhados, de um lado, como signos que representam unidades de linguagem (fonemas) e, de outro lado, como gráficos – isto é, como caracteres que têm um sentido próprio e autônomo. Mas se pararmos para focalizar a atenção na tipografia dos caracteres – em sua forma expressiva ou caligráfica – nossa leitura será interrompida e perderemos o fio da meada. Se, inversamente, nós nos concentrarmos na leitura, então a tipografia é que fugirá à nossa atenção. Do lado das pinturas, James Elkins (1999: 91) propôs algo semelhante. Assim como não pode haver "escrita pura", não contaminada pelo significado não verbal –, então, como diz Elkins, a "pintura meramente visual" também será uma fantasia. As pinturas são sempre feitas de signos que podem ser lidos. Esses signos podem ser desordenados, ou mesmo colocados um sobre outro para torná-los virtualmente indistintos. Mas estão necessariamente *ali*, ou então não teriam nenhum sentido. Da mesma forma e com específica referência ao desenho, Rawson insiste que, como linguagem, a arte do desenho tem sua gramática e sintaxe, com um conhecimento de que é possível para o observador informado ler as muitas mensagens diferentes que ele também passa (RAWSON, 1979: 11). Cada inscrição que podemos encontrar, então, é uma mistura do pictórico e do textual, em proporções que variam ao longo de um contínuo, entre os polos praticamente irrealizáveis da pura pintura ao do texto puro. "Qualquer exame suficientemente profundo de um artefato visual", conclui Elkins (1999: 84), "revela *misturas* de leitura e visualização".

49. Para uma discussão detalhada, cf. Ingold (2004).

Nesse contínuo, porém, ver significa olhar *para*, enquanto ler significa a desagregação do todo em suas partes e o seu rearranjo em sequência sintática própria. Essas operações são a inversão precisa, respectivamente, de *projeção* e *articulação*. A primeira retroage do mundo à mente, o que foi projetado da mente para o mundo; a última, desarticula e reconecta o que antes fora articulado. Tanto projeção como articulação, como expliquei no último capítulo, são inimigas de falar. Portanto, quero perguntar: o que aconteceria ao contínuo se substituíssemos *ver* por *olhar com* (ou observar) de falar, e por ler, uma sensibilidade que seguiria a linha da escrita, em vez de rompê-la em segmentos e reunindo novamente as peças? Como pista para a resposta, podemos nos voltar para o caso paralelo da fala e da canção. Quando ouvimos uma canção, – mesmo sem palavras – é o canto que ouvimos e não duas linhas paralelas de palavras e de melodia (embora esteja assim na partitura, de acordo com as convenções modernas ocidentais). Não é como se, para ouvir as palavras, tivéssemos de perder o seguimento da melodia, ou vice-versa. Por que deveria ser assim? Por que o problema que parece nos afligir quando lemos deveria desaparecer quando ouvimos? A resposta, naturalmente, é que para ouvir é preciso concentrar nossa atenção à corrente do som. Essa é a analogia auditiva a olhar *com*, ou observar, e não olhar *para*. E as palavras da canção são gestos da voz, lançados nessa corrente. Ouvir a canção é ouvir as palavras, porque as palavras *são* som, em modulações e inflexões específicas. Da mesma forma, as palavras da escrita manuscrita ou caligrafia *são* específicas modulações e inflexões da linha de letras, tal como foi traçada pela mão destra do escritor. Ler é voltar a traçar a linha, para superar os movimentos de sua formação[50]. Mas as linhas, as letras e as palavras nas quais essa linha gira e se enrola, são expressas no desenho, assim como as palavras da canção são expressas no canto. Desenho que fala, portanto, desliza facilmente no manuscrito e do mesmo jeito sai facilmente dele. Não há uma grande barreira a ser transposta (TISSERON, 1994). E nem ele se apresenta como uma mistura que requer de nós fazer duas coisas ao mesmo tempo que praticamente não podem ser combinadas, olhar e ler. Precisamos fazer somente uma coisa – seguir a linha traçada pela mão – e se essa linha for uma linha de letras ou de escrita, então as palavras *cairão* dela.

Muitos analistas, contudo, têm um curioso ponto cego, quando se chega à visão: parecem assumir que só pode haver uma espécie de olhar, ou seja, olhar

---

50. Pesquisa em neuropsicologia apoia essa tese. Ao testar sujeitos de experimentos com um alfabeto imaginário, ou *pseudoletras*, jamais encontradas antes, mostrou que experiência com formação de letras pela mão contribuiu significativamente para reconhecimento da letra. Sujeitos com essa experiência tiveram melhor desempenho nas tarefas de reconhecimento do que aqueles cuja experiência se limitava a digitar as letras equivalentes em um teclado. Caso a apreensão visual das letras não possuísse conexão com os movimentos de sua formação, aqueles que escreviam a mão e os digitadores teria tido desempenho equivalente (LONGCAMP; ZERBATO-POUDOU & VELAY, 2005; JAMES & ATWOOD, 2009).

para. Supõe-se que a visão somente pode ser óptica, e nunca tátil: que não há visão senão a espetacular. Isto leva Martine Reid a insistir, ao fazer a introdução a uma coletânea de artigos sobre o tema da escrita e do desenho, que há um conflito entre legibilidade e visibilidade, como se a escrita "mudasse de curso" (REID, 1994: 7) e revertesse ao desenho – em rabiscos, anotações, desenhos nas margens, ou no excessivo embelezamento de letras – quebrando de uma vez o domínio da visibilidade, somente para afundar novamente na invisibilidade, no momento em que a escrita se torna novamente legível. Se mesmo a escrita ordinária é invisível quando a lemos, então como a invisível, pergunto, está escrevendo em tinta invisível? Como já observado, o mesmo pressuposto leva Lapacherie (1994: 65), a proclamar, em uma contribuição à coletânea de Reid, que não se pode simultaneamente ver e ler, embora a leitura não envolva o exercício da vista. Mas, se temos necessidade de parar de ler para ver as palavras no papel, então o que faremos com a linguagem de signos usada pelos surdos? Não se pode parar um signo para se olhar para ele. Serão então invisíveis, os signos? Se forem, qual é o sentido misterioso que faz os surdos se comunicarem? Para Elkins (1999: 81), formada em cada imagem há uma hesitação entre mostrar e falar – isto é, entre "pura visibilidade" e "sistemas legíveis de signos" – que puxam em direções opostas. É como se os olhos encontrassem emprego somente na fixação das imagens, e não na leitura dos signos. Realmente Elkins (1996: 222) está convencido de que somos todos cegos em um certo grau, já que muito do que vemos se desfaz na nossa vigília e não se fixa na memória sob a forma do que ele chama de "imagem final". De modo similar, Jacques Derrida (1993: 3) diz que não é somente o olho do leitor, mas também a mão do escritor, que é cega: "ele sente seu caminho, tateia, acaricia tanto quanto inscreve [...], como se um olho sem pálpebra estivesse aberto no topo dos dedos [...] bem próximo à unha" (ibid.). Até mesmo o desenho, no momento em que a mão com sua ponta capaz de fazer uma inscrição se aventura sobre a superfície da página, deve necessariamente prosseguir durante a noite. No limiar do surgimento – em seu aspecto inaugural ou abridor de caminho – o desenho, como diz Derrida, "escapa do campo da visão". Nossos olhos são abertos, parece, somente quando podemos nos voltar e olhar *para trás*, para as linhas já desenhadas, ou para o que permanece delas. Pois somente então elas penetram no domínio do que ele chama de "objetividade espetacular" (ibid.: 45).

Como será, então, que o deslizamento na obra da mão que desenha para dentro e para fora da escrita foi transmudado em um contínuo da pintura ao texto, no qual cada gradação figura como um híbrido incôngruo – em parte pintura, ou texto, em proporções variáveis – cuja compreensão depende de operações gêmeas de ver e de ler, ou de mostrar e falar, que são fundamentalmente incompatíveis? A resposta, creio, está na nossa tendência moderna de assimilar a pintura à fotografia e ao texto datilografado ou à palavra impressa. Mão e olho foram substituídos pelo teclado e pela câmera. No desenho, como já vimos, o lápis serve como um transdutor, convertendo a conscientização cinestésica do desenhista no fluxo e na inflexão da linha. Referi-me acima, nas palavras de John Berger, à diferença entre o desenho e a fotografia: repetindo, a câmera detém-se um momento tanto na conscientização do fotógrafo como nas coisas que chamam a sua atenção, e nos efeitos de uma captura instantânea pelo profissional. E como vimos na diatribe de Heidegger contra a máquina de escrever, revista no capítulo 8, essa máquina faz algo similar, interrompendo o fluxo do gesto manual e a linha-letra correspondente, em discretos e momentâneos "sucessos". Como explica o poeta Billy Collins (apud PALLASMAA, 2009: 111), "o teclado, para mim, faz tudo parecer uma espécie de coisa acabada [...] escrever em uma página me dá um sentido de fluidez". É por isso que ele sempre escreve com pena ou lápis. De minha parte, pedi aos estudantes que faziam o meu curso dos *4 As* que experimentassem usar a escrita manual para registrar suas observações, e comparar sua experiência com o uso de um teclado. Com notável grau de unanimidade eles responderam que escrever manualmente fazia-os se sentir com mais simpatia pela observado. A minha própria experiência é muito similar (INGOLD, s.d.).

Resumindo, se algo foi retirado do *ductus* da mão, e reunido como uma articulação de seguimentos ajuntados, é devido à máquina de escrever. E se algo foi retirado do desenho do *ductus* da mão e restabelecido como uma imagem projetada, é devido à câmera. Voltar ao desenho, então, seria também voltar ao manuscrito, substituindo as antinomias de projeção e articulação, imagem e texto, com um contínuo de práticas de inscrição, ou processos de fazer linhas, indo do manuscrito, através da caligrafia, ao desenho e ao esboço, sem pontos nítidos de demarcação entre eles (INGOLD, 2011a.: 225). Nossa próxima tarefa será focalizar na natureza e na qualidade das próprias linhas.

O *meshwork*[51]

De manhã, na pavimentação de lajes que há na parte externa da minha casa, e especialmente após uma chuva, frequentemente descubro um intrincado trabalho de trilhas entrelaçadas, como se alguém houvesse rabiscado nelas com uma pena suja com limo. São realmente feitos por lesmas que saem à noite para fazer seus traçados na vegetação, somente para desaparecerem novamente na aurora nas misteriosas profundezas de onde vieram. O traçado de caminhos de limo nas lajes compreende um trabalho de *meshwork*. Ou seja, um entrelaçado de linhas (INGOLD, 2011a: 63-65). Essas linhas podem virar ou se enrolar umas nas outras, ou formar uma tessitura. Seu aspecto principal, porém, é que não se conectam.

51. *Meshwork*: trabalho artesanal com tessitura de fios ou fitas [N.T.].

É isto o que distingue uma *meshwork* de uma rede. Os fios que formam uma rede são conetores: cada qual é dado como uma relação entre pontos, independentemente e antecipando qualquer movimento de um sobre outro. Esses fios ou linhas, portanto, não têm duração: a rede é uma construção meramente espacial. As linhas de um *meshwork*, pelo contrário, apresentam movimento ou crescimento. São "linhas de vir a ser" temporais (DELEUZE & GUATTARI, 2004: 224-225). Cada ser animado, ao tecer seu caminho através e entre os meios de cada um dos outros, deve forçosamente improvisar uma passagem, e ao fazer isso criar outra linha. Podemos fazer a mesma coisa. Vista de uma distância, a *meshwork* poderia parecer uma superfície emaranhada. De perto, porém, com nossos olhos próximos das unhas de nossos dedos (para lembrar da alegoria feita por Derrida sobre o desenho "cego"), descobrimos que os fios ou linhas estão emaranhados em um "sistema de simpatias e desejos, sem nenhum ponto, somente linhas, todas curvas, saindo e entrando em estações amarradas, consistentes de todas as espécies de arte têxtil: tranças, nós de todo tipo, laços, cruzamentos e entrelaçamentos" (SPUYBROEK, 2011: 321).

Figura 9.1 Longas trilhas fotografadas de manhã cedo em um pavimento de Aberdeen.

Enquanto a rede nos tem, o *meshwork* tem um emaranhado – segundo diz Lars Spuybroek. Os nós são lugares onde muitas linhas são amarradas de maneira muito apertada. No entanto, cada linha supera o nó pelo qual está amarrada. Sua ponta está sempre solta, em algum lugar mais distante do nó, onde ele se encaminha para um entrelaçamento com outros fios, em outros nós. O que é a vida, realmente, se não uma proliferação de pontas perdidas! Só pode ser levada adiante em um mundo que não está totalmente tecido, nem articulado. Assim, a própria continuação da vida – sua sustentação, em jargão corrente – depende do fato de não parecer se ajustar. Como vimos no capítulo 4, no caso específico da edificação de uma catedral medieval, o mundo não está disposto como um quebra-cabeças, no qual cada "bloco de construção" encaixe-se perfeitamente no lugar, dentro de uma totalidade pré-ordenada. Para nos certificarmos disso, estamos sempre sendo informados de que o mundo que habitamos é construído por blocos: os biólogos falam dos blocos de construção dos organismos celulares, os psicólogos dos blocos de construção do pensamento, os físicos dos blocos de construção do próprio universo[52]. Mas um mundo construído por blocos de ajuste perfeito não poderia abrigar nenhuma vida. A realidade, novamente no caso da catedral, parece-se mais com uma colcha de retalhos na qual elementos mal-ajustados são costurados em conjunto, seguindo pontas irregulares, para formarem uma coberta que é sempre provisória, enquanto elementos podem a qualquer tempo ser acrescentados ou retirados.

Gilles Deleuze e Felix Guattari (2004: 526) usam essa história da manta de retalhos para desenvolver sua ideia de uma topologia que é suave, mais do que estriada, mostrando como os antigos tecidos bordados cederam o lugar a uma técnica de retalhos em que pedaços de material descartado ou fragmentos salvos de roupas usadas eram reunidos e costurados. Com suas intersecções regulares e retilíneas de trama e urdidura, o tecido – para Deleuze e Guattari – é o epítome do estriado. Mas na técnica de retalhos, "uma coleção amorfa de peças justapostas que podem ser reunidas em um infinito número de padrões", o princípio do estriado está subordinado ao do liso. Nenhum material exemplifica melhor o princípio do tecido liso, no entanto, do que o feltro. Feito de uma mistura de fibras de lã emaranhadas, sem consistente orientação e se estendendo sem limite e em todas as direções, o feltro – dizem Deleuze e Guattari – é tudo o que o tecido não é. É um antitecido (ibid.: 525). Será que poderíamos falar a mesma coisa do *meshwork*? Seriam os rastros desordenados deixados pelas lesmas em suas andanças noturnas comparáveis às fibras do feltro, as quais, por sua vez, parecem ser reminiscentes dos trilhos que aparecem no chão, em divagações pastoris, pelas próprias ovelhas em cujas costas cresce a lã? É isto, realmente, o que Deleuze e

52. Tão difundida se tornou essa metáfora que nos esquecemos o quão recente ela é. Segundo o historiador da Arquitetura Witold Rybczynski (1989: 26-29), ela só passou a ser de uso comum em meados do século XIX, quando uma arquitetura doméstica de casas prósperas equipadas com quartos dedicados às crianças tornou possível que os blocos se tornassem brinquedos. Antes disso, a maior parte das brincadeiras se realizava fora de casa, e mesmo quando ocorria dentro, os pisos eram tão desiguais, cheios e bagunçados que tornava difícil que qualquer coisa fosse construída ali. De 1850 em diante, porém, a profissão da arquitetura promoveu ativamente o desenvolvimento e comercialização de conjuntos de blocos de construção para crianças. Inculcada desde cedo, o pressuposto de que o mundo é feito de blocos tornou-se desde então parte do repertório do pensamento moderno.

Guattari gostariam que acreditássemos. Contudo, as linhas constitutivas do liso, dizem, são *abstratas*, diferentes das que são *geométricas* ou *orgânicas*. Para apreciar o seu ponto de vista, precisamos examinar essas três espécies de linhas um pouco mais de perto.

A linha abstrata

Começamos com a linha da geometria – a linha de Euclides – que habita um espaço matemático definido pela interseção regular de coordenadas dimensionais. Como os lineamentos de Alberti e como suas contrapartes contemporâneos, a linha gerada pelo computador (PALLASMAA, 2009: 100) é definida como a conexão existente entre dois pontos. Como diz o seu nome, a linha geométrica tem sua origem nas práticas pelas quais os supervisores do antigo Egito mediam a terra após cada enchente anual do Nilo. Eles esticavam uma corda entre estacas marteladas no solo (INGOLD, 2007: 159). Como lembra o filósofo Michel Serres (1995: 59), vem desse hábito a noção legal de *contrato:* "uma corda que nos arrasta ou nos amarra juntos". A corda esticada, ou um fio ou uma tira, no entanto, retém uma certa tangibilidade: pode-se *sentir* a tensão; se a puxarmos, ela vibra. Como observou a artista têxtil Victoria Mitchell, um tecido tenso é uma espécie de 'dobradiça' entre sentimento e forma, entre a cinese do corpo e a razão especulativa (MITCHELL, 2006: 345). Mas, como a geometria foi arrastada para dentro da arte e ciência da ótica, e como uma corda de medir a terra foi juntar-se aos instrumentos óticos dos navegantes, o que uma vez era tangível, tenso e filamento, foi transformado em seu espectro intangível e insensível, o raio de luz. Durante muito tempo, o filamento e o raio, a linha material e seu espectral duplo, apareceram juntos, como uma coisa e sua sombra. Até mesmo Alberti pensava que as linhas de visão são filamentos, como os de um véu esticado entre o olho e a coisa vista, mas tão finos que não poderiam ser separados (ALBERTI, 1972: 38). Mas como um vetor de projeção, a linha geométrica era eventualmente desprovida de todos os elementos de tangibilidade. Podemos reconhecê-la hoje em Georg Simmels (1969: 146), na definição do contato olho a olho: "a linha mais curta e mais reta entre os olhos" (cf. capítulo 7).

Fazendo conexões e estabelecendo limites, a linha geométrica está na raiz da lei, da razão e do pensamento analítico. É lacônica e sempre atinge seu alvo. Linhas orgânicas, pelo contrário, traçam os envelopes ou contornos das coisas, como se fossem contidas dentro delas: são esboços. São também separadores, dividindo as superfícies em que são desenhadas entre o que está em um lado da linha e o que está no outro lado; nisto, contudo, não têm presença ou não estão nas próprias coisas. Posso desenhar um ovo em esboço como um oval, o tronco de uma árvore como duas linhas paralelas, ou o céu como um arco, mas seria procurar em vão tentar descobrir suas contrapartidas em um ovo ou em um tronco, ou nos céus. Ou posso querer desenhar uma maçã ou traçar o limite entre um ribeirão e um campo cultivado, mas Maurice Merleau-Ponty observa em seu ensaio "Olho e espírito" [*L'oeil et l'esprit*] (1964: 182), que eu estaria iludido se pensasse que o esboço de uma maçã ou o limite de um campo esteja realmente presente, "de forma que, guiado por pontos tirados do mundo real, o lápis ou o pincel teria somente de passar por cima deles". Pois, se olharmos, não há linhas para serem vistas. "*Linhas?* Eu não vejo linhas", – o grande artista Francisco Goya, que era um consumado desenhista, teria declarado, segundo dizem (apud LANING, 1971: 32). Esta e outras observações similares levaram numerosas autoridades (resenhadas em MAYNARD, 2005: 99) à conclusão de que *a linha não existe na natureza,* portanto, as linhas do desenho têm somente uma conexão simbólica com seus referentes, baseadas no artifício ou na convenção, mais do que na experiência fenomenal. Também a artista e curadora Deanna Petherbridge, no seu magistral relatório de histórias e teorias da prática do desenho, diz que "a própria linha não existe no mundo observável. A linha é uma convenção representacional [...]" (PETHERBRIDGE, 2010: 90).

Resumindo, se a linha geométrica é a marca da razão, então o esboço parece mais ser um construto cultural: a expressão visível de um processo pelo qual a mente, de acordo com um paradigma antropológico muito conhecido (LEACH, 1964), mais ou menos arbitrariamente divide o contínuo da natureza em objetos discretos que podem ser identificados e nomeados. As linhas desse familiar quebra-cabeças do tipo *unam os pontinhos*, feito para crianças, conseguem ser ao mesmo tempo geométricas e orgânicas, conectando os pontos e delineando objetos. Assim como as crianças unem os pontinhos, os pesquisadores fazem mapas, esboçando elementos como margens de rios e costas litorâneas (INGOLD, 2007: 86). Mas as linhas do *meshwork* – assim como os traços de limo das lesmas (figura 9.1), não são esboços, nem são conetores de ponto a ponto. Aos meus olhos, porém, eles parecem ser inteiramente reais e naturais. Certamente *há* linhas no mundo observável, pois elas estão *lá, sem possibilidade de erro.* Em que sentido concebível, então, pode-se falar que são abstratas?

Para obter uma resposta, temos que voltar a Kandinsky. Em seu ensaio "Sobre o espiritual em arte", ele insiste que a abstração não significa esvaziar uma obra de conteúdo, de modo a deixar somente um esboço vazio ou uma forma pura geométrica. Pelo contrário, significa remover todos os elementos figurativos que se referem somente à externalidade das coisas, isto é, às suas aparências exteriores, para revelar o que ele chama de sua "necessidade íntima" (KANDINSKY, 1982: 160). O que ele queria dizer era que a força da vida que os anima e que também nos anima, permite que nos juntemos com eles e experimentemos seus afetos e pulsações, a partir do interior. Em um esboço charmoso, feito a pena em 1935, Kandinsky (ibid.: 774-775) pede para considerarmos as similaridades e diferenças entre uma linha e um peixe. Eles têm algo em comum: ambos são animados por forças internas a eles que encontram expressão na qualidade linear do movimento. Um peixe circulando pela água poderia ser uma linha. Contudo, ele continua a ser uma criatura do mundo externo – um mundo de organismos e seus ambientes – e depende desse mundo para existir. A linha, pelo contrário, não faz isso. A linha não é mais, e nem menos, do que a própria vida. É por isso, diz o artista, que ele prefere a linha ao peixe, pelo menos em sua pintura (INGOLD, 2011a: 208). E é por isso também que Deleuze e Guattari, seguindo Kandisnky, podem falar de "*uma linha que não delimita nada, que não descreve contorno algum*, que não mais vai de ponto a ponto, mas passa entre pontos [...] que é sem lado exterior ou interior, forma ou fundamento, começo ou fim, e que é viva como uma variação contínua", que é *abstrata* (DELEUZE & GUATTARI 2004: 549, 550-551, nota 38). Tal é a linha da corrente do rio, ou da maré baixa ou alta, distinta da margem do rio ou da linha costeira traçada no mapa do cartógrafo.

Em palavras atribuídas a Leonardo da Vinci, Merleau-Ponty diz que o segredo de desenhar alguma coisa é descobrir "a maneira particular pela qual certa linha flexível, que é, por assim dizer, seu eixo gerador, é direcionada através de toda a sua extensão"[53]. Essa linha, continua a falar, não está aqui nem ali, nem neste lugar e nem em outro, mas "sempre entre ou por detrás do que quer que seja onde fixemos nossos olhos" (MERLEAU-PONTY, 1964: 183). Seria quase possível tratar a linha como se fosse um verbo, e dizer que no desenvolvimento dessa coisa – no seu avanço, no seu se tornar visível, como diria Paul Klee (1961: 76) –, ela *alinha*. O que certamente estaria de acordo com a visão do desenhista e crítico do século XIX, John Ruskin. Em seu volumoso compêndio de três volumes, *As pedras de Veneza* (1851-1853), Ruskin reuniu uma coleção do que chamava de "linhas abstratas" em uma única figura, combinando suas observações de coisas grandes e pequenas, de uma geleira e uma borda de montanha, por meio de um ramo de abeto, a uma folha de salgueiro e uma concha *Nautilus*. Em cada caso, dizia, a linha é "expressiva de ação ou de uma *força* de alguma espécie" (RUSKIN, 1903: 268). Essas linhas de ação e força, como continuaria a explicar em seu tratado de 1857 sobre *Os elementos do desenho*, devem ser discernidas no "animal em seu movimento, na árvore em seu crescimento, na nuvem em seu curso, na montanha em seu desgaste". E passava a advertir o novato: "Tente sempre, seja no que for que estiver olhando, ver as linhas que tiveram poder sobre seu destino passado e você terá poder sobre o seu futuro. Elas são

53. Essas palavras provieram, na verdade, da tradução de M.L. Andison de *The Creative Mind* (BERGSON, 1946: 229). Bergson, por sua vez, estava se referindo ao trabalho do filósofo e arqueólogo do século XIX Félix Ravaisson. Se as palavras citadas são de fato de da Vinci, Ravaisson ou mesmo Bergson, é objeto de discussão.

suas linhas *terríveis;* veja o que pode escolher, nelas, mesmo que abandone todo o resto" (RUSKIN, 1904: 91). A sabedoria, para ele, não consiste em entender como as coisas são, mas *o jeito que irão assumindo* – isto é, por antecipação – e assim não se concentrar nos esboços da forma, mas nas linhas centrais de força. Essas são as linhas terríveis. Se elas se abstraem do real, como observa Spuybroek (2011: 115), não é por redução, mas pelo registro preciso de suas variações. O terrível poder de tais linhas reside precisamente em sua capacidade de romper os limites que, de outra forma, mantêm as coisas cativas dentro de seus envelopes, entregando-as assim à plenitude de seu ser.

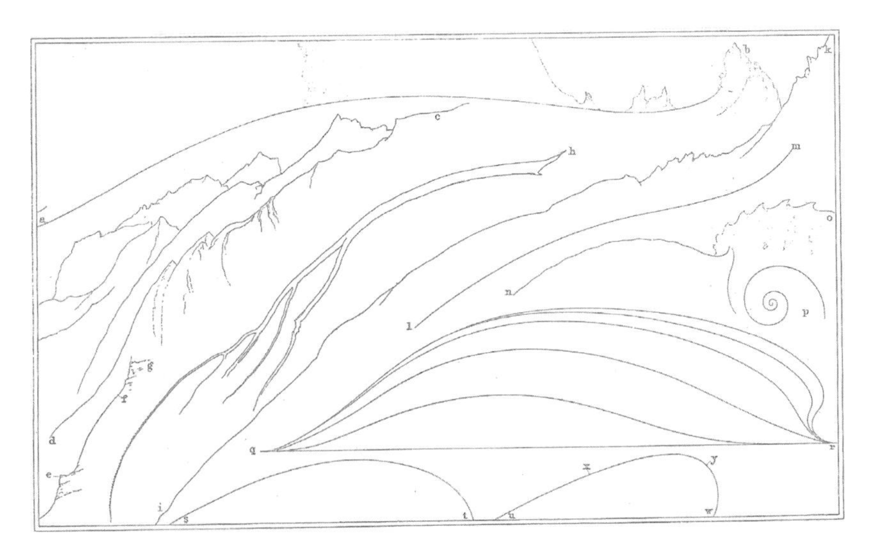

Figura 9.2 Linhas abstrata. Reproduzido de Ruskin (1903). Lâmina VII, diante da p. 268.

São essas as linhas que incluem o trabalho de *meshwork* e que para Deleuze e Guattari constituem a topologia do que é liso. É uma topologia, argumentam, que é táctil mais do que óptica, que não se baseia em pontos que possam ser conectados geometricamente, e nem em objetos que possam ser esboçados organicamente, mas nas qualidades tácteis e sonoras do mundo do vento e do clima, onde não há horizonte separando céu e terra, nem distância intermediária, e nem perspectiva de contorno (DELEUZE & GUATTARI, 2004: 421). Já encontramos este mundo no capítulo 6: é ele que chamamos de *terra-céu,* contraposto à *paisagem.* Nesta, a linha geométrica define a disposição de elementos, e a linha orgânica delimita suas formas projetadas. A linha abstrata, porém, antecipa a transformação das coisas no mundo terra-céu. Neste, as linhas não são impostas pelas convenções representacionais, e nem estão tramadas entre pontos. São mais estabelecidas em crescimento e em movimento. Olhando *para* a natureza, não há linhas para serem vistas, como diz Goya. Elas existem somente em suas representações gráficas. Olhando *com* ela, porém, como uma terra e um céu múltiplos, juntando-nos com os movimentos de sua formação, as linhas estão em todos os lugares. Pois são as próprias linhas em que nós e outras criaturas vivemos.

Linhas e animais

No que deve ser um dos enunciados fundadores do modernismo em arquitetura, Le Corbusier iniciou seu manifesto de planejamento urbano, *A cidade do amanhã,* com esta declaração: "O homem caminha em linha reta porque ele tem um objetivo e sabe para onde está indo: ele decidiu alcançar algum lugar em particular e vai indo diretamente para ele" (LE CORBUSIER, 1947: 11). E um homem que não faz isso? O seu caminho, responde Le Corbusier, é o do burro de carga que não tem pensamento algum em sua cabeça de escassa massa cerebral, a não ser o de seguir a linha da menor resistência, aonde quer que vá. O caminho do burro de carga é sempre tortuoso, nunca é reto, salienta Le Corbusier, e governado pelo sentimento, não pela razão. Quando olhamos para o mapa de quase todas as cidades continentais, descobrimos em suas ruas cheias de meandros que o burro andou por elas antes de nós, errando por ali de sua maneira distraída e sem objetivo, e criando trilhas no processo de estabelecimento das pessoas. Mas em uma cidade moderna, adequada à era do automóvel, não podem ter lugar essas linhas tortuosas, em zigue-zague. São difíceis e perigosas, e induzem à paralisia. Uma cidade moderna, insistia Le Corbusier, pode viver somente pelas linhas retas (ibid.: 16).

Voltarei a Le Corbusier em um momento. Mas antes quero introduzir um compatriota contemporâneo cuja influência também foi de longo alcance, estendendo-se bem além de sua disciplina, a antropologia, como fazia Le Corbusier indo além de sua arquitetura. Refiro-me, naturalmente, a Claude Lévi-Strauss. Em seu livro de memórias, *Tristes Trópicos,* Lévi-Strauss conta as histórias de suas viagens entre os nhambiquaras, um povo indígena da Amazônia brasileira. Um capítulo, intitulado "Uma lição de escrita" (LÉVI-STRAUSS, 1955: 294-300), reúne duas histórias concorrentes, ambas sobre linhas. A primeira é sobre inscrições em papel; a segunda, sobre os caminhos dos animais. Farei um breve resumo de cada uma delas:

> *História 1* – Lévi-Strauss persuadiu o chefe de um grupo com o qual está a levá-lo até sua povoação, onde poderão encontrar outros grupos com que se relacionam pelo parentesco e pelo casamento. Com quatro bois carregados de presentes destinados à distribuição entre os parentes, o grupo parte e atravessa um platô, seguindo um caminho estreito, especialmente preparado para a ocasião, uma vez que a vegetação ao longo das trilhas tortuosas que seguiam o fundo do vale estaria densa demais para permitir a passagem dos animais. Apesar dos índios terem

se perdido, acabaram chegando ao lugar de encontro convencionado, e o chefe – pressionado pelo antropólogo – começou a distribuir os presentes. Tomando um pedaço de papel de um cesto, completamente coberto com linhas onduladas, o chefe prosseguiu a "leitura" de cada presente, como se fosse uma lista de checagem, dizendo a quem ele caberia, e o que teria dado, em troca. Esta "farsa" – como o antropólogo não hesita em falar – dura umas duas horas.

História 2 – Devemos lembrar que foi dito que os índios haviam se perdido, nessa viagem. Na viagem de volta, porém, foi o próprio Lévi-Strauss que se perdeu. A sua mula, irritada com uma ferida na boca, comportou-se mal: em um momento fazia uma parada brusca; em outros, disparava. Antes de perceber isso, o antropólogo viu-se sozinho na mata, sem nenhuma ideia de onde estava. Deu um tiro para atrair a atenção, mas isso somente assustou a mula, que fugiu. Ele correu para agarrá-la, mas cada vez que estava conseguindo segurar as rédeas, a mula escapava de novo. Finalmente, depois de agarrar o animal pelo rabo, foi capaz de voltar a montar, mas nem ele nem o animal tinham noção da direção a seguir para se reunirem ao grupo. Os dois, assumindo a direção alternadamente, ficaram andando em círculos até que – justamente no momento em que o sol se punha – um par de companheiros nhambiquaras que, sem dificuldade alguma, haviam seguido as trilhas de Lévi-Strauss e da mula desde o meio-dia, conseguissem emparelhar com eles e conduzir os dois de volta à segurança.

Lévy-Strauss lembra que, naquela noite, inquieto e sem poder dormir, os eventos do dia anterior – e especialmente o episódio que envolvia a troca de presentes – rondavam sua mente. Lembrou-se como, em ocasião anterior, passara lápis e folhas de papel aos nhambiquaras, que as haviam coberto com linhas horizontais e ondeadas. Naturalmente não tinham conhecimento de escrita ou de seus propósitos, e somente usavam seus lápis como haviam visto o antropólogo fazer. O chefe deles, porém, se apegava ao fato de que tais linhas, embora sem significado próprio, conferiam alguma espécie de autoridade às suas palavras subsequentes. Havia, portanto, solicitado uma lousa para escrita, e sempre rabiscava algumas linhas antes de dar informações como resposta às perguntas do antropólogo. Não é de se estranhar, então, que ele lesse o que estava na sua folha de papel, enquanto conduzia as formalidades da troca de presentes. Mas, e se o chefe, mesmo sem compreender as palavras e seus significados, tivesse não obstante, descoberto por acaso o verdadeiro propósito da escrita – propósito para o qual, em alguma época entre o quarto e o terceiro milênio a.C. a escrita tivesse originalmente sido inventada?

Estaríamos tentados a supor que a escrita, no que se refere a permitir que as pessoas estocassem lembranças e fizessem um registro de seus feitos, tornaria possível para as civilizações letradas, por assim dizer, estabelecer corretamente sua história, e avançar com rapidez aumentada em direção aos objetivos que se haviam proposto. Refletindo, ele conclui que não haveria nada que justificasse essa conclusão, já que alguns dos maiores feitos da história humana – nos campos da produção das artes e ofícios, e mesmo na construção – haviam sido realizados em períodos em que a escrita era ainda desconhecida. Mas, para a maioria dos povos do mundo letrado, a história também tinha sido continuada a flutuar como sempre fizera, sem um sentido consistente de direção. Qual é então o propósito da escrita? A qual grande inovação estivera associada? A resposta, conjectura Lévi-Strauss, está na arquitetura. Se quisermos descobrir a ligação entre as origens da escrita e o nascimento da arquitetura, ela será encontrada na possibilidade, conferida pela escrita, de se organizar grandes números de pessoas e de explorar o seu trabalho, na construção de monumentos. Assim, Lévi-Strauss conclui, "a função primária da comunicação escrita é a de facilitar a escravidão" (ibid.: 299). É um meio de exploração, e não de esclarecimento, e quaisquer possíveis benefícios intelectuais conferidos pela escrita seriam apenas um subproduto, uma consequência secundária.

Lendo Lévi-Strauss hoje, o seu relato da escrita dos nhambiquaras nos surpreende, tanto pela sua tutelagem como pela sua etnocentria. Em um comentário crítico sobre seu texto, Derrida (1974: 118-126) ressalta que a própria ideia de "povo sem escrita" se baseia em uma divisão entre escrita e desenho que, como já vimos, somente emergiu como consequência da fonetização e alfabetização da palavra. Realmente, nessa tese de doutorado, Lévi-Strauss admitiu que o termo que os nhambiquaras usavam para o ato da escrita é literalmente traduzido como "desenhando linhas" (apud DERRIDA, 1974: 123). Se tivéssemos de traçar a etimologia das palavras usadas para a escrita na tradição ocidental, encontraríamos a mesma coisa; tanto no inglês arcaico *writan* como no grego *graphein* existem conotações de raspar, gravar ou fazer incisões em uma superfície, com uma ponta aguda (HOWE, 1992: 61; ELKINS, 1999: 83). Deveríamos então supor que as pessoas não conheciam a escrita porque a palavra que usavam para "escrever" era literalmente "raspar", ou "rabiscar"? Isso, como Derrida (1974: 123) observa causticamente, seria como dizer que as pessoas não podem falar porque o verbo que usam para falar é traduzido como "cantar". Mais do que invocar a ideia de um grande salto na história, separando povos com escrita dos que não a têm, certamente seria mais sensato seguir o precedente de Leroi-Gourhan, e falar de transição *dentro do grafismo,* que não inclui o cruzamento de fronteira alguma. Pois, como já vimos, toda escrita é um desenho, contanto que seja feita com a mão. E se é assim, será que a mesma coisa não pode ser aplicada à arquitetura? Lembramos Unwin (2007: 108) "todos os edifícios são desenhos".

Voltemos agora a Le Corbusier. Justapondo a visão do grande arquiteto sobre a cidade do futuro com a lição sobre a escrita do grande antropólogo, o que poderíamos aprender sobre a relação entre escrita e arquitetura? A teórica de arquitetura Catherine Ingraham (1992) descobre que Le Corbusier e Lévi-Strauss, em seus respectivos relatos, têm duas coisas em comum: uma obsessão com a linearidade e curiosos encontros com bestas de carga. E, para ambos, essas bestas – o jumento e a mula – "vêm para carregar a carga da linha" (ibid.: 143): uma linha que, longe de conectar pontos, levanta-se em meio das coisas e simplesmente continua. Para Le Corbusier, essa linha é inimiga da ortogonalidade própria à arquitetura e ao urbanismo. Ele não tem tempo para o jumento errante, ou para o rude camponês que antes seguia seus caminhos. Lévi-Strauss também é um homem da linha reta, diferente tanto de sua mula como dos nhambiquaras. Estes, se perderam seguindo o caminho reto, na viagem de ida, enquanto o antropólogo se perdeu seguindo sua mula, na viagem de volta. Os índios encontraram Lévi-Strauss facilmente, procurando a sua mula; ele escreve corretamente enquanto os índios somente podem desenhar linhas onduladas. Mas o cientista não demonstra tanto entusiasmo sobre os benefícios que a linha reta trouxe para a humanidade. Ele lamenta a perda da linha nativa; Le Corbusier mostra-se feliz por vê-la eliminada. Com todo seu desdém pelas maquinações "farsescas" dos nhambiquaras e de seu chefe, e pelas suas linhas onduladas e história flutuante e sem direção, Lévi-Strauss está demasiado consciente da confusão e da destruição trazida para as populações indígenas por pessoas dotadas de uma nítida missão civilizatória, que têm um objetivo e se dirigem diretamente a ele. Pois o problema com a linha é simplesmente este: uma vez atingido seu fim, o que acontece?

De A Engraxam B, e além

Durante a conferência realizada em junho de 2009, na Universidade de Aberdeen (INGOLD, 2011b), Maxine Sheets-Johnstone fez um laboratório no qual, entre outras coisas, os participantes tinham que dançar seus nomes. Tínhamos de nos movimentar pelo assoalho, fazendo flexões aqui e ali, de tal maneira que diríamos nossos nomes usando todo o corpo, e não somente a voz. O meu era bem simples, com uma enfática pirueta com *Tim*, seguida de uma breve hesitação, um curto *hop* para o *In* e um passo mais arrastado, levantando-se com um floreado para *gold*. O que me surpreendeu, porém, foi a descoberta de que quando assino meu nome segurando uma pena na mão, o ritmo e a forma do gesto é exatamente o mesmo. Percebi que meu nome escrito não substitui simplesmente o nome falado, mas que tanto na fala como na escrita eu realizo um sentido de *self* e de identidade, se me permitem – que é primariamente cinestésico. A diferença entre falar e escrever, é claro, é que a última forma deixa um traço duradouro. No entanto, como já vimos, a qualidade do movimento quando escrevemos com a mão, ou quando desenhamos, estende-se em linhas que aparecem no papel. A duração, o ritmo, a variação do tempo, as pausas e atenuações, o pico e a amplitude, tudo está ali. Essas linhas são inspiradas e executadas pelas nossas vidas afetivas. E o mais importante, o que elas descrevem é movimento contínuo, mais do que uma conexão entre um ponto e outro, entre uma origem e um destino, ou entre A e B.

É precisamente por este motivo que nosso conhecimento mais fundamental de movimento não pode ser obtido em termos do que o linguista George Lakoff e o filósofo Mark Johnson chamam de esquema "fonte-caminho-alvo" (LAKOFF & JOHNSON, 1999: 33-34). Neste esquema o corpo é entendido não como movimento em si, ou como uma constelação de movimentos, mas antes como um objeto – autocontido e externamente limitado – que se move. Eles chamam isso de *trajetória*. E esta trajetória, localizada em qualquer momento particular em uma certa posição, está em seu caminho de um ponto (a fonte) a outro (o alvo). Na vida, contudo, não há pontos de início e pontos de fim. Há somente horizontes que desaparecem quando nos aproximamos deles, enquanto horizontes mais longínquos brilham mais para a frente. Quando somos crianças pequenas, chegamos ao mundo em movimento, e continuamos do nosso jeito, quer perseguindo, quer nos retirando, carregados e, em outras vezes, carregando, aproximando ou nos afastando, ou apenas andando por aí, continuamente superando quaisquer destinações às quais possamos ter sido atraídos no próprio curso de se chegar a elas. O problema com o esquema fonte-caminho-alvo, como explica Sheets-Johnstone (2011; 121-123) é que não deixa lugar para a qualidade cinética das linhas de vida que continuamente surgem no meio das coisas, mas que *não se conectam*. Como pode nosso conhecimento do movimento ser possivelmente fundamentado em um esquema que elimina a própria dinâmica qualitativa que constitui a experiência da cinestesia?

Para estabelecer um contraste, a própria experiência ao dançar nossos nomes revelou em um esboço forte os valores de uma sociedade digitalmente enriquecida que ordena objetos sobre coisas, mobilidade sobre movimento, e a palavra impressa sobre a manuscrita e o desenho. Nessa sociedade, a rede reina suprema, e todas as linhas conectam-se: objetos em conjuntos, destinações em mapas de estrada, letras em palavras ou em acrônimos. Como previu Le Corbusier, os habitantes da cidade do amanhã seriam, todos, pessoas da linha reta, lançada de A Playoff B, com ideias fixas em seus propósitos e descuidadas ao que se passa de lado a lado. No entanto, se houvesse praticado o que pregava, penso, será que teríamos a sua arquitetura? E o que acontece com os que se desviam, que não vão diretamente ao ponto, mas que preferem dar voltas, que se comportam – como insinuava Le Corbusier – como jumentos de carga? Essas pessoas vagueiam pelos campos em vez de seguirem a estrada, e seus olhos e narizes são distraídos pelas cores e perfumes das flores, e seus ouvidos pelo canto dos pássaros; periodicamente param para descansar, falar com outras pessoas e ficar olhando em volta de si. Acenam com suas mãos, abraçam o ar, em vez de manter os braços junto ao corpo. Apaixonam-se e têm filhos. Suponhamos que as colocamos lado a lado: pessoas do tipo linha-reta e pessoas burros de carga. Quais são as idiotas, e quais as sábias?

As pessoas do tipo linha-reta são adictas à inovação e à troca – ao que foi chamado pelo poeta T.S. Eliot, em *Choruses from the Rock*, "o infinito ciclo de ideia e ação: infinita invenção, infinita experimentação". Se não fosse pela novidade, ficariam bloqueadas. Inquietas, como moléculas em movimento, correm de ponto a ponto, ou se comunicam instantaneamente. Todos são conectados, esses avatares, em um mundo onde haja uma rede. Seu lema é "junto pelo pensamento". Têm informações, errando ao assumi-las como conhecimento. O que precisam perguntar ao mundo, quando já sabem? Cegos pelas informações e confusos pelas imagens, deixam de ver o que está acontecendo diante de seus próprios olhos. "Onde está a sabedoria que perdemos no conhecimento", continuava Eliot, "onde está o conhecimento que perdemos na informação?"[54] Na verdade, nunca na história do mundo tanta informação tem sido casada com tão pouca sabedoria. Para mim, a sabedoria não corre por linhas retas, mas pelos caminhos do jumento. Esta besta humilde, lenta mas esperta, vesga mas orelhuda, capaz de atravessar sem erro o terreno mais acidentado, sem necessitar de estrada ou trilho, ou combustível fóssil, tem servido à humanidade por muitos milhares de anos. Enquanto o automóvel, uma vez alcançado o final da estrada, não pode ir além, o jumento apenas continua a andar. Ele pode ser não humano, mas será que não deveríamos prestar atenção ao que tem para nos falar? Todos os verdadeiros especialistas são jumentos: teimosos, caprichosos, obstinados, curiosos, petulantes, imediatamente cativados e assombrados pelo mundo em que se encontram. Eles não podem ser apressados, mas devem prosseguir com seus próprios passos. Vivem na esperança, e não sob as ilusões da certeza. Suas trilhas podem seguir esta direção ou outra, imprevisivelmente. Eles descobrem o grão das coisas e o seguem, e fazendo isso, descobrem a si próprios. Todo aprendizado é autodescoberta – e espero que vocês tenham agora descoberto isso. O que mais? *Aprendam por conta própria!*

54. Eliot (1940: 72).

Referências

ADAMSON, G. (2007). *Thinkin Trough Craft*. Oxford: Berg.

AGGELER, W. (1954). *The Flowers of Evil*. Freno, CA: Academy Library Guild.

ALBERTI, B. (2007). Destabilizing meaning in anthropomorphic forms from northwest Argentina. In: *Overcoming the Modern Invention of Material Culture*. Org. V.O. Jorge e J. Thomas (edição especial do *Journal of Iberian Archaeology* 9/10). Porto: Adecap, p. 209-223.

ALBERTI, B. & MARSHALL, Y. (2009). Animating archaeology: local theories and conceptually open-ended methodologies. *Cambridge Archaeological Journal* 19(3): 345-357.

ALBERTI, L.B. (1972). *On Painting*. Trad. C. Grayson. Org. M. Kemp. Harmondsworth: Penguin.

ALBERTI, L.B. (1988). *On the Art of Building in Ten Books*. Trad. J. Rykwert, N. Leach e R. Tavernor. Cambridge, MA: MIT Press.

ANDERSON, B. & WYLIE, J. (2009). On geography and materiality. *Environment and Planning A* 41: 318-335.

ANDREWS, F.B. (1974). *The Mediaeval Builder and his Methods*. Totowa, NJ: Rowman and Littlefield.

BADMINGTON, N. (2007). Declaration of ink dependence. *Writing Technologies* 1(1) [Disponível em http: www.ntu.ac.uk/writing_technologies/back_issues/Vol%201.1/Badmington/51321p.html].

BAILEY, G. (2007). Time perspectives, palimpsests and the archaelogy of time. *Journal of Anthropological Archaelogy* 26: 198-223.

BAKER, T. (2006). *The Acheulean handaxe* [Disponível em http: //www.ele.net/acheulean/handaxe.htm].

BARAD, K. (2007). *Meeting the Universe Halfway*. Durham, NC: Duke University Press.

BARNES JR., C.F. (2009). *The Portfolio of Villard de Honnecourt: A New Critical Edition and Color Facsimile*. Farnham: Ashgate.

BATESON, G. (1973). *Steps to an Ecology of Mind*. Londres: Fontana.

BAUDELAIRE, C. (1986). *The Painter of Modern Life and Other Essays*. Trad. e org. J. Mayne. Nova York: Da Capo.

BELL, C. (1833). *The Hand: Its Mechanism and Vital Endowments as Evincing Design*. 2. ed. Londres: William Pickering.

BENNETT, J. (2010). *Vibrant Matter: A Political Ecology of Things*. Durham, NC: Duke University Press.

BERGER, J. (2005). *Berger on Drawing*. Org. J. Savage. Cork: Occasional Press.

BERGSON, H. (1946). *The Creative Mind*. Trad. M.L. Andison. Nova York: Philosophical Library.

BILLETER, J.F. (1990). *The Chinese Art of Writing*. Trad. J.-M. Clarke e M. Taylor. Nova York: Rizzoli International.

BLIER, S.P. (1987). *The Anatomy of Architecture*. Cambridge, UK: Cambridge University Press.

BOAS, F. (1955). *Primitive Art*. Nova York: Dover Publications [original 1927].

BOESCH, C. & BOESCH, H. (1990). Too use and tool-making in wild chimpanzees. *Folia Primatologica* 54: 86-99.

BOIVIN, N. (2008). *Material Cultures, Material Minds: The Impact of Things on Human Though, Society and Evolution*. Cambridge, UK: Cambridge University Press.

BOURDIEU, P. (1977). *Outline of a Theory of Practice*. Trad. R. Nice. Cambridge, UK: Cambridge University Press.

BRAND, S. (1994). *How Buildings Leam: What Happens to Them after They're Built*. Nova York: Penguin.

BRINKMANN, S. & TANGGAARD, L. (2010). Toward an epistemology of the hand. *Study in the Philosophy of Education* 29: 243-257.

BRUNER, J. (1986). *Actual Minds, Possible Worlds*. Cambridge, MA: Harvard University Press.

BRYSON, N. (2003). A walk for walk's sake. In: *The Stage of Drawing: Gesture and Act*. Org. C. de Zegher. Londres: Tate Publishing; Nova York: The Drawing Center, p. 149-158.

BUCHER, F. (1979). *Architector: The Lodge Books and Sketchbooks of Medieval Architects*. Vol. 1 Nova York: Abaris Books.

BUNN, S. (2010). From enskillment to houses of learning. *Anthropology in Action* 17(2/3): 44-59.

CAIN, O. (2010). *Drawing: The Enactive Evolution of the Practitioner*. Bristol: Intellect.

CALVIN, W. (1993). The unitary hypothesis: a common neural circuitry for novel manipulation, language, plan-ahead and throwing. In: *Tools, Language and Cognition in Human Evoltuion*. Org. K.R. Gibson e T. Ingold. Cambridge, UK: Cambridge University Press, p. 230-250.

CANDLER JR., P.M. (2006). *Theology, Rhetoric, Manuduction, or reading Scripture Together on the Path to God*. Grand Rapids, MI: Williams B. Eerdmans.

CARRUTHERS, M. (1990). *The Book of Memory: A Study of Memory in Medieval Culture*. Cambridge, UK: Cambridge University Press.

CARRUTHERS, M. (1998). *The Craft of Thought: Meditation, Rhetoric and the Making of Images, 400-1200*. Cambridge, UK: Cambridge University Press.

CARSTEN, J. & HUGH-JONES, S. (orgs.) (1995). *About the House: Lévi-Strauss and Beyond*. Cambridge, UK: Cambridge University Press.

CLARK, A. (1997). *Being There: Putting Brain, Body and World Together Again*. Cambridge, MA: MIT Press.

CLARK, A. (1998). Where brain, body and world collide. *Daedalus: Journal of the American Academy of Arts and Sciences* 127: 257-280.

CLARK, A. & CHALMERS, D. (1998). The extended mind. *Analysis* 58: 7-19.

CONNELLER, C. (2011). *Na Archaeology of Materials: Substantial Transformations in Early Prehistoric Europe*. Londres: Routledge.

CONNERTON, P. (1989). *How Societies Remember*. Cambridge, UK: Cambridge University Press.

COOTE, J. & SHELDON, A. (orgs.) (1992). *Anthropology of Charles Darwin: From the Life and Letters of Charles Darwin*. Teddington, Middlesex: The Echo Library.

DAVIDSON, I. & NOBLE, W. (1993). Tools and language in human evolution. In: *Tools, Language and Cognition in Human Evolution*. Org. K.R. Gibson e T. Ingold. Cambridge, UK: Cambridge University Press, p. 363-388.

DAWKINS, R. (1986). *The Blind Watchmaker*. Harlow, Essex: Longman Scientific & Technical.

DELEUZE, G. & GUATTARI, F. (2004). *A Thousand Plateaus: Capitalism and Schizophrenia*. Trad. B. Massumi. Londres: Continuum.

DERRIDA, J. (1974). *Of Grammatology*. Trad. G.C. Spivak. Baltimore, MD: Johns Hopkins University Press.

DERRIDA, J. (1993). *Memoirs of the Blind: The Self-Portrait and Other Ruins*. Trad. P.-A. Brault e M. Nass. Chicago, IL: The University of Chicago Press.

DIBBLE, H. (1987a). Reduction sequences in the manufacture of Mousterian implements of France. In: *The Pleistocene Old World: Regional Perspectives*. Org. O. Soffer. Nova York: Plenum Press, p. 33-44.

DIBBLE, H. (1987b). The interpretation of Middle Palaeolithic scraper morphology. *American Antiquity* 52(1): 109-117.

DORMER, P. (1994). *The Arto f the Maker: Skill and its Meaning in Art, Craft and Design*. Londres: Thames & Hudson.

DOUGLAS, M. (1966). *Purity and Danger: An Analysis of Concepts of Pollution and Taboo*. Londres: Routledge & Kean Paul.

EDGEWORTH, M. (1966). Follow the circuit, follow the rhythm, follow the material. *Norwegian Archaeological Review* 45(1): 76-92.

EISENBERG, L. (1972). The *human* nature of human nature. *Science* 176: 123-128.

ELIOT, T.S. (1940). *The Waste Land and Other Poems*. Londres: Faber & Faber.

ELKINS, I. (1996). *The Object Stares Back: On the Nature of Seeing*. Nova York: Simon & Schuster.

ELKINS, J. (2000). *What Painting Is: How to Think About Painting, Using the Language of Alchemy*. Londres: Routledge.

ERLANDE-BRANDENBRUG, A. (1995). *The Cathedral Builders of the Middle Ages*. Trad. R. Stonehewer. Londres: Thames & Hudson.

FAGAN, B. (1989). *People of the Earth: An Introduction to World Prehistory*. 6. ed. Glenview, IL: Scott, Foresman.

FARNELL, B. (2000). Getting out of the *habitus*: an alternative model of dynamically embodied social action. *Journal of the Royal Anthropological Institute* (NS) 6: 397-418.

FAURE WALKER, J. (2008). Pride, prejudice and the pencil. In: *Writing on Drawing: Essays on Drawing Practice and Research*. Org. S. Garner. Bristol: Intellect, p. 71-92.

FLUSSER, V. (1995). On the word design: an etymological essay. Trad. J. Cullars. *Design Issues* 11(3): 50-53.

FLUSSER, V. (1999). *The Shape of Things: A Philosophy of Design*. Londres: reaction.

FRAMPTON, K. (1995). *Studies in Tectonic Culture: The Poetics of Construction in Nineteenth and Twentieth Century Architecture*. Cambridde, MA: MIT Press.

FRASCARI, M. (1991). *Monsters of Architecture: Anthropomorphism in Architectural Theory*. Savage, MD: Rowman and Littlefield.

FRIEDMAN, T. (1996). Stonewood. In: *Wood*, por A. Goldsworthy. Londres: Viking, p. 6-12.

GATEWOOD, J. (1985). Actions speak louder than words. In: *Directions in Cognitive Anthropology*. Org. J. Dougherty. Urbana, IL: University of Illinois Press, p. 199-220.

GELL, A. (1998). *Art and Agency: An Anthropological Theory*. Oxford: Clarendon.

GIBSON, J.J. (1979). *The Ecological Approach to Visual Perception*. Boston, MA: Houghston Mifflin.

GOSDEN, C. (2010). The death of the kind. In: *The Cognitive Life of Things: Recasting the Boundaries of the Mind*. Org. L. Malafouris e C. Renfrew. Cambridge: McDonald Institute for Archaeological Research, p. 39-46.

GOWLETT, J. (1984). Mental abilities of early man: a look at some hard evidence. In: *Hominid Evolution and Community Ecology*. Org. R. Foley. Londres: Academic Press, p. 167-192.

GRAVES-BROWN, P. (2000). Introdução. In: *Matter, Materiality and Modern Culture*. Org. P.M. Graves-Brown. Londres: Routledge, p. 1-9.

GRIERSON, H.J.C. (1947). *Metaphysical Lyrics and Poems of the Seventeenth Century: Donne to Butler*. Oxford: Clarendon Press.

GUNN, W. (2007). Learning within the workplaces of artists, antrhopologists and architects: making stories for drawings and writings. In: *Skilled Visions: Between Apprenticeship and Standards.* Org. C. Grasseni. Oxford: Berghahn, p. 106-124.

HAGERSTRAND, T. (1976). Geography and the study of the interaction between nature and society. *Geoforum* 7: 329-334.

HALLAM, E. (2002). The eye and the hand: memory, identity and clairvoyants' narratives in England. In: *Temporalities, Autobiography and Everyday Life*. Org. J. Campbell e J. Harbord. Manchester: Manchester University Press, p. 169-192.

HALLOWELL, A.I. (1955). *Culture and Experience*. Filadélfia, PA: University of Pennsylvania Press.

HARMAN, G. (2005). Heidegger on objects and things. In: *Making Things Public: Atmospheres of Democracy*. Org. B. Latour e P. Weibel. Cambridge, MA: MIT Press, p. 268-271.

HARVEY, J. (1972). *The Mediaeval Architect*. Londres: Wayland.

HARVEY, J. (1974). *Cathedrals of England and Wales*. Londres: B.T. Batsford.

HEIDEGGER, M. (1971). *Poetry, Language, Thought*. Trad. A. Hofstadter. Nova York: Harper and Row.

HEIDEGGER, M. (1992). *Parmenides*. Trad. A. Schuwer e R. Rojcewicz. Bloomington, IN: Indiana University Press.

HEIDEGGER, M. (1993). *Basic Writings*. Org. D.F. Krell. Londres: Routledge.

HEIDEGGER, M. (1995). *The Fundamental Concepts of Metaphysics: World, Finitude, Solitude*. Trad. W. McNeil e N. Walker. Bloomington, IN: Indiana University Press.

HELMREICH, S. (2009). *Alien Ocean: Anthropological Voyages in Microbial Seas*. Berkeley, CA: University of California Press.

HENDERSON, K. (2007). Achieving legitimacy: visual discourses in engineering design and green building code development. *Building Research and Information* 35(1): 6-17.

HERZFELD, C. & LESTEL, D. (2005). Knot tying in great apes: etho-ethnology of an unusual tool behaviour. *Social Science Information* 44(4): 621-653.

HICKS, R.D. (1907). *Aristotle, De Anima*. Trad. R.D. Hicks. Cambridge, UK: Cambridge University Press.

HISCOCK, N. (2000). *The Wise Master Builder: Platonic Geometry in Plans of Medieval Abbeys and Cathedrals*. Aldershot: Ashgate.

HOCKEY, J. & FORSEY, M. (2012). Ethnography is not participant observation: reflections on the interview as participatory qualitative research. In: *The Interview: An Ethnographic Approach*. Org. J. Skinner. Nova York: Berg, p. 69-87.

HOLLOWAY, R. (1969). Culture, a *human* domain. *Current Anthropology* 10(4): 395-412.

HOLTORF, C. (2002). Notes on the life history of a pot sherd. *Journal of Material Culture* 7: 49-71.

HOLTORF, C. (2009). On the possibility of time travel. *Lund Archaeological Review* 15: 31-41.

HOWE, N. (1992). The cultural construction of reading in Anglo-Saxon England. In: *The Ethnography of reading*. Org. J. Boyarin. Berkeley, CA: University of California Press, p. 58-79.

HUGH OF ST. VICTOR (1961). *The Didascalion of Hugh of St. Victor: A Medieval Guide to the Arts*. Trad. K. Taylor. Nova York: Columbia University Press.

INGOLD, T. (1990). Editorial. *Man* (N.S.) 26: 1-2.

INGOLD, T. (1993). The reindeerman's lasso. In: *Technological Choices. Transformations in Material Cultures Since the Neolithic*. Org. P. Lemmonier. Londres: Routledge, p. 108-125.

INGOLD, T. (1999). "Tools for the hand, language for the face": an appreciation of Leroi-Gourhan's *Gesture and Speech. Studies in the History and Philosophy of Biological and Biomedical Science* 30(4): 411-453.

INGOLD, T. (2000). *The Perception of the Environment: Essays on Livelihood, Dwelling and Skill*. Londres: Routledge.

INGOLD, T. (2001). From the transmission of representations to the education of attention. In: *The Debated Mind: Evolutionary Psychology Versus Ethnography*. Org. H. Whitehouse. Oxford: Berg, p. 113-153.

INGOLD, T. (2004). André Leroy-Gourhan and the evolution of writing. In: *Auotur de l'homme: context et actualité d'André Leroi-Gurhan*. Org. F. Audouze e N. Schlanger. Antibes: APDCA, p. 109-123.

INGOLD, T. (2007). *Lines: A Brief History*. Londres: Routledge.

INGOLD, T. (2008a). Earth, sky, wind and weather. In: *Wind, Life and Health: Anthropological and Historical Perspectives*. Org. E. Hsu e C. Low. Oxford: Blackwell, p. 17-35.

INGOLD, T. (2008b). The social child. In: *Human Development in the Twentieth--First Century: Visionary Ideas from Systems Scientists.* Org. A. Fogel, B.J. King e S.G. Shnaker. Cambridge, UK: Cambridge University Press, p. 112-118.

INGOLD, T. (2010). The man in the machine and the self-builder. *Interdisciplinary Science Reviews* 35(3/4): 353-364.

INGOLD, T. (2011a). *Being Alive: Essays on Movement, Knowledge and Description*. Londres: Routledge.

INGOLD, T. (org.) (2011b). *Redrawing Anthropology: Materials, Movements, Lines*. Farnham: Ashgate.

INGOLD, T. (s.d.). In defence of handwriting. In: *Writing Across Boundaries*. Org. R. Simpson e R. Humphrey. Departamento de Antropologia, University of Durhanm [Disponível em http: //www,dur.ac.uk/writingacrossboundaries/wrintingonwriting/timingold/].

INGRAHAM, C. (1992). The burdens of linearity. In: *Strategies of Architectural Thinking*. Org. J. Whiteman, J. Knipis e R. Burdett. Cambridge, MA: MIT Press, p. 130-147.

IRIGARAY, L. (1999). *The Forgetting of Air in Martin Heidegger*. Trad. M.B. Mader. Londres: Athlone.

JAMES, J. (1985). *Chartres: The Masons Who Built a Legend*. Londres: Routledge & Kegan Paul.

JAMES P. (org.) (1966). *Henry Moore on Sculpture: A Collection of the Sculptor's Writings and Spoken Words*. Londres: MacDonald.

JOHANSEN, N. (2012). Archaeology and the inanimate agency proposition: a critique and a suggestion. In: *Excavating the Mind: Cross-sections Through Culture, Cognition and Materiality*. Org. N. Johanssen, M.D. Jessen e H.J. Jensen. Aarhus: Aarhus University Press, p. 305-347.

JOHSON, M. (2007). *The Meaning of the Body: Aesthetics of Human Understanding*. Chicago, IL: University of Chicago Press.

JONES, A.M. (2004). Archaeometry and materiality: materials-based analysis in theory and practice. *Archaeometry* 46: 327-338.

JONES, A.M. (2007). *Memory and Material Culture*. Cambridge, UK: Cambridge University Press.

JONES, A.M. & BOIVIN, N. (2010). The malice of inanimate objects: material agency. In: *The Oxford Handbook of Material Culture Studies*. Org. D. Hicks e M.C. Beaudry. Oxford: Oxford University Press.

JOULIAN, F. (1996). Comparing chimpanzee and early hominid techniques: some contributions to cultural and cognitive questions. In: *Modelling the Early Human Mind*. Org. P.A. Mellars e K.R. Gibson. Cambridge: McDonald Institute for Archaeological Research, p. 173-189.

KANDINSKY, W. (1982). *Kandinsky: Complete Writings in Art, vols. 1 (1901-1921) and 2 (1922-1943)*. Org. K.C. Lindsay e P. Vergo. Londres: Faber & Faber.

KLEE, P. (1961). *Notebooks – Vol. 1: The Thinking Eye*. Org. J. Spiller. Trad. R. Manheim. Londres: Lund Humphries.

KNAPPETT, C. (2005). *Thinking Through Material Culture: An Interdisciplinary Perspective*. Filadélfia, PA: University of Pennsylvania Press.

KNAPPETT, C. & MALAFOURIS, L. (orgs.) (2008). *Material Agency: Towards a Non-Anthropocentric Approach*. Nova York: Springer.

LAKOFF, G. & JOHSON, M. (1999). *Philosophy in the Flesh: The Emodied Mind and its Challenge to Western Thought*. Nova York: Basic Books.

LANING, E. (1971). *The Act of Drawing*. Nova York: McGraw Hill.

LAPACHERIE, J.-G. (1994). Typographic characters: tension between text and drawing. Trad. A. Lehman. *Yale French Studies* 84: 63-67.

LATOUR, B. & YANEVA, A. (2008). "Give me a gun and I will make buildings move": an ANT's view of architecture. In: *Explorations in Architecture: Teaching, Design, Research*. Org. R. Geiser. Basel: Birkhäuser, p. 80-89.

LAVE, J. (1990). The culture of acquisition and the practice of understanding. In: *Cultural Psychology: Essays on Comparative Human Development*. Org. J.W. Stigler, R.A. Shweder e G. Herdt. Cambridge, UK: Cambridge University Press, p. 309-327.

LAVE, J. & WENGER, E. (1991). *Situated Learning: Legitimate Peripheral Participation*. Cambridge, UK: Cambridge University Press.

LE CORBUSIER (1947). *The City of Tomorrow and its Planning*. Trad. F. Etchells. Londres: Architectural Press.

LEACH, E.R. (1964). Anthropological aspects of language: animal categories and verbal abuse. In: *New Directions in the Study of Language*. Org. E.H. Lenneberg. Cambridge, MA: MIT Press, p. 23-63.

LEARY, J.; DARVILL, T. & FIELD, D. (orgs.) (2010). *Round Mounds and Monumentality in the British Neolithic and Beyond*. Oxford: Oxbow Books.

LEE, J. & INGOLD, T. (2006). Fieldwork on foot: perceiving, routing, socializing. In: *Locating the Field: Space, Place and Context in Anthropology*. Org. S. Coleman e P. Collins. Oxford: Berg, p. 67-85.

LEFEBVRE, H. (2004). *Rhythmanalysis: Space, Time and Everyday Life*. Londres: Continuum.

LEROI-GOURHAN, A. (1993). *Gesture and Speech*. Trad. A. Bostock Berger. Org. R. White. Cambridge, MA: MIT Press.

LÉVI-STRAUSS, C. (1955). *Triste tropiques*. Trad. J. e D. Weightman. Londres: Jonathan Cape.

LONGCAMP, M.; ZERBATO-POUDON, M. & VELAY, J.L. (2005). The influence of writing practice on letter recognition in preschool children: a comparison between handwriting and typing. *Acta Psychologica* 119: 67-79.

LOOS, A. (1985). *The Architecture of Adolf Loos*. Londres: Precision Press.

LORD, J.V. (2005). A Journey of drawing: an illustration of a fable. In: *Drawing: The Process*. Org. J. Davies e L. Duff. Bristol: Intellect, p. 29-37.

LUCAS, G. (2005). *The Archaeology of Time*. Londres: Routledge.

LUKE, D. (1964). *Goethe*. Org., trad. e intr. D. Luke. Londres: Penguin.

MALAFOURIS, L. (2004). The cognitive basis of material engagement: where brain, body and culture conflate. In: *Rethinking Materiality: The Engagement of Mind with the Material World*. Org. E. DeMarrais, C. Gosden e C. Renfrew. Cambridge: McDonald Institute of Archaeological Research, p. 53-62.

MALAFOURIS, L. (2008). At the potter's wheel: an argument for material agency. In: *Material Agency: Towards a Non-Anthropocentric Approach*. Org. C. Knappett e L. Malafouris. Nova York: Springer, p. 19-36.

MALAFOURIS, L. & RENFREW, C. (orgs.) (2010). *The Cognitive Life of Things: Recasting the Boundaries of the Mind*. Cambridge: McDonald Institute for Archaeological Research.

MARCHAND, T.H.J. (2001). *Minaret Building and Apprenticeship* in Yemen. Londres: Curzon.

MARCHAND, T.H.J. (2009). *The Masons of Djenné*. Bloomington, IN: Indiana University Press.

MARZKE, M.W. (1997). Precision grips, hand morphology and tools. *American Journal of Physical Anthropology* 102(1): 91-110.

MASSUMI, B. (2009). "Technical mentality" revisited: Brian Massumi on Gilbert Simondon (com A. de Boever, A. Murray e J. Roffe). *Parrhesia* 7: 36-45.

MAYNARD, P. (2005). *Drawing Distinctions: The Varieties of Graphic Expression*. Ithaca, NY: Cornell University Press.

McGREW, W.C. (1992). *Chimpanzee Material Culture: Implications for Human Evolution*. Cambridge, UK: Cambridge University Press.

MERLEAU-PONTY, M. (1964). Eye and mind. Trad. C. Dallery. In: *The Primacy of Perception, and Other Essays on Phenomenological Psychology, the Philosophy of Art, History and Politics*. Org. J.M. Edie. Evanston, IL: Nortwestern University Press, p. 159-190. [MERLEAU-PONTY, M. *L'oeil et l'esprit*. Préface de C. Lefort. Paris: Gallimard, 1964].

MILLS, C.W. (1959). *The Sociological Imagination*. Nova York: Oxford University Press.

MITCHELL, V. (2006). Drawing threads from sight to site. *Textile* 4(3): 340-361.

MIYAZAKI, H. (2004). *The Method of Hope: Anthropological Philosophy and Fijian Knowledge*. Stanford, CA: Stanford University Press.

NAJI, M. & DOUNY, L. (2009). Editorial. *Journal of Material Culture* 14: 411-432.

NAPIER, J. (1993). *Hands, revised edition*. Org. R.H. Tuttle. Princeton, NJ: Princeton University Press.

NONAKA, T.; BRIL, B. & REIN, R. (2010). How do stone knappers predict and control the outcome of flaking? Implications for understanding early stone too technology. *Journal of Human Evolution* 59: 155-167.

NORMAN, D.A. (1988). *The Design of Everyday Things*. Nova York: Basic Books.

OLIVER, P. (1990). *Dwellings: The House Sccross the World*. Austin, TX: University of Texas Press.

OLSEN, B. (2003). Material Culture after text: re-membering things. *Norwegian Archaeological Review* 36: 87-104.

OLSEN, B. (2010). *In Defense of Things*. Plymouth, UK: Altamira Press.

OLWIG, K. (2008). The Jutland cipher: unlocking the meaning and power of a contested landscape. In: *Nordic Landscapes: Region and Belonging on the Northern Edge of Europe*. Org. M. Jones e K.R. Olwig. Mineápolis, MN: University of Minnesota Press, p. 12-49.

PACEY, A. (2007). *Medieval Architectural Drawing: English Craftsmen's Methods and their Later Persistence (c. 1200-1700)*. Stroud: Tempus.

PALEY, W. (2006). *Natural Theology: or, Evidences of the Existence and Attributes of the Deity, Collected from the Appearances of Nature*. Oxford: Oxford University Press.

PALLASMAA, J. (1996). *The Eyes of the Skin: Architecture and the Senses*. Londres: Academy Editions.

PALLASMAA, J. (2009). *The Thinking Hand: Existential and Embodied Wisdom in Architecture*. Chichester: Wiley.

PALSSON, G. (1994). Enskilment at sea. *Man* (N.S.) 29: 901-927.

PANOFSKY, E. (1968). *Idea: A Concept in Art Theory*. Trad. J.J.S. Peake. Colúmbia, SC: University of South Carolina Press.

PARRISH, C. (1957). *The Notation of Medieval Music*. Nova York: W.W. Norton.

PELEGRIN, J. (1993). A framework for analyzing prehistoric stone tool manufacture and a tentative application to some early stone industries. In: *The Use of Tools by Human and Non-Human Primates*. Org. A. Berthelet e J. Chavaillon. Oxford: Clarendon Press, p. 302-314.

PELEGRIN, J. (2005). Remarks about archaeological techniques and methods of knapping: elements of a cognitive approach to stone knapping. In: *Stone Knapping: The Necessary Conditions for a Uniquely Hominin Behaviour*. Org. V. Roux e B. Bril. Cambridge: McDonald Institute for Archaeological Research, p. 23-33.

PETHERBRIDGE, D. (2010). *The Primacy of Drawing: Histories and Theories of Practice*. New Haven, CT: Yale University Press.

PETROSKI, H. (1989). *The Pencil: A History of Design and Circumstance*. Londres: Faber & Faber.

PEVSNER, N. (1942). The term "architect" in the Middel Sages. *Speculum* 17(4): 549-562.

PHIPPS, B. (2006). *Lines of Enquiry: Thinking Through Drawing*. Cambridge: Kettle's Yard.

PICKERING, A. (1995). *The Mangle of Practice: Time, Agency and Science*. Chicago, IL: University of Chicago Press.

POLANYI, M. (1958). *Personal Knowledge: Towards a Post-critical Philosophy*. Londres: Routledge & Kegan Paul.

POLANYI, M. (1966). *The Tacit Dimension*. Londres: Routledge & Kegan Paul.

POLLARD, J. (2004). The art of decay and the transformation of substance. In: *Substance, Memory, Display*. Org. C. Renfrew, C. Gosden e E. DeMarrais. Cambridge: McDonald Institute for Archaeological Research, p. 47-62.

PYE, D. (1968). *The Nature and Art of Workmanship*. Cambridge, UK: Cambridge University Press.

PYE, D. (1978). *The Nature and Aesthetics of Design*. Londres: Herbert Press.

RAWSON, P. (1979). *Seeing Through Drawing*. Londres: British Broadcasting Corporation.

REID, M. (1994). Legible/visible. Trad. N. P. Turner. *Yale French Studies* 84: 1-12.

ROCHE, H. (2005). From simple flaking to shaping: stone-knapping evolution among early hominins. In: *Stone Knapping: The Necessary Conditions for a Uniquely Hominin Behaviour*. Org. V. Roux e B. Bril. Cambridge: McDonald Institute for Archaeological Research, p. 35-48.

ROGOFF, B. (1990). *Apprenticeship in Thinking: Cognitive Development in Social Context*. Nova York: Oxford University Press.

ROGOFF, B. (2003). *The Cultural Nature of Human Development in Social Context*. Nova York: Oxford University Press.

ROQUE, G. (1994). Writing/drawing/color. Trad. C. Weber. *Yale French Studies* 84: 43-62.

ROSENBERG, T. (2008). New beginnings and monstruous births: notes towards an appreciation of ideational drawing. In: *Writing on Drawing: Essays on Drawing Practice and Research*. Org. S. Garner. Bristol: Intellect, p. 109-124.

RUSKIN, J. (1903). *The Stones of Venice – Vol. 1: The Foundations* (Vol. 9 de *The Works of John Ruskin*). Org. E.T. Cook e A. Wedderburn. Londres: George Allen.

RUSKIN, J. (1904). *The Elements of Drawing* (Vol. 15 de *The Works of John* Ruskin). Org. E.T. Cook e A. Wedderburn. Londres; Goerge Allen.

RYBCZYNSKI, W. (1989). *The Most Beautiful House in the Aorld*. Nova York: Penguin.

SAENGER, P. (1982). Silent reading: its impact on late medieval script and society. *Viator* 13: 367-414.

SANABRIA, S.L. (1989). From Goethe to Renaissance stereotomy: the design methods of Philibert de l'Orme and Alonso de Vandelvira. *Technology and Culture* 30(2): 266-299.

SCHAMA, S. (1995). *Landscape and Memory*. Londres: HarperCollins.

SCHICK, K. & TOTH, N. (1993). *Making Silent Stones Speak: Human Evolution and the Dawn of Technology*. Nova York: Simon & Schuster.

SCHNEIDER, A. & WRIGHT, C. (orgs.) (2006). *Contemporary Art and Anthropology*. Oxford: Berg.

SCHNEIDER, A. & WRIGHT, C. (orgs.) (2010). *Between Art and Anthropology: Contemporary Ethnographic Practice*. Oxford: Berg.

SCHUTZ, A. (1962). *The Problem of Social Reality*. Collected Papers, vol. 1. Org. M. Nathanson. The Hague: Nijhoff.

SENNETT, R. (2008). *The Craftsman*. Londres: Penguin (Allen Lane).

SERRES, M. (1995). *The Natural Contract.* Trad. E. MacArthur e W. Paulson. Ann Arbor, MI: University of Michigan Press.

SHEETS-JOHNSTONE, M. (1998). *The Primacy of Movement*. Amsterdã: John Benjamins.

SHEETS-JOHNSTONE, M. (2011). The imaginative consciousness of movement: linear quality, kinaesthesia, language and life. In: *Redrawing Anthropology: Materials, Movements, Lines*. Org. T. Ingold. Farnham: Ashgate, p. 115-128.

SHELBY, L.R. (1970). The education of medieval English master masons. *Mediaeval Studies* 32: 1-26.

SHELBY, L.R. (1971). Mediaeval masons' templates. *Journal of the Society of Architectural Historians* 30(2): 140-154.

SHELBY, L.R. (1972). The geometrical knowledge of mediaeval master masons. *Speculum* 47(3): 395-421.

SIMMEL, G. (1969). Sociology of the senses: visual interaction. In: *Introduction to the Science of Sociology*. 3. ed. Org. E.W. Burgess e R.E. Park. Chicago, IL: University of Chicago Press, p. 145-150.

SIMONDON, G. (1964). *L'individu et sa génèse physicio-biologique*. Paris: Presses Universitaires de France.

SIMONDON, G. (1989). *L'individuation psychique et collective*. Paris: Aubier.

SIMONDON, G. (1992). The genesis of the individual. Trad. M. Cohen e S. Kwinter. In: *Incorporations*. Org. J. Crary e S. Kwinter. Nova York: Zone, p. 297-319.

SIMONDON, G. (2005). *L'individuation à la lumière des notions de Forme et d'Information*. Grenoble: Jérôme Millon.

SIZA, A. (1997). *Alvaro Siza: Writings on Architecture*. Milão: Skira.

SPERBER, D. (1985). *On Anthropological Knowledge: Three Essays*. Cambridge, UK: Cambridge University Press.

SPUYBROEK, L. (2011). *The Sympathy of Things: Ruskin and the Ecology of Design*. Roterdã: V2_Publishing.

STEADMAN, P. (1979). *The Evolution of Design: Biological Analogy in Architecture and the Applied Arts*. Cambridge, UK: Cambridge University Press.

STEWART, K. (1983). *Katie Stewart's Cookbooks*. Londres: Victor Gollancz.

STOUT, D. (2002). Skill and cognition in human evolution. *Current Anthropology* 43: 693-722.

STOUT, D.; TOTH, N.; SCHICK. K. & CHAMINADE, T. (2008). Neural correlates of early Stone Age toolmaking: technology, language and cognition in human evolution. *Philosophical Transactions of the Royal Society B* 363: 1939-1949.

SUCHMAN, L. (1987). *Plans and Situated Actions*. Cambridge, UK: Cambridge University Press.

SUGYAMA, Y. & KOMAN, J. (1979). Tool-using and making behaviour in wild chimpanzees ar Boussou, Guinea. *Primates* 20: 513-524.

SUMMERS, D. (2003). *Real Spaces: World Art History and the Rise of Western Modernism*. Londres: Phaidon.

TALBOT, R. (2008). Drawing connections. In: *Writing on Drawing: Essays on Drawing Practice and research*. Org. S. Garner. Bristol: Intellect, p. 43-57.

TALLIS, R. (2003). *The Hand: A Philosophical Inquiry into Human Being*. Edimburgo: Edinburgh University Press.

THOMAS, J. (2007). The trouble with material culture. In: *Overcoming the Modern Invention of Material Culture*. Org. V. O. Jorge e J. Thomas (edição especial do *Journal of Iberian Archaeology* 9/10). Porto: Adecap, p. 11-23.

TIFFANY, D. (2001). Lyric substance on riddles, materialism, and poetic obscurity. *Critical Inquiry* 28(1): 72-98.

TILLEY, C. (2004). *The Materiality of Stone: Explorations in Landscape Archaeology*. Oxford: Berg.

TILLEY, C. (2007). Materiality in materials. *Archaeological Dialogues* 14: 16-20.

TILLEY, C.; HAMILTON, S. & BENDER, B. (2000). Art and the re-presentation of the past. *Journal of the Royal Anthropological Institute* (N.S.) 6: 35-62.

TISSERON, S. (1994). All writing is drawing: the spatial development of the manuscript. *Yale French Studies* 84: 29-42.

TURNBULL, D. (1993). The ad hoc collective work of building Gothic cathedrals with templates, string, and geometry. *Science, Technology and Human Values* 18(3): 315-340.

TURNBULL, D. (2000). *Masons, Tricksters and Cartographers*. Amsterdã: Harwood Academic.

TURNBULL, D. (2002). Performance and narrative, bodies and movement in the construction of places and objects, spaces and knowledges: the case of Maltese megaliths. *Theory, Culture and Society* 19(5/6): 125-143.

UEXKÜLL, J. (2010). *A Foray into the Worlds of Aniimals and Humans (with "A theory of Meaning")*. Trad. J.D. O'Neill. Mineápolis, MN: University of Minnesota Press.

UNWIN, S. (2007). Analyzing architecture through drawing. *Building Research and Information* 35(1): 101-110.

VERGUNST, J. (2012). Seeing ruins: imagined and visible landscapes in north-east Scotland. In: *Imagining Landscapes: Past, Present and Future*. Org. M. Janowski e T. Ingold. Farnham: Ashgate, p. 19-37.

VITRUVIUS (1914). *The Ten Books on Architecture*. Trad. M.H. Morgan. Cambridge, MA: Harvard University Press.

WATERSON, R. (1997). *The Living House: An Anthropology of Architecture in South--Eats Asia*. Nova York: Watson-Guptill.

WEBMOOR, T. & WITMORE, C.L. (2008). Things are us! A commentary on human/things relations under the banner of a "social" archaeology. *Norwegian Archaeological Review* 41(1): 53-70.

WENDRICH, W. (1999). *The World According to Basketry: An Ethno-Archaeological Interpretation of Basketry Production in Egypt*. University of Leiden: CNWS.

WEST, D.A. (2002). *Horace Odes III. Dulce Periculum*. Oxford: Oxford University Press.

WHITEHEAD, A.M. (1938). *Science and the Modern World*. Harmondsworth: Penguin.

WILLERSLEY, R. (2006). "To have the world at a distance": reconsidering the significance of vision for social anthropology. In: *Skilled Visions: Apprenticeship and Standards*. Org. C. Grassemi. Oxford: Berghahn, p. 23-46.

WILSON, F.R. (1998). *The Hand: How Its Use Shapes the Brain, Language and Human Culture*. Nova York: Pantheon.

WILSON, T. (1993). Layers of thinking in tool behavior. In: *Tools, Language and Cognition in Human Evolution*. Org. K.R. Gibson e T. Ingold. Cambridge: UK: Cambridge University Press, p. 389-406.

WYNN, T. (1995). Handaxe enigmas. *World Archaeology: Surrounding Objects*. Basel, Boston, Berlim: Birkhäuser.

Índice

COLEÇÃO ANTROPOLOGIA

– *As estruturas elementares do parentesco*
Claude Lévi-Strauss
– *Os ritos de passagem*
Arnold van Gennep
– *A mente do ser humano primitivo*
Franz Boas
– *Atrás dos fatos – Dois países, quatro décadas, um antropólogo*
Clifford Geertz
– *O mito, o ritual e o oral*
Jack Goody
– *A domesticação da mente selvagem*
Jack Goody
– *O saber local – Novos ensaios em antropologia interpretativa*
Clifford Geertz
– *O processo ritual – Estrutura e antiestrutura*
Victor W. Turner
– *Sexo e repressão na sociedade selvagem*
Bronislaw Malinowski
– *Padrões de cultura*
Ruth Benedict
– *O Tempo e o Outro – Como a antropologia estabelece seu objeto*
Johannes Fabian
– *A antropologia do tempo – Construções culturais de mapas e imagens temporais*
Alfred Gell
– *Antropologia – Prática teórica na cultura e na sociedade*
Michael Herzfeld
– *Arte primitiva*
Franz Boas
– *Explorando a cidade – Em busca de uma antropologia urbana*
Ulf Hannerz
– *Crime e costume na sociedade selvagem*
Bronislaw Malinowski
– *A vida entre os* antros *e outros ensaios*
Clifford Geertz
– *Estar vivo – Ensaios sobre movimentos, conhecimento e descrição*
Tim Ingold
– *A produção social da indiferença – Explorando as raízes simbólicas da burocracia ocidental*
Michael Herzfeld
– *Parentesco americano – Uma exposição cultural*
David M. Schneider
– *Sociologia religiosa e folclore – Coletânea de textos publicados entre 1907 e 1917*
Robert Hertz
– *Cultura, pensamento e ação social – Uma perspectiva antropológica*
Stanley Jeyaraja Tambiah
– *Nove teorias da religião*
Daniel L. Pals
– *Antropologia – Para que serve*
Tim Ingold
– *Evolução e vida social*
Tim Ingold
– *Investigação sobre os modos de existência – Uma antropologia dos Modernos*
Bruno Latour
– *O crisântemo e a espada – Padrões da cultura japonesa*
Ruth Benedict
– *A lógica da escrita e a organização da sociedade*
Jack Goody
– *Antropologia e/como educação*
Tim Ingold
– *Fazer – Antropologia, arqueologia, arte e arquitetura*
Tim Ingold